LA RÉPUBLIQUE

ET

LA MONARCHIE

ÉTUDES RÉVOLUTIONNAIRES,

PAR M. ÉDOUARD FLEURY.

Ouvrages parus :

CAMILLE DESMOULINS et ROCH MARCANDIER.—*La Presse pendant la Révolution*, par M. Édouard FLEURY. 2 vol. in-12. Prix   **7 fr.**

BABOEUF et LE SOCIALISME EN 1796, par M. Édouard FLEURY. 1 vol. in-12. Prix   **3 fr. 50 c.**

SAINT-JUST et LA TERREUR, par M. Édouard FLEURY. 2 vol. in-12. Prix   **7 fr. »**

Plusieurs autres *Études et Portraits révolutionnaires* paraîtront successivement.

<hr>

PRINCIPES DE LA RÉVOLUTION FRANÇAISE et du Gouvernement représentatif, suivis des Discours politiques, par M. VICTOR COUSIN. 1 vol. in-12 dit anglais (1851.)   **3 fr. 50 c.**

Paris.—Imprimerie Bonaventure et Ducessois, 55, quai des Grands-Augustins.

LA RÉPUBLIQUE

ET

LA MONARCHIE

Dans les temps modernes

AVEC UN APPENDICE

présentant l'extrait de la discussion relative à la révision
de la Constitution de 1848.

PAR P.-A. DUFAU

Un des auteurs
de la *Collection des Chartes, Constitutions et lois fondamentales*
de l'Europe et de l'Amérique, etc.

> « Je trouvai que la Monarchie est
> le meilleur gouvernement pour les
> pauvres et la République pour les
> riches. »
>
> GOLDSMITH.

PARIS

DIDIER, LIBRAIRE-ÉDITEUR

55, qu. des Augustins.

1852

A M. J.-B. DUVERGIER

ANCIEN BATONNIER DE L'ORDRE DES AVOCATS.

Je voulais, mon ami, qu'en tête de ce travail fût inscrit un nom qui rappelât un grand savoir, un haut caractère d'intégrité, et le vôtre est naturellement tombé sous ma plume.

Agréez, comme je vous l'offre, ce témoignage d'une affection et d'une confiance qui datent de loin et qui s'accroissent avec les années. Dans ces pages vous reconnaîtrez plus d'une de vos inspirations, et leur lecture vous rappellera, non sans quelque charme, j'en suis sûr, ces communications intimes si fréquentes qu'amenèrent les travaux faits en commun d'une autre époque de notre vie.

Ce n'est pas à vous, mon ami, que j'ai besoin de dire que j'ai longtemps hésité à publier cet écrit, et qu'il m'a fallu me faire une sorte de violence pour me déterminer à sortir ainsi de cette calme sphère où la Providence m'a confiné, et où j'ai le bonheur de faire un peu de bien à quelques-uns de mes semblables tristement disgraciés de

la nature. Mais nous vivons dans un temps où l'on n'est
pas toujours maître de rester en dehors des débats passionnés qui agitent le monde : alors que les thèses les plus
étranges, les doctrines les plus funestes trouvent des apo-
logistes tout prêts à les étaler impudemment aux regards
du public, il n'est point permis à celui qui croit être
arrivé à certaines vérités par de longues méditations de les
garder pour lui : le courage du bien ne doit pas manquer
à quelques-uns, en présence de ce triste courage du mal
dont tant d'autres offrent l'affligeant spectacle !

Cette publication est donc bien réellement, à mes
yeux, un devoir accompli ; mes vœux seront comblés si
son accomplissement a pu être utile à mes concitoyens!

P. A. DUFAU.

25 Juillet 1831.

INTRODUCTION

PRINCIPES GÉNÉRAUX

I

Pensée fondamentale du travail.

Je prends la plume pour examiner les difficultés que doit rencontrer dans la situation actuelle de la société, dans les conditions que lui prépare l'avenir, l'établissement stable et régulier de la République. Mais qu'on le croie bien, et je m'empresse de le déclarer, cet examen n'est nullement conçu dans la pensée de faire acte d'opposition aux institutions qui régissent en ce moment le pays. Ces institutions, il ne me coûte rien de les respecter et de m'y soumettre. Eh! qui pourrait se complaire dans le stérile plaisir de montrer tout ce qu'elles ont d'incohérent et d'irréfléchi! Pauvres naufragés! du rivage où nous contemplons la mer encore agitée et menaçante, nous hâterions-nous de repousser avec dédain, de briser avec colère la planche qui nous a servi à gagner tant bien que mal le port!

Une vue plus haute, plus patriotique m'a inspiré le travail que je livre aux méditations de mes concitoyens : je me suis proposé une étude, une étude patiente et laborieuse où j'ai, autant que possible, cherché à n'admettre que des principes rigoureusement déduits, selon la méthode des sciences positives, de l'observation des faits. Cette marche est la seule qui puisse mener à la vérité, et l'on doit regretter qu'elle ne soit pas plus habituellement suivie par les écrivains qui traitent des matières politiques. Il est trop vrai que, dans cet ordre de connaissances, la grande découverte de Bacon est à peu près comme non avenue; le raisonnement, toujours placé avant l'expérience, imprime à la science un caractère purement spéculatif; on procède de vues abstraites, de principes posés *à priori*, et, par suite, au lieu d'établir la théorie d'après les faits, on arrange toujours les faits pour la théorie. De là une incroyable confusion d'idées disparates, de conceptions bizarres, de systèmes chimériques, à donner le vertige aux plus solides esprits! Tenons pour certain, en effet, qu'il ne saurait se trouver, de nos jours, un sophisme tellement absurde qu'il n'ait son chevalier armé de pied en cap, tout prêt à entrer dans la lice pour le défendre. N'a-t-on pas tout récemment entendu un de ces aventureux champions, embarrassé par les difficultés qu'opposerait rationnellement une forme gouvernementale quelconque à la réalisation de son radicalisme démocratique, s'écrier, ajoutant ainsi une belle pierre à l'édifice des divagations contemporaines :—Eh bien ! point de gouvernement !

Nous en sommes de la sorte en politique au point où l'on en était en philosophie avant Descartes, alors qu'il appartenait à la Dialectique, féconde en détours, de soutenir les plus folles thèses, de nier jusqu'au mouvement, jusqu'à l'existence des Corps ! On éviterait de tomber dans des excès analogues, en se plaçant à un autre point de vue. Je crois fermement, pour ma part, qu'au travers de ses éléments mobiles, la société présente des faits constants, qu'on retrouve à toutes les époques, sous toutes les conditions et d'où doivent découler les lois de l'association, les principes fondamentaux de son organisation en corps d'état. C'est à cette politique, à laquelle sont bien étrangers les procédés du métaphysicien, que je me rattache. Sur ce terrain on peut espérer de s'entendre. Il n'y a sur l'autre que dissentiments et violences, qu'une lutte sans but et sans terme.

1.

II

Que cette étude est conçue en dehors de toutes vues de parti.

Cette étude, conçue sur un plan nouveau, je l'ai accomplie, il m'est permis de le dire, avec une entière droiture et complétement en dehors de cet esprit de parti qui fausse et dénature le jugement. Elle n'est point, on peut m'en croire, ce qu'on appelle un ouvrage de circonstance ; je l'avais commencée plusieurs années avant la dernière Révolution ; car, comme bien d'autres, je pressentais ce terrible événement ; je voyais dans le ciel le point noir, qui, se grossissant peu à peu, devient finalement la trombe effroyable où tout va s'engloutir. Je m'inquiétais alors de cette marche, qui semblait entraîner la monarchie à sa perte, et je me suis demandé, depuis, s'il est probable que cette République, brusquement improvisée en 1848, et dans les conditions qu'on lui a faites, puisse échapper au même sort ! J'avais des doutes en commençant cet écrit ; c'est pour les dissiper, c'est pour fixer les incertitudes où le spectacle de tant de commotions successives, de tant de péripéties inattendues a dû plonger tout esprit droit, toute âme honnête, que je me suis mis à l'œuvre.

Il faut que ce travail soit lu comme il a été composé, c'est-à-dire avec calme, avec le désir d'arriver à ce qui est juste et vrai, sans parti pris d'avance de trouver à la fin une conclusion favorable aux vaines formules qu'on s'est faites. Telle était bien, pour ce qui me concerne, la situation d'esprit où je me trouvais placé. Je me sentais parfaitement libre au début, et il est positif que si une conviction toute différente eût été le résultat des consciencieuses recherches auxquelles je me suis livré, cette conviction, je n'eusse pas hésité un instant à la produire.

Je ne crois guère, au surplus, aux conversions politiques. Ce n'est pas chose facile, en général, que de déloger des cervelles humaines des opinions qui s'y sont bien établies, qui y ont pris à l'aise et depuis longtemps domicile ; en religion, la grâce éclaire quelquefois, mais il n'y a point de grâce en politique ! Je n'ai donc pas en vue dans cet écrit ceux qui ont ce qu'on peut appeler une opinion ; mais il est tant de gens qui ont bien de la peine à s'en faire une et qu'on voit flotter, au gré des circonstances, entre des doctrines contraires, le matin pour la Monarchie, et pour la République le soir, au fond ne sachant réellement pas ce qu'ils doivent vouloir dans la redoutable crise où se trouve la France ! C'est à ces esprits que leur indécision rend modérés, et que leur modération rend accessibles à la vérité, que je m'adresse ; c'est pour eux que j'essaie de résoudre le grand problème qui se trouve à présent posé, heureux si, ce faisant, j'ai pu raffermir la foi ébranlée de quelques-uns, jeter pour d'autres le germe de doctrines salutaires, qui pourront éclore et fructifier avec le temps !

III

Incertitude sur la véritable notion du gouvernement.

Arrêtons-nous d'abord à quelques données générales. Cela est indispensable, car il faut, en effet, s'entendre avant tout relativement à ce mot même de *République* si souvent prononcé à l'aventure de nos jours, et sans que ceux qui s'en servent aient une idée bien nette, une notion parfaitement claire de l'objet dont il s'agit. Je suis fâché de débuter par une dissertation, mais elle sera courte.

C'est un fait digne de remarque qu'après tant d'écrits renommés, qui, jusqu'à nos jours, ont traité du gouvernement des sociétés humaines, on en soit encore à chercher une juste classification des formes de gouvernement, à discuter la dénomination propre qu'il convient d'assigner à chacune. Quiconque, en effet, veut examiner de près la question, trouve là une étrange confusion dans les idées et par conséquent aussi dans les termes.

Plusieurs expressions, qui ont cours, représentent dans l'application une valeur fort différente. « Le mot même de *gouvernement*, disait en 1821 le savant Daunou, dans son cours d'histoire[1], est si peu défini que ceux qui le prononcent sont rarement bien sûrs de parler d'une seule et même chose. » Et, comme pour apporter un nouveau témoignage à la thèse qu'il énonçait, Daunou, à la suite de ces paroles si frappantes sous la plume d'un homme qui unissait l'expérience à un grand savoir, car il avait lui même contribué à faire un gouvernement, sinon deux, se trouvait aboutir à je ne sais quelle distribution métaphysique des gouvernements en *spéciaux* et *nationaux*, à peu près renouvelée d'Aristote, mais qui, nonobstant son origine, ne pouvait guère jeter de clarté dans la discussion.

I V

Définition vulgaire de la République.

La confusion redouble lorsqu'est prononcé le mot de *République*, si l'on cherche effectivement à se rendre bien compte de l'idée qu'attachent en général à ce mot ceux qui l'emploient, j'entends

[1] In-8°, p. 215.

même nombre de gens qui ont une certaine prétention au savoir politique; il reste évident que pour la
presque totalité, il n'y a là qu'une simple négation :
la République, cela veut dire *qu'il n'y a point de Roi.*
Telle est bien la définition selon les idées vulgaires.

Mais d'abord l'histoire de tous les temps donne
un démenti formel à une semblable donnée, en
nous montrant que dans plusieurs États, décorés à
bon droit du titre de Républiques, la Royauté a co-
existé avec l'institution républicaine. A Sparte, il y
avait des Rois, même héréditaires; en Pologne,
l'organisation monarchique présenta souvent le
caractère mixte de l'élection et de l'hérédité.

Puis disons, pour continuer le langage de l'école,
que c'est une affirmation, non une négation qu'il
faut ici ; car si l'on peut s'en tenir à un mot vague
et indéterminé au point de vue spéculatif, dès qu'il
s'agit d'organisation positive il est indispensable
que quelque chose de bien net soit sous le mot.
Qu'on se contente de désirer ce qu'on appelle méta-
physiquement la *République* avant qu'elle naisse, à
la bonne heure ; mais quand elle est venue, quand
elle est en voie de réalisation, il faut bien savoir
quelle sorte de République on veut en définitive,
quelle est celle à laquelle on rattache ses vœux et
ses espérances comme la mieux appropriée à l'état
social existant.

En somme, je dis que dans l'état de la science, suivant l'expression consacrée dans un autre ordre de connaissances, il n'y a point, en général, d'idées exactes et bien arrêtées relativement à cette forme de gouvernement, et qu'il est même difficile de dire au juste à quelle organisation convient réellement le nom de République. Robespierre tranchait, il y a soixante ans, la question lorsqu'un jour il disait à la tribune des Jacobins[1] : « *Le mot de République ne signifie aucune forme particulière de gouvernement, il appartient à tout gouvernement d'hommes libres qui ont une patrie.* »

Mais ceci prouve qu'au temps de Robespierre on s'en tenait, en matière de gouvernement républicain, à ces considérations vagues et déclamatoires dont on se contente si souvent dans le nôtre. Tâchons d'arriver à quelque chose de plus précis, de découvrir le principe fondamental d'où découlera la notion claire et distincte qui nous manque.

V

Origine et fondement du pouvoir dans l'état social.

La société est un fait qui résulte de l'existence même de l'homme, et le pouvoir est un fait qui

[1] Séance du 13 juin 1791.

résulte de l'existence même de la société. Ces deux faits coïncident de telle sorte qu'on ne peut supposer l'un sans l'autre ; dès qu'il y a société, il y a pouvoir pour la régir d'après de certaines règles, pour la diriger vers un certain but. C'est là une vérité d'observation qui doit passer à l'état de ces axiômes des sciences positives qu'on énonce et qu'on ne démontre pas.

En posant ainsi la question, on le voit, nous laissons à l'écart toutes les causes occasionnelles d'où peut naître telle ou telle organisation politique, ces causes occasionnelles sur lesquelles ont été bâtis tant de vains systèmes ! Nous ne cherchons pas d'autre origine au pouvoir que sa nécessité ; il est parce qu'il est, comme Dieu, dont on l'a fait parfois la représentation vivante, pour mieux avérer sans doute son existence primitive et fondamentale.

Je sais bien que cette théorie ne saurait convenir à nombre d'esprits de notre époque ; on s'est hâté de s'en faire une sur certains faits partiels, et l'on repousse celle qui résulte de l'examen attentif des faits généraux et constants que présente la société. Par exemple, on a parfois vu le pouvoir naître de l'usurpation, et l'on érige ceci en système que le pouvoir a la force pour fondement essentiel parmi les hommes. Cette thèse, radicalement illogique et démentie par l'histoire du genre humain, c'est celle de l'école du dix-huitième siècle presque entière ; et en armant en principe les peuples contre l'autorité, elle n'a pas peu contribué, certes, à amener les révolutions qui se sont succédé en Europe depuis soixante ans.

« Il n'y a, dit Mme de Staël[1], que les hommes médiocres qui mettent en opposition la théorie et la pratique. » Sans doute, mais encore faut-il que cette théorie soit bien réelle, fondée sur l'expérience, faite enfin comme celle qui sert de base aux travaux dans les sciences exactes. Si elle n'est, comme il arrive si souvent en politique, que le produit de l'imagination, qu'un système construit sur un petit nombre de faits mal étudiés, elle est assurément loin, bien loin de valoir la simple et bonne pratique.

C'est ce que sentent d'instinct les masses parmi les agitations civiles ; vous les voyez, en effet, ne s'inquiéter jamais beaucoup de l'origine du pouvoir, mais s'y rattacher quel qu'il soit dès qu'il promet un peu de sécurité aux intérêts dont se forme l'association. Il faut dire que la société se fait bien souvent de hasard, et le pouvoir aussi, par conséquent ; elle l'accepte comme elle s'accepte elle-même, sans le discuter ; elle ne lui demande

[1] *Considérations sur la Révolution française*, ch. IV.

pas d'où il vient, mais où il va. Les théoriciens, eux, contrôlent son principe au gré de leurs idées préconçues ; ils s'enquièrent de son *droit* à exister, à dominer ; ils veulent qu'il ait une origine régulière, et s'il vient à tomber quelque jour, ils ne manquent pas d'attribuer sa chute à telle irrégularité qui s'était présentée à son berceau ; mais rien de moins fondé en réalité. Ce qui est indubitable, c'est que nombre de gouvernements mal constitués dans le principe ont fourni une longue carrière parce qu'ils avaient su habilement s'adapter aux faits sociaux existants. S'ils sont tombés, c'est que cette concordance nécessaire avait cessé d'exister.

VI

Théorie des droits politiques.

A la naissance de la société, lorsqu'elle ne se forme encore que des plus simples éléments, le pouvoir est aussi, comme de raison, fort simplement organisé. En général, alors il est *un*, et peut tout sans contrôle ; mais au fur et à mesure que le corps social grandit et se développe, des éléments très-divers s'y manifestent, et le pouvoir, pour s'adapter à ces nouvelles conditions sociales, cesse de se présenter dans son unité, dans sa simplicité primitive, et se décompose également en éléments très-divers que fixe la constitution.

En outre, la société étant, en principe, formée pour le plus grand bien de ceux qui la forment, car autrement pourquoi existerait-elle? il en résulte que le pouvoir qui est tiré de son sein, qui est fait, selon l'image biblique, de la côte même de la société, n'a pas, lui aussi, une autre raison d'être; mais comme, après tout, il s'exerce par des hommes, il tend à s'exercer d'une façon abusive, à outre-passer les nécessités qui lui ont donné l'existence. De là, au sein de la communauté, revendication de ceux qui sont régis contre ceux qui régissent; de là cette fameuse *théorie des droits*, origine du fatal antagonisme que présente si fréquemment l'histoire, antagonisme où les passions égarent sans cesse les volontés et où les nations périssent quelquefois!

On voit par cet exposé quelle place j'assigne aux droits politiques. Les faiseurs de constitutions depuis 1789 les appellent *sacrés, imprescriptibles, inaliénables!* Voilà de grands mots dont on a étrangement abusé, et qui ont faussé bien des esprits : il faut le faire voir en passant.

VII

Système erroné auquel cette théorie a donné origine.

Indubitablement, la société est fondée sur de certains rapports existant nécessairement entre ceux qui la forment et qui tiennent à la nature de l'homme ; ces rapports, il ne faut que jeter un coup d'œil sur l'état social le plus élémentaire, sur la famille, pour les reconnaître, pour les constater. Indubitablement encore, les lois doivent être l'expression de ces rapports nécessaires, sous peine de n'exprimer qu'un état de choses chimérique, c'est-à-dire de n'avoir aucune base réelle. Appliquera-t-on à ces rapports le terme de *droits ?* Il est tout au moins manifeste que ces droits naissent avec la société, qu'ils n'existent que parce qu'elle existe elle-même ; qu'ils s'ouvrent en quelque façon avec la loi sociale, qui en règle l'action, qui en détermine l'étendue ; qu'ils ne s'exercent que conformément à ses prescriptions ; qu'ils ne sont enfin véritablement que par elle.

La nature accorde des facultés, et la société crée des droits : telle est l'exacte vérité. Le principe est clair, fondé sur l'observation, et les exemples viendront d'eux-mêmes à la pensée du lecteur. Combien s'en éloigne l'école politique que je combats !

Pour elle, le *droit* est une sorte de titre primitif, de caractère indélébile de l'homme *considéré en dehors de l'état de société;* il n'est point issu des faits sociaux, mais il les domine et les subordonne; il ne provient pas de la loi sociale, car il est lui-même la *loi naturelle,* antérieure et supérieure à l'autre. Toute une sience creuse et vaine découle de cette conception première, qui fait du *droit* le fondement de l'ordre politique. Comment en serait-il différemment, puisque philosophes et légistes en sont encore à se poser cette question : *Qu'est-ce que le droit?* De là ces formules étranges qui donnent un inépuisable aliment aux arguties de l'esprit de parti. On dira par exemple : *il n'y a point de droit contre le droit,* et tour à tour dans la discussion les adversaires se renverront l'aphorisme célèbre comme une imposante vérité, sans songer qu'il est impossible au contraire, dans l'ordre social, qu'un *droit* n'en rencontre pas un autre qui le balance, qui le contienne, qui le limite !

A lire tout ce qui s'écrit journellement au sujet du *droit de suffrage,* ne dirait-on pas qu'il s'agit non d'une attribution politique dont la loi fixe la date et qu'elle circonscrit de la façon la plus variable, mais d'une prérogative inhérente à l'humanité et que nous possédons au sein même de notre nour-rice ?

Voyez marcher à la suite le *droit au travail*, le *droit au crédit* et d'autres inventions non moins ridicules, doctoralement exposées de nos jours comme thèses irréfutables. Toutes ont pour origine une donnée métaphysique qu'il fallait laisser à sa place, et on ne doit point en assigner une autre à ce système qui veut voir dans l'ensemble des *droits*, dans la liberté, la base réelle de l'édifice politique, tandis qu'elle n'en est qu'un complément né accidentellement et qui l'approprie à l'état auquel la société est parvenue.

VIII

Que c'est l'autorité et non la liberté qui est le fondement véritable de l'ordre politique.

Je ne sache pas véritablement qu'on puisse envisager d'autre façon, à moins de vouloir s'égarer, la liberté. Il ne faut pas l'oublier, la société est avant tout régie ; par conséquent, son fondement réel, c'est l'autorité. Si cette autorité eût toujours été exercée avec une sagesse surhumaine, les droits n'eussent pas été inventés ; si elle eût été toujours basée sur ces rapports sociaux nécessaires résultant de la nature des choses, il n'eût pas été besoin de dresser l'inventaire des droits qui en sont, ainsi qu'il a été dit, l'expression, et d'en faire fastueusement la déclaration à l'univers. C'est ce qu'on reconnaît en considérant certains états de civilisation. Demandez la charte de leurs droits à ces tribus des plateaux asiatiques qui depuis la première formation de la société jusqu'à nos jours n'ont pas cessé de vivre sous le régime patriarcal !

La liberté naît donc des vices inséparables du développement de la société humaine ; elle résulte de la lutte qui s'établit contre les abus de l'autorité. Aussi est-elle une force essentiellement agressive ; elle vit par l'attaque et tend à la subversion ; c'est son rôle, c'est sa nature. Ainsi entendue, elle est utile, peut-être nécessaire ; mais dans les années qui viennent de s'écouler, nombre d'esprits ont cru trouver là un principe d'organisation, un terrain sur lequel on peut construire : fatale et regretable erreur ! Sur ce principe, sur ce terrain, il n'y a rien à édifier que ces fragiles abris érigés parmi les tempêtes, et qui sont destinés à disparaître avec elles.

IX

De la division du pouvoir en législatif et exécutif.

La consécration des droits politiques par la constitution donne origine à ce qu'on appelle un gouvernement libre ; un gouvernement despotique, au contraire, est celui où ces droits ont été anéantis au profit du pouvoir. Or, pour empêcher le triomphe du despotisme, pour contenir le pouvoir dans de justes limites, pour lui rendre plus difficile la violation de ces garanties que la société peut ne pas sacrifier à sa propre sécurité, on n'a trouvé jusqu'ici rien de mieux que de le diviser.

Je rencontre ici la célèbre théorie, si admirablement exposée par Montesquieu, de la division du pouvoir en législatif, exécutif et judiciaire ; mais je laisse immédiatement à l'écart ce dernier : au point de vue où nous sommes placés, il ne doit compter en effet que comme un fractionnement du pouvoir exécutif doté d'une existence propre et indépendante pour donner de plus fortes garanties à la vie et à la fortune des citoyens. Faire la loi et l'exécuter, voilà deux grandes attributions du pouvoir politique qui régit la société. Ces attributions, elles peuvent être réunies ou séparées ; et suivant qu'elles sont séparées ou réunies, elles présentent deux ordres très-tranchés d'organisation gouvernementale.

X

La confusion des pouvoirs. Origine du gouvernement despotique.

On peut poser une règle invariable : quand les pouvoirs législatif et exécutif sont confondus, quand celui qui fait la loi est aussi chargé de l'exécuter, le gouvernement est despotique. Appelez-le République ou Monarchie, peu importe le nom. Quand Cromwell eut chassé, dans la Grande-Bretagne, le Long-Parlement, on continua à dire la *République d'Angleterre;* mais le Protecteur marchait à côté de Philippe II comme despote, et la situation des sujets de ces deux souverains se trouvait parfaitement égale sous le rapport des droits politiques.

Qu'on ne confonde pas, il s'agit ici *d'un seul pouvoir et non du pouvoir d'un seul :* une assemblée qui absorberait en elle tous les pouvoirs politiques ne saurait amener qu'un régime de servitude, bien que le nom de *liberté* se trouvât inscrit en tête de tous ses actes. Tel fut celui qui s'organisa au sein de la Convention nationale quand la République fut une première fois proclamée dans notre pays. Il ne s'agit point ici de juger ce gouvernement, de rechercher si dans la terrible situation que de précédents événements lui avaient faite il pouvait être autre que ce qu'il a été; j'établis simplement en point de fait, qu'en conformité du principe que je viens de poser il dut constituer et constitua effectivement pour les citoyens un état d'oppression que les tyrannies monarchiques n'ont que rarement égalé.

Et comme, au surplus, pour le dire en passant,

il n'est guère de la nature de ce gouvernement de s'exercer longtemps par plusieurs, aussi voit-on à cette époque le pouvoir tendre constamment, par la terrible élimination de l'échafaud, à se rapprocher de l'unité. Il y a d'abord deux comités qui se contiennent respectivement; puis l'un d'eux absorbe l'autre; puis dans celui auquel est échu le pouvoir réel, trois hommes le concentrent finalement entre eux; entre les triumvirs enfin, le dictateur apparaissait quand le 9 thermidor arriva !

XI

Même sujet.—Opinion de Montesquieu et de J.-J. Rousseau.

Il faut insister sur ce principe essentiel que la confusion des deux pouvoirs est radicalement incompatible avec l'établissement stable et régulier d'un gouvernement libre. « Lorsque *dans la même personne ou dans le même corps de magistrature*, dit Montesquieu[1], la puissance législative est réunie à la puissance exécutive, *il n'y a point de liberté*, parce qu'on peut craindre que le même monarque ou le même sénat ne fasse des lois tyranniques pour les exécuter tyranniquement. » Rousseau lui-même, dans ce livre dont les erreurs puissantes font le

[1] *Esprit des Lois*, liv. xi, ch. 6.

tour du monde, reconnaît aussi qu'une telle organisation politique ne forme pour ainsi dire *qu'un gouvernement sans gouvernement*, parce que, dit-il[1], dans le fait, le prince, la portion qui gouverne et le souverain, le peuple, n'y sont qu'une même personne.

S'il était permis d'ajouter quelque chose à ces deux autorités dont l'accord si rare en général prête tant de force à cette thèse, on dirait que dans ce système, la loi étant faite par le pouvoir qui l'exécute, ce pouvoir se croit par cela même en droit de l'exécuter comme il l'entend et même de ne la point exécuter du tout. L'arbitraire prend infailliblement la place de la règle. La tourbe populaire ou la force publique aidant, il n'est point dès lors de domination tellement odieuse qui ne puisse peser sur une nation. Que le pouvoir s'appelle César ou Comité de Salut Public, cela est indifférent. Tacite nous raconte que les sénateurs tremblants interrogeaient le regard de Tibère pour savoir s'il fallait absoudre ou condamner un consulaire, et nous voyons dans les Mémoires de Thibeaudeau que la Convention nationale en était venue à ce degré d'affaissement qu'un grand nombre de ses membres n'osaient plus *s'asseoir*,

---

[1] *Contrat Social,* liv. III, ch. 4.

parce que s'asseoir, c'était siéger dans un des côtés de l'assemblée et manifester ainsi une opinion qui pouvait mener à la mort le lendemain. La parité n'est-elle pas parfaite et, dans l'un comme dans l'autre cas, ne reconnait-on pas un régime où il ne saurait y avoir la moindre garantie pour la liberté du citoyen ?

Ne craignons donc pas d'affirmer qu'une organisation politique qui concentrerait tous les pouvoirs dans une assemblée unique et déléguerait simplement à un agent ou à des agents, *toujours révocables par elle*, l'exécution des lois constituerait une domination qui n'aurait pas les caractères d'un gouvernement régulier, qui en définitive ne serait pas, ne pourrait pas être un gouvernement libre. C'est ce que dit au surplus, en termes formels, Montesquieu dans les lignes suivantes : « que, s'il n'y a point de monarque, et que la puissance exécutive soit confiée *à un certain nombre de personnes tirées du corps législatif*, il n'y aurait plus de liberté, les mêmes personnes ayant quelquefois et pouvant toujours avoir part à l'un et l'autre pouvoir[1]. »

Le point est ainsi bien éclairci, et il semblerait que c'est là un de ces principes essentiels sur lesquels il est temps de ne pas revenir. Mais sur quoi ne revient-on pas en France ? Quelle doctrine reste

[1] *Esprit des Lois*, liv. XI, ch. 6.

intacte parmi les luttes déplorables que notre pays donne en spectacle au monde? N'avons-nous pas vu naguères nombre d'esprits, des journalistes en renom, des constituants même, se rallier justement à la pensée d'une telle organisation, la préconiser comme un admirable expédient pour résoudre cette immense difficulté que présente toujours dans le gouvernement républicain la constitution du pouvoir exécutif, tant les théories politiques sont étudiées parmi nous d'une façon superficielle et légère!

XII

Le système de pondération des pouvoirs, seul compatible avec la liberté.

Je remarquerai, avant de poursuivre cette partie de la discussion, que, par une singularité qui frappera tout lecteur attentif, des partis extrêmes, qui se rapprochent parfois précisément parce qu'ils sont extrêmes, tombent d'accord dans la critique du système de la division, c'est-à-dire de la pondération des pouvoirs ; le parti révolutionnaire et le parti contre-révolutionnaire ont également accusé ces institutions qui se balancent d'amener le corps politique à un état d'impuissance irrationnel. A ceci il n'y qu'un mot à dire, c'est que la liberté des citoyens se trouve justement parmi ces oscillations des forces qui constituent le gouvernement, et ne se trouve même que là. Faites-les cesser tout-à-fait et vous avez le despotisme d'un seul ou le despotisme de plusieurs. Cela est de toute rigueur.

Il est vrai que lorsque ces oscillations deviennent trop vives, elles entrainent tout, pouvoir et liberté, dans une chute commune. Par le même principe, d'après lequel la société se meut, elle chancelle et tombe quelquefois; mais ce sont là des accidents que la sagesse politique doit savoir prévenir. Les gouvernants y peuvent beaucoup, et les gouvernés plus encore peut-être. Le principe fondamental de ces institutions libérales sous l'abri desquelles fleurissent déjà quelques États modernes et que l'avenir réserve sans doute à tous les autres n'en reste pas moins inattaquable.

Ainsi donc, de la confusion des deux pouvoirs résulte nécessairement le régime de servitude, et de leur séparation le régime de liberté. Mais ici se présentent diverses combinaisons qu'il importe d'étudier avec soin.

XIII

Que c'est la prépondérance de l'un des pouvoirs sur l'autre qui détermine la nature du gouvernement.

Le pouvoir législatif et le pouvoir exécutif peuvent, ceci est clair, co-exister séparément, mais en exerçant toutefois l'un sur l'autre une certaine action, une action limitée et temporaire. Il est même impossible jusqu'à quelque degré qu'il en soit autrement, et c'est en définitive cette action réciproque qui constitue le gouvernement. Ainsi, dans quelques pays, le pouvoir exécutif concourt à l'élaboration de la loi ; il intervient dans la discussion ; il donne, suspend ou refuse la sanction : ce droit qu'il exerce est plus ou moins étendu, mais il est admis, qu'on le remarque bien, dans des États auxquels on donnera indifféremment le nom de Monarchie ou de République, car ce n'est pas là encore que s'établit la distinction fondamentale entre les deux formes de gouvernement.

Elle n'est pas davantage, quoi qu'on en dise, dans l'admission des classes populaires aux attributions gouvernementales, puisqu'il peut exister des Républiques où ces classes sont exclues de la manière la plus absolue de toute participation, même indirecte, au gouvernement.

Où se trouve-t-elle donc enfin? elle est réellement dans la prépondérance fondamentale et décidée de l'un des deux pouvoirs sur l'autre. Il y a monarchie si le premier rang est incontestablement attribué au pouvoir exécutif; si le législatif, placé à un degré inférieur, se subordonne, bien qu'il tire son origine et son droit de la souveraineté nationale, à l'autre pouvoir, et lui apporte un simple concours. Que si, au contraire, le législatif marche en tête du corps politique et laisse loin derrière lui dans une position secondaire et restreinte le pouvoir exécutif, alors il y a République. Ici apparaît nettement l'institution républicaine. Elle se combine, comme on va le voir, avec une composition très-diverse de ce pouvoir législatif qui en est la base. Mais qu'importe? pourvu qu'il soit dominant, vous devrez toujours appeler l'État du nom de République. Il n'est pas moins indifférent dès lors qu'on donne tel ou tel titre au magistrat chargé de l'exécution des lois. Il sera Roi même, si on le veut, comme nous l'avons vu : le pouvoir législatif est au sommet, le gouvernement n'en est pas moins républicain.

Posons donc comme règle que c'est à cette sorte de gouvernement où la constitution assigne au pouvoir législatif une supériorité incontestée, où le pouvoir exécutif est placé, d'une manière plus ou moins marquée, dans une véritable dépendance vis-à-vis de l'autre pouvoir, qu'appartient exclusivement le titre de République. Le principe est clair et devient un guide sûr dans l'examen des institutions qui régissent les différents peuples. On ne peut plus maintenant se laisser tromper par une vaine appellation; en fait de République, on sait que le mot peut se trouver sans la chose et la chose sans le mot ; on a enfin cette notion précise et distincte qui nous manquait au début de ces considérations.

XIV

Classification de la République.

Nous pouvons procéder maintenant à une double classification de la République : une première nait naturellement de la composition même de ce pouvoir législatif, dont la supériorité avouée est l'essence de cette forme de gouvernement. La République sera donc *aristocratique*, *oligarchique* ou *démocratique*, suivant la nature des éléments qui la constituent, suivant la source où on les aura puisés. Dans ces derniers temps, les novateurs ont ajouté à cette nomenclature la République *démocratique et sociale*, ou simplement *sociale*, car il semble que le dernier terme doit absorber l'autre, ou bien il ne signifierait rien.

De l'étude que nous ferons de ces diverses sortes de gouvernements républicains sortira une seconde classification de la République en *unitaire* et *fédérative*, qui complétera cet examen en montrant la question sous un aspect nouveau à peine entrevu jusqu'ici, et dont personne toutefois ne pourra méconnaître l'importance.

Ce sera l'objet de la première partie de ce tra-

vail ; quelques considérations sur l'institution monarchique formeront l'objet de la seconde.

Nous pouvons ainsi mesurer de l'œil tout entière la carrière que nous avons à parcourir ; il était indispensable de s'arrêter à ce préambule. Dans ces dernières années, les idées les plus élémentaires, les notions avouées comme le résultat incontestable du raisonnement et de l'expérience, tout a été impudemment nié ou dénaturé par les écoles ; elles ont fait le chaos, et le bon sens est aujourd'hui parmi des ruines : il lui faut donc, avant tout, déblayer son terrain pour pouvoir ensuite, sur le sol bien préparé, marcher d'un pas rapide et toucher au but sans faire des haltes trop nombreuses.

PREMIÈRE PARTIE

DE L'INSTITUTION RÉPUBLICAINE

CHAPITRE I

DE LA RÉPUBLIQUE ARISTOCRATIQUE ou OLIGARCHIQUE

I

Du principe de la République aristocratique.

Que dans un État se trouve constitué, dès son origine, et maintenu au travers des âges, un corps choisi, possédant la plus grande partie du sol, investi de titres respectés, de prérogatives presque régaliennes, d'un haut patronage consenti par les autres classes de la population, formant enfin une aristocratie vaste et puissante, et nous nous trouvons placés dans un ordre de choses qui a ses conséquences naturelles. Ici la totalité du pouvoir dans ses deux branches est en réalité aux mains de ces élus, de ces privilégiés de la nation. Il y a un monarque ou il n'y en a pas, selon leur bon vouloir. S'il y en a un, il faudra de toute nécessité qu'ils soient ses conseillers ou ses maîtres. Le titre, les insignes du pouvoir exécutif seront en lui, mais l'autorité réelle sera en eux.

Je vois dans ces royautés du moyen-âge, issues de la lutte des communes avec l'aristocratie et à présent transformées en monarchies représentatives, cette aristocratie former encore un élément plus ou moins influent ; mais où la royauté et le peuple ont été vaincus, où le champ de bataille est resté aux nobles, la République a pu s'établir. Sans doute elle est alors un grand mensonge, mais ce mensonge peut procurer à un corps politique une longue et brillante existence. Venise de sombre et farouche mémoire, avec ses conseils des Dix et des Trois, ses plombs pour les prisonniers, sa bouche de fer pour les délateurs, Venise, modèle accompli de cette sorte de gouvernement, a vécu dix siècles grande et prospère, et pour l'abattre il a fallu la Révolution française et Napoléon !

II

Pourquoi ce gouvernement peut avoir une grande solidité.

On conçoit en effet quelle puissance d'action doit résider dans une telle agglomération de familles profondément séparées des autres classes de la population par une filiation antique et illustre, par des attributions d'État transmises avec le sang, par des trésors lentement accumulés au travers des siècles et dus souvent, il faut le dire, à de grands services rendus à la commune patrie ; tout se tient, tout est fortement lié dans un tel système ; mille têtes sur un corps dont la pensée unique et constante est de se conserver, de s'étendre, d'absorber en soi toutes les forces vives du pays !

Encore un coup d'autorité, d'influence quelconque, de gouvernement enfin, n'en cherchez que là. Où l'aristocratie domine, il faut qu'elle domine seule, et pour dominer elle admettra tous les raffinements que peut suggérer le génie de l'oppression. Elle donnera à son chef le titre d'Altesse Sérénissime ; elle posera une couronne sur sa tête ; elle lui fera épouser la mer au sein de pompes éblouissantes ; mais ombrageuse et cruelle, elle l'entourera d'espions ; elle le condamnera à entendre le front découvert les censures d'un tribunal, à voir tomber sous ses yeux la tête d'un fils conspirateur, que sais-je ? Il faut méditer tous ces faits de l'histoire vénitienne pour bien comprendre l'Aristocratie et la République qu'elle institue. Mais, je le répète, cette organisation politique, si les masses populaires y trouvent une grande prospérité matérielle, peut présenter de fortes garanties d'ordre et de stabilité. Il est évident en effet qu'avec un patriciat ainsi constitué, l'anarchie, cet écueil du gouvernement républicain, n'est guère à craindre.

III

De la République oligarchique.

Je n'ai qu'un mot à dire sur une subdivision de cette forme de gouvernement qui peut naître d'un état social où le commerce et l'industrie ont concentré en quelques mains laborieuses, c'est-à-dire non nobles, les richesses et l'influence. Alors se trouve constitué un corps qui a remplacé, effacé l'aristocratie. C'est une oligarchie en qui réside exclusivement aussi le pouvoir et qui l'exerce en général dans une pensée non moins égoïste, souvent même plus oppressive pour les cultivateurs du sol et pour les classes ouvrières des cités.

Un tel corps est pourtant, il faut le dire, loin de présenter l'avantage d'une égale immutabilité, car la fortune en qui repose son existence est capricieuse ; dans cet ordre de choses les sommités sociales dépendent parfois des vents qui soulèvent les tempêtes, des crises qui atteignent les banques et l'industrie, et le *livre d'or*[1] de l'Etat voit chaque jour ses feuillets décorés de noms nouveaux qui disparaîtront peut-être le lendemain.

Dans l'antiquité, les républiques purement oligarchiques eurent toujours peu de durée ; et dans les temps modernes la République hollandaise, fondée à la fin du seizième siècle, s'éteignait à la fin du dix-septième, déjà de fait réduite en monarchie par les usurpations du statdhoudérat.

Passons à la République démocratique. Nous sommes ici au cœur du sujet, car ce n'est assurément pas de la république aristocratique ou oligarchique qu'il pourrait être sérieusement question dans le temps où nous vivons.

---

[1] On appelait ainsi à Venise le registre d'Etat sur lequel étaient inscrites les familles patriciennes.

Jetons, avant d'aller plus loin, un rapide coup-d'œil sur la société actuelle ; voyons-la en dehors du langage banal et des mensongères appréciations de l'esprit de parti, telle que l'ont faite la marche des siècles et les progrès de la civilisation : ceci est essentiel pour éclairer la discussion.

CHAPITRE II

DE LA RÉPUBLIQUE DÉMOCRATIQUE

I

Considérations sur la marche naturelle de la société.

Le corps politique semble toujours à l'origine formé par la tête, c'est-à-dire par certaines classes chez lesquelles se trouvent concentrés lumières, richesses et pouvoir; sacerdoce ou patriciat, elles apparaissent en quelque sorte seules au berceau des nations; le reste compte pour rien. C'est un édifice dont vous n'apercevez que le faîte, et l'histoire ne vous montre la multitude, la plèbe qui en forme la base, que par les calamités que lui font subir les passions d'en haut; elle périt par monceaux dans les batailles; elle jonche de ses cadavres le sol des marais ou s'enfouit vivante dans le sein des montagnes; mais aussi il y a des chefs dont la renommée est immortelle, des héros qu'on divinise! C'est l'âge d'or..... des poètes!

Mais insensiblement vient une autre époque où tout à changé de face. Le travail a graduellement arraché aux classes privilégiées une part de la fortune publique; avec cet or, prix des sueurs de plusieurs générations, on paie un peu d'instruction et de liberté. Quand on en est là on se compte, et la lutte commence; et il arrive après de longues vicissitudes que ceux qui étaient en haut se trouvent en bas; l'édifice est renversé, vous n'en apercevez plus le faîte. C'est la base qui regarde le ciel!

N'ai-je pas écrit en ce peu de lignes l'histoire constant: des sociétés politiques! Anciennes ou modernes, toutes n'ont-elles pas à peu près marché de même? N'aperçoit-on pas, par exemple, en France une période où la société semble n'être faite que de noblesse et de clergé? Plus tard naissent les communes qui s'enrichissent et s'éclairent par degrés, puis brisent le servage, mettent la chevalerie à pied, pénètrent dans les Etats-Généraux, y donnent la loi et consomment enfin l'entière subversion de l'ordre existant.

II

Classification sociale qui en résulte

Il est, au surplus, selon toute apparence, dans les destinées des peuples modernes chez lesquels le christianisme a donné à l'individu sa valeur propre et égale devant Dieu, de voir s'effectuer cette révolution d'une manière bien plus complète que dans l'antiquité. Quoi qu'il en soit, son résultat formel, partout où elle s'accomplit, c'est de remplacer les classes privilégiées par une vaste agrégation de familles prises dans tous les rangs, dont les unes sont montées, dont les autres sont descendues pour se rencontrer sur un même terrain, amalgame informe d'abord, mais qui se régularise et s'harmonise avec le temps et devient évidemment la portion la plus notable de la nation. En effet, la propriété, l'industrie, l'instruction, cette richesse précieuse, source véritable de toutes les autres, c'est elle qui les possède. Tout ce que le temps a laissé subsister des débris de l'ancien ordre politique est venu s'y réfugier et s'y confondre ; elle est la tête et le corps de la société nouvelle. Il y a quelque chose au-dessous d'elle, c'est le peuple. Au-dessus, j'ai beau chercher, je ne trouve rien.

Dans ces derniers temps on désignait sous le nom de *classe moyenne* cette portion considérable de la population substituée en fait à l'aristocratie, dont la ruine absolue a été consommée par la Révolution ; mais il est clair que ce terme n'est juste qu'autant qu'on admet l'existence d'une classe supérieure. Or comme pour tout observateur attentif c'est là une supposition purement gratuite ; comme il est absolument impossible de faire sa place dans notre état social actuel à ce qu'on pourrait appeler une classe supérieure, il convient de repousser une dénomination qui représenterait l'intermédiaire entre cette prétendue classe et le peuple, et d'en adopter une autre. J'adopte celle de *bourgeoisie*, bien qu'elle ait été tant anathématisée de nos jours ; je l'adopte parce que je n'en connais pas de meilleure et qu'il ne faut pas reculer devant les mots quand on veut aller au fond des choses. Je pose donc en principe qu'en France et dans les autres parties de l'Europe où le régime féodal aristocratique n'existe plus que nominalement, n'est plus représenté que par des titres sans prérogatives qui relient simplement le présent au passé, la bourgeoisie comprend tous ces éléments de la population nationale qui forment manifestement une catégorie à part en regard des masses plébéiennes. La bourgeoisie et le peuple, voilà la nation. Avant la Révolution il y avait trois classes; aujourd'hui il n'y en a plus que deux, mais il y en a deux.

III

Réfutation de la doctrine de l'égalité sociale.

Cette classification nette et tranchée de la population française que je viens d'établir, je ne me dissimule pas tout ce qu'il y a de répugnance parmi les générations actuelles à l'accepter; je sais d'avance les objections raisonnées, les attaques violentes dont elle sera tour à tour l'objet : nombre d'esprits sages et tempérés la considéreront comme une monstrueuse hérésie; car les idées *égalitaires*, pour parler le langage de l'époque, ont fait leur chemin dans bien des têtes. Cette conception idéale d'une grande unité démocratique de trente-cinq millions d'individus rangés par la loi civile et politique sous un commun niveau sourit aux esprits imbus de ces principes spéculatifs, de ces données métaphysiques dont j'aurai plus d'une fois encore à faire ressortir l'inconséquence. Mais il faut se rendre bien compte de l'état réel des choses, prendre la société pour ce qu'elle est, non pour ce qu'on voudrait qu'elle fût ; qu'importe que le mot égalité, flanqué de deux autres non moins sonores, soit inscrit en tête de tous les actes officiels, au fronton de tous les édifices ! c'est dans la société que je veux voir l'égalité elle-même, et c'est là que je la cherche sans la trouver.

L'apercevons-nous, en effet, dans l'existence matérielle? non, assurément. Est-elle dans l'existence morale, intellectuelle? pas davantage; même elle est là plus radicalement encore impossible. Comment donc pourrait-elle dès lors se rencontrer dans l'existence sociale, en qui se résument les deux autres? et si elle n'est pas admissible dans l'existence sociale, comment serait-elle rationnelle dans l'existence politique, ou plutôt comment pourrait-elle y figurer autrement que comme une de ces promesses chimériques, un de ces leurres séduisants au moyen desquels on a, dans tous les temps, trompé les masses ignorantes et crédules!

Si donc j'examine en toute liberté et sans préoccupation ce qu'est notre société actuelle à la suite des révolutions qu'elle a subies et qui en ont fait disparaître l'élément aristocratique, il m'est impossible de ne pas reconnaître qu'elle ne se compose pas d'une masse d'individus *socialement* égaux. Je suis invinciblement amené à admettre en elle ce grand partage que je viens d'établir. Qu'on ne se récrie pas; ce n'est pas moi qui le crée, ce partage, je ne fais que le constater : je le vois en effet ressortir à tout instant des relations d'homme à homme, de famille à famille, de corps d'état à corps d'état. Les alliances destinées à perpétuer la société y rendent frappante, manifeste cette barrière qui sépare le bourgeois de l'homme du peuple. Vainement voudrait-on faire plier ces distinctions sous la rigueur d'un dogme politique; elles résistent et se présentent avec une force nouvelle au moment où l'on avait pu croire qu'elles étaient effacées; elles résistent parce qu'elles tiennent à la nature même de l'homme : l'éducation, la profession, la fortune établissent des inégalités insurmontables. L'ouvrier n'est pas l'égal de son patron, ni le valet de son maître; l'avocat, même quand il est démocrate, s'estime quelque chose de mieux qu'un paysan, et difficilement persuaderez-vous au pauvre manœuvre qui n'a que sa journée pour vivre, qu'il compte pour autant dans le monde qu'un banquier. Ces inégalités, qui sont inhérentes, répétons-le, à la vie même de la société, constituent un état particulier qu'il ne faut pas méconnaître à moins de vouloir s'abuser soi-même ou abuser les autres. M. Guizot disait dans un récent écrit[1] : « Sous l'empire du principe d'unité et d'égalité qui préside à son organisation, la France renferme *des conditions sociales et des institutions politiques profondément diverses et inégales;* il n'y a point de classification hiérarchique, mais *il y a des classes différentes;* il n'y a point d'aristocratie proprement dite, mais *il y a autre chose que la démocratie.* » Il est impossible de ne pas voir l'expression de la vérité dans les paroles du profond écrivain.

En résumé, l'égalité est dans les idées, mais c'est l'inégalité qui est dans les mœurs.

---

[1] *De la Démocratie en France,* p. 100

IV

Que l'inégalité sociale se manifeste dans le peuple aussi bien que dans la bourgeoisie.

Non-seulement l'égalité n'existe pas dans la masse de la population, mais au sein même des deux grandes catégories qui la composent c'est l'inégalité que je rencontre à chaque pas dans l'une comme dans l'autre. En effet, on aperçoit, si l'on examine bien attentivement ce qui est, une certaine distribution des familles fondée sur je ne sais quelle considération qui s'attache dans une mesure différente aux divers emplois de l'activité humaine. De même qu'il y a bourgeois et bourgeois, il y a ouvrier et ouvrier; des supériorités d'état s'établissent dans le peuple comme au-dessus. Elle se marquent surtout par les alliances; le médecin, l'homme de lettres, le bureaucrate de nos cités n'ira pas en général chercher sa compagne, la mère de ses enfants, dans une boutique? Eh vraiment entre deux boutiques qui se touchent, les mœurs laissent parfois un intervalle immense! Demandez d'autre part au fier compagnon du devoir s'il consent à se mettre au niveau du serviteur à gages; au ciseleur, au mécanicien dont la journée dépasse parfois la valeur de celle d'un employé, s'ils ne s'estiment pas quelque chose de mieux que ces individus qui exercent les industries infimes de la rue et dont l'existence a presque toujours pour complément indispensable le bureau de charité!

Mais dira-t-on toutes les gradations successives que présente la société du sommet à la base n'atténuent-elles pas le principe de la classification générale d'abord établie? J'avais prévu l'objection; il est facile de la résoudre. La société se compose d'échelons; mais l'échelle est double, pour continuer l'image vulgaire. Vous apercevez un point où se lient et se rattachent l'une à l'autre les deux branches. Dans le fait, pour parler sans figure, l'observation montre évidemment chez les familles qui composent chaque groupe principal, bien qu'il y ait des degrés entre elles, un rapport manifeste d'homogénéité; il s'établit par des intérêts, par des sentiments, par des préjugés commu.s, par des habitudes d'éducation qui ne diffèrent qu'en des nuances légères; dans leurs derniers rangs, je le reconnais, la bourgeoisie et le peuple se confondent; la limite est là en effet vague et variable parce que les conditions d'existence ont souvent un caractère mixte. Ainsi la propriété devient si faible que le salaire du simple journalier en est l'indispensable auxiliaire; ainsi le capital industriel se fractionne au point de faire le petit détaillant du carrefour; mais ces rangs mêmes où la situation est douteuse forment le lien entre les deux grandes portions de la communauté; c'est par là qu'elles aboutissent l'une à l'autre et que la fusion s'accomplit; c'est par là que se trouve refaite dans sa dualité l'unité vaste et puissante qui tendait à se dissoudre.

V

Que cet état de la société ne saurait être changé par les progrès de la civilisation.

Je vais au-devant d'une autre objection : on voudra bien que la société soit quant à présent partagée en deux classes; mais, dit-on, la marche de la civilisation changera tout cela. L'aristocratie a succombé, la bourgeoisie qui la remplace doit succomber à son tour. Fausse induction, faux raisonnement! l'aristocratie est d'institution politique, la bourgeoisie d'établissement social; il n'est pas inséparable de la nature des choses qu'il y ait des classes politiquement privilégiées; mais il est inséparable de la nature des choses qu'il y ait des distinctions d'éducation, de fortune, de fonctions, de mœurs et d'habitudes, enfin qu'il y ait la bourgeoisie et le peuple.

Et qu'on n'argue pas des progrès de l'instruction générale pour prétendre que par le progrès s'effaceront toutes distinctions : ce serait se faire une étrange illusion! Le nivellement est plus impossible encore entre les intelligences qu'entre les conditions. Le peuple gagnera sans doute en lumières; mais la bourgeoisie ne gagnera-t-elle pas aussi de son côté? Ne dirait-on pas qu'il ne reste plus rien à apprendre à cette portion de la population qui se montre souvent si inintelligente des questions qui la touchent de plus près? quand le peuple saura lire et écrire, elle en sera, elle, à pouvoir comprendre et discutersagement ces questions : on aura beau faire, l'intervalle subsistera toujours.

VI

L'inégalité sociale se concilie avec l'égalité devant la loi.

A peine est-il besoin d'ajouter que ces considérations n'attaquent en rien le grand principe qui veut que devant la loi, riche et pauvre, ignorant et lettré, possesseur et travailleur de tout ordre comparaissent avec les mêmes droits et au même titre de justiciables. Cette égalité qui n'a aucun rapport avec l'égalité sociale, vaine chimère dont se repaissent quelques esprits, chacun la comprend, comme une déduction naturelle de l'égalité devant Dieu, fondement de la révélation chrétienne. Oui, que la loi humaine soit égale pour tous dans la vie de ce bas monde comme le sera la loi divine dans la vie de l'éternité, voilà ce que doivent désirer tous les amis du bien. On sait au reste combien l'inégalité nécessaire des conditions apporte elle-même d'obstacles à ce que l'égalité devant la loi civile et criminelle soit toujours et pleinement réalisée; mais il faut s'attacher à les surmonter, c'est un des plus importants devoirs de la société actuelle.

Je remarque au surplus que parfois les législateurs, dans ces actes constitutifs élaborés en si grand nombre depuis soixante ans, ont pris soin d'inscrire, à la suite de cette égalité primitive et absolue présentée comme devant être désormais le fondement de l'existence sociale et politique, le principe de *l'égalité devant la loi*. Il semblerait pourtant que celle-ci devrait se trouver comprise dans l'autre ; ne serait-ce pas, si l'on croit devoir la formuler à part et en termes précis, que la première, celle que j'appellerais l'*égalité avant la loi*, est au fond tenue pour pure chimère et qu'on n'y voit qu'un de ces mots qui séduisent la multitude et en font toujours l'instrument et malheureusement aussi le jouet des partis.

VII

Que l'ordre hiérarchique doit remplacer l'ordre aristocratique dans la société moderne.

Il serait temps de revenir à la vérité, de faire disparaître de la circulation intellectuelle toutes ces notions erronées, sorte de fausse monnaie qui jette une véritable perturbation dans les transactions de la pensée : on mettrait d'accord les idées et les faits si l'on reconnaissait que c'est sur l'*inégalité relative* et non sur l'*égalité absolue* que repose l'existence de la société, et que dans les États modernes c'est l'ordre hiérarchique qui semble devoir remplacer partout l'ordre aristocratique. Tel est, en effet, je crois, le dernier terme de la révolution qui a renversé la constitution féodale. Mais ceci est à peine entrevu encore parmi nous. Dans cet élan qui a entraîné les masses nationales contre l'aristocratie, les vainqueurs, on le comprend, ont dû dépasser le but ; ils ne reviendront que lentement sur leurs pas. Mais quand ce grand résultat sera obtenu, quand le principe de hiérarchie sociale sera enfin accepté, c'est alors véritablement, je crois, que la carrière des révolutions sera pour un temps fermée et qu'une ère nouvelle commencera pour les peuples!

VIII

Que l'avénement de la bourgeoisie constitue une situation sociale nouvelle à la surface du monde.

Et qu'on se garde de croire qu'en posant comme base de cette partie de la discussion ce fait fondamental, cette vérité d'observation, de l'existence d'une classe distincte du peuple et où sont à présent confondues toutes les anciennes supériorités sociales, nous ne l'avons pas beaucoup avancée. Elle a fait au contraire un pas immense; car en réalité nous avons ainsi constaté un état de choses qui ne s'était point encore présenté à la surface du monde.

Cette assertion étonnera au premier abord; mais elle sera tenue pour parfaitement exacte par les personnes qui se livrent à une étude attentive de l'histoire des nations. Le patriciat, qui apparaît presque seul, ai-je dit plus haut, au berceau de la société, domine encore la plus grande partie de la race humaine. Dans ces républiques de l'antiquité dont le mécanisme admiré traditionnellement est en général si peu connu, il faut considérer que l'esclavage a toujours constitué à lui tout seul le plus effroyable des patriciats; au sein même de la plupart des États européens, vous voyez la bourgeoisie se débattre encore sous la pression de l'aristocratie; sur quelques points la lutte commence à peine ; ailleurs on l'ajourne pour ne pas donner des forces à l'invasion socialiste qui menace la civilisation : ne parlons pas du reste de l'Ancien Monde et mettons également à part le Nouveau où subsistent les distinctions si cruellement aristocratiques des races et des couleurs. Oui, en France, seulement et dans quelques contrées limitrophes qui depuis un demi-siècle suivent ce pays dans sa marche comme les satellites suivent leur planète dans son orbite, existe et domine, pour la première fois, sans rivale, cette bourgeoisie dont la destinée semble être de vaincre partout les anciens ordres privilégiés.

Constituer la France aujourd'hui est donc dans le fait une opération entièrement nouvelle. Ne serait-ce pas parce que peu de personnes ont paru s'en douter que le pays a de si longs et de si pénibles efforts à faire pour arriver à ces institutions qui conviennent à une situation jusqu'ici sans exemple !

IX

Que la République démocratique est incompatible avec cette situation.

C'est à la situation sociale que j'ai essayé de préciser, dans les pages précédentes, qu'il s'agit d'appliquer le système de la République démocratique, c'est-à-dire la forme de gouvernement où, dans sa réalisation rigoureuse et complète, le pouvoir législatif, comprenant lui-même en définitive tous les éléments de l'organisation politique, serait puisé dans les rangs du peuple. La question est ainsi nettement posée, et elle ne saurait l'être en d'autres termes pour quiconque ne voudra pas s'en tenir sur ce point à ces déclamations vaines qui défrayent la polémique usuelle. Or, je le demande, posée de cette façon, n'est-elle pas résolue? L'inconséquence, l'absurdité d'un système qui placerait forcément le pouvoir en dehors de la portion de la population où sont concentrées les lumières et leurs résultats sociaux n'est-elle pas évidente? Le bon sens et l'équité peuvent-ils en admettre un instant la supposition?

Dans quel but en effet la société s'impose-t-elle une organisation politique? Apparemment pour protéger, pour maintenir les intérêts de toute sorte, moraux autant que matériels, au nom desquels s'est formée l'association; tel est son fondement réel; telle est sa destination indubitable : une société ne se régit que pour subsister, et l'ordre gouvernemental établi en elle ne saurait être, en somme, sauf les modifications, les améliorations graduelles qu'amène la marche du temps, que la garantie de ce qui est.

Mais si l'ordre gouvernemental est fondé pour la garantie des intérêts moraux et matériels de l'association, comment les attributions politiques ne seraient-elles pas en quelque degré à la mesure de ces intérêts? Comment la plus grande part, sinon la totalité, n'en serait-elle pas dévolue à ceux qui ont la plus grande part à l'instruction générale, à la fortune publique? Un établissement fondé sur d'autre bases aurait-il des chances de durée et de stabilité? N'en résulterait-il pas de toute rigueur une lutte d'abord sourde, puis ouverte, entre les deux grandes fractions de la société, une lutte entre le peuple qui voudrait garder l'influence que les institutions lui auraient donnée, et la bourgeoisie qui voudrait la lui ravir? Cela n'est-il pas infaillible? Par quel miracle une combinaison aussi bizarre, de laquelle il résulterait que la portion la plus nombreuse de la communauté aurait le pouvoir sans les lumières indispensables pour l'exercer, et la classe éclairée les richesses sans le pouvoir qui les maintient et les protége, serait-elle réalisable? N'est-il pas démontré pour la raison qu'une société placée dans de telles conditions marcherait promptement, parmi d'incessantes, parmi de cruelles dissensions, à une subversion complète?

En définitive, ce système, ce serait jusqu'à un certain point *le gouvernement de tous au profit de quelques-uns*, tandis que celui qu'il faut réaliser, c'est *le gouvernement de quelques-uns au profit de tous!*

<h1 style="text-align:center">X</h1>

Du système qui admet la prépondérance de la bourgeoisie comme base de la République démocratique.

Il est vrai que nombre d'esprits engagés dans les idées républicaines sont loin d'aller jusqu'aux conséquences rigoureuses et logiques du système de la République démocratique. Ils se séparent des plus hardis, et forment une école qui admet une organisation politique où les classes bourgeoises obtiendraient en fait une prépondérance constante et décidée; où les institutions seraient habilement calculées pour leur livrer tout au moins la plus grande partie des magistratures dans le pays, et des siéges dans le sénat dirigeant; où le peuple simplement appelé à jeter de temps à autre, dans l'urne électorale, des votes qui ne seraient que bien rarement pour lui, aurait à se tenir pour content de cette part presque négative dans l'action gouvernementale.

Voilà bien, n'en doutons pas, la République comme l'entendent la plupart de ces Français qui s'y sont ralliés dans ces derniers temps faute de mieux. Mais une telle organisation est-elle encore la République démocratique? L'école républicaine sérieuse répond non, et c'est de son côté qu'est à mon sens la vérité. Comment en effet pourrait-elle se contenter de si peu? Comment pourrait-elle trouver suffisant le partage de la démocratie dans un semblable gouvernement? Eh quoi! la République démocratique serait réalisée pour elle parce qu'un maçon, un tailleur, un cordonnier, se trouveraient ridiculement mêlés dans l'Assemblée législative aux propriétaires, aux lettrés qui garniraient ses bancs en masse! Qu'elle renonce à voir, dans les grands États modernes, les affaires directement soumises au peuple sur la place du marché, comme à Athènes, et définitivement décidées par ses suffrages; soit, mais tout au moins voudra-t-elle que le vœu du peuple clairement manifesté à ses délégués fasse loi; elle consent que la délégation soit composée de manière à éclairer ses volontés, mais elle entend que ses volontés soient finalement prédominantes. Je n'exagère rien, je m'attache à préciser avec netteté cette doctrine dans son aspect modéré, et jusqu'à un certain point pratique, laissant à l'écart ces récentes extravagances de quelques esprits aventureux sur *le gouvernement direct du peuple par le peuple.* J'interroge donc ses organes sérieux, sincères, et je vois qu'ils me donnent complétement raison par leurs protestations constantes contre l'ordre politique qui nous régit à présent même, par cette déclaration si souvent répétée que cet état de choses où tout en réalité est resté dans les mains bourgeoises, *ce n'est pas la République!*

Et véritablement c'est ce dissentiment même dans le parti républicain qui révèle combien la République, fondée sur la prépondérance bourgeoise, présenterait peu d'éléments d'ordre et de stabilité. N'est-il pas en effet d'une évidente clarté que son existence serait constamment mise en question ; que la lutte, loin d'être terminée par ce prétendu compromis, ne serait que plus flagrante; que la société se trouverait plus que jamais partagée en deux masses jalouses, envieuses, défiantes, inévitablement hostiles, l'une tendant à l'oligarchie, l'autre à la démagogie? Le peuple, le vrai peuple se résignerait, si l'on veut, au rôle modeste qui lui aurait été assigné, car il est plus qu'on ne croit disposé à avouer son impuissance à gouverner la société ; mais ses meneurs diraient-ils : C'est assez? Que les hommes qui professent avec conscience l'opinion que je discute répondent; de tout temps, ils le savent, le peuple, cette force inerte utile à qui sait lui imprimer le mouvement, a été artificieusement soulevé contre l'ordre existant par des partis qui conspiraient à leur profit plus qu'au sien, qui voulaient le faire régner parce qu'ils

étaient sûrs de régner sur lui. Il en fut, il en sera malheu-
sement toujours ainsi.

XI

Cette prépondérance, origine d'un profond dissentiment dans le parti de la Révolution.

Dans le fait, ce système de prépondérance bourgeoise
dont il s'agit, c'est celui qui a prévalu jusqu'ici. Il est en
effet manifeste que depuis le jour où Mirabeau proclama
assemblée nationale les mandataires de la bourgeoisie, sauf
une courte période à laquelle l'histoire laissera l'épithète
significative que lui ont donnée les contemporains de
régime de la terreur, c'est dans son sein qu'ont été constamment puisés les éléments du gouvernement qui a régi
le pays; mais ne reconnaît-on pas là aussi l'origine de
cette scission profonde dans le parti de la révolution qui
s'est maintenue au travers de nos longues vicissitudes?
Nous la voyons se produire le lendemain même du jour
où se trouva renversée l'antique monarchie parlementaire.
Dès que le pays est appelé à constituer un pouvoir nouveau, sur-le-champ se trouvent en présence les hommes
résolus à en livrer l'exercice aux masses et ceux qui veulent
en faire l'apanage exclusif de la bourgeoisie. Le redoutable
président de la section des Cordeliers, Danton, est le chef,
le guide des premiers; Bailly, avec cette assemblée fameuse
des électeurs de Paris, ces grands démocrates, devenus
tout à coup, après la victoire, pour Camille Desmoulins,

l'aristocratie de l'Hôtel-de-Ville, se place à la tête des seconds. 93 fait triompher les premiers, et 95 les autres; le despotisme impérial suspend un moment la querelle. Lors de la Restauration, l'esprit contre-révolutionnaire devient comme un ennemi commun contre lequel s'unissent toutes les forces démocratiques ou quasi-démocratiques du pays; mais les barricades de juillet sont encore debout, que déjà se présentent dans la lice d'anciens adversaires. La lutte continue pendant toute la durée du règne auquel l'événement de Février vient mettre fatalement un terme; elle se manifeste par les crises terribles qui suivent cette révolution. Au moment où j'écris, elle est encore une fois suspendue par l'attitude des partis monarchiques; mais s'il arrivait que ces partis fussent définitivement vaincus, qui oserait dire qu'elle n'éclaterait pas, le socialisme aidant, plus effroyable, plus effrénée encore que par le passé!

XII

L'anarchie ou le despotisme, conséquence ordinaire de la République démocratique.

Les événements qui signalent cette terrible période de l'histoire nationale font foi ainsi combien il est difficile d'empêcher, dans le système de la République démocratique, cette lutte qui sort des entrailles mêmes de la société, de tourner en anarchie. Le raisonnement est ici, du reste, complétement d'accord avec l'expérience. Serrons l'argumentation : dans ce système il n'y a au fond qu'un pouvoir, et deux forces se le disputent ; l'une marche au renversement, l'autre au maintien de ce qui est ; celle-là attaque sans cesse, celle-ci résiste toujours. Les contenir l'une par l'autre, ces deux forces, les concilier à quelques égards et dans de certaines limites, est praticable assurément ; mais pour arriver à ce résultat, *une troisième force supérieure et arbitrale est indispensable*. Je crois que ceci ressortira invinciblement de la discussion, pour tout esprit non prévenu qui se livrera à une étude approfondie de ce grave sujet.

Et qu'on le remarque bien, au surplus, dans ce grand conflit que je viens de constater, il n'y a de place que pour l'anarchie tant qu'il dure, et que pour l'oppression quand il a cessé par le triomphe définitif d'une des deux prépondérances sur l'autre. Non, je l'affirme, de là n'est jamais sortie la liberté !

XIII

Que cette forme de gouvernement a pour résultat d'amener la division parmi les classes bourgeoises.

Il y a dans le système de la République démocratique une cause nécessaire d'anarchie et de subversion qu'il faut préciser d'une manière plus positive encore ; c'est la division qui doit infailliblement en résulter au sein de la bourgeoisie. En effet, en évoquant le peuple pour la vie politique, en l'appelant à la direction plus ou moins complète de la société, cette forme de gouvernement, ceci est clair, d'une part éveille la défiance, les appréhensions parmi cette portion des classes bourgeoises qui a dans l'association les intérêts les plus considérables et retire aussi une meilleure part des avantages, de l'autre, fait incliner vers le parti démocratique la portion qui touche au peuple, qui a avec lui des propensions, des idées, des habitudes communes. La bourgeoisie se trouve ainsi par le fait divisée; or, il faut bien le remarquer, pour quiconque observe les révolutions anciennes et nouvelles, il reste démontré que leur origine véritable est dans la bourgeoisie, dans ces dissensions civiles qui la partagent et rompent son homogénéité.

Le peuple, lui qui se prononce par sentiment, qui dans les agitations de l'État prend en général l'instinct pour guide, ne se divise pas, ou s'il se divise, c'est par larges zones, par vastes groupes de populations entre lesquels la compétition, qu'il est presque toujours au pouvoir d'un gouvernement sage d'empêcher, est du moins franche et nette. Mais c'est parmi la bourgeoisie, où les passions s'appuient sur des faits plus ou moins bien étudiés, sur des raisonnements plus ou moins justes, que se produisent ces divisions funestes qui amènent parfois de sanglants désordres et finalement des révolutions. Ces divisions naissent d'abord dans la famille même : là on voit le fils penser autrement que son père, la femme autrement que son mari; là deux frères sortiront du logis pour aller déposer des votes contraires, des votes ennemis dans l'urne électorale. Ainsi se forment les partis politiques. Ils ne subsistent guère chez le peuple : les masses ont le culte du souvenir, le sentiment des grandes choses, mais elles ne sont, au fond, d'aucun parti : elles cèdent à des élans qu'il est facile de faire tourner dans un sens ou dans un autre ; elles n'intriguent ni ne conspirent, et lorsqu'elles se laissent entraîner à des mouvements tumultueux, il arrive toujours que des meneurs habiles savent mettre à profit pour eux la victoire, ou laissent adroitement tomber sur elles toutes les conséquences de la défaite. Et voilà pourquoi une révolution qui a pour telle portion de la bourgeoisie des résultats matériels ou moraux bien réels n'a été assez souvent pour le peuple, en définitive, que productive de maux sans compensation.

XIV

Que le peuple n'est pas essentiellement révolutionnaire.

C'est donc à tort qu'on parle sans cesse du peuple à propos de révolutions, qu'on lui attribue la pensée constante, l'intention positive d'en faire ou d'en amener. Il n'est point, à mon sens, de vue plus fausse. Le peuple, au contraire, ne veut pas ordinairement les révolutions ; révolutionner, c'est changer, et le peuple, dans les villes comme dans les campagnes, est en toute chose ennemi du changement. La routine est une religion pour lui, en politique aussi bien qu'en industrie et en agriculture. D'ailleurs les modifications constitutives qui sont communément le but des révolutions sont hors de sa portée, et il comprend fort bien, au contraire, qu'au milieu des agitations qui mettent en question tous les intérêts sociaux, le travail par lequel il subsiste doit devenir plus rare, et que par conséquent ce qui l'attend d'abord c'est le redoublement de ses misères. Le simple bon sens lui révèle cette vérité, et c'est ce qui fait que, pris dans sa masse, le peuple n'est pas essentiellement révolutionnaire.

Il est vrai qu'il s'émeut fréquemment et de peu, et que lorsque son bien-être paraît l'exiger, il se précipite avec ardeur dans les troubles; je le reconnais sans doute prompt à la révolte; je le vois se soulever comme à plaisir contre un impôt, contre un abus qui l'opprime et l'abolir violemment; mais ceci fait, il s'arrête aux limites d'une révolution : et l'expérience l'a souvent prouvé, à moins qu'il ne se trouve un Artewelde, un Rienzi, un Marcel, un Mazaniello pour tirer parti de son soulèvement, la moindre concession suffit pour le désarmer.

<h2 style="text-align:center">X V</h2>

Que les révolutions sont faites en réalité par la bourgeoisie.

Qui fait donc en réalité les révolutions? la bourgeoisie. C'est elle en effet à qui les loisirs et l'instruction ne manquent pas pour apprécier les inconvénients d'une organisation politique; c'est à elle qu'il appartient de vouloir ces grands changements d'hommes et de choses qui tournent directement à son profit; c'est elle qui les médite de loin, qui les prépare par ses journaux, par ses orateurs, et qui sait habilement se servir des institutions mêmes qu'elle possède pour battre en brèche l'ordre existant. Dans un état social tel que celui que les temps ont amené en France, ne redoutons pas les classes populaires. C'est d'en haut et non d'en bas que part le souffle révolutionnaire. Posons ceci en fait que dans ce pays, une révolution est impossible si la bourgeoisie ne veut pas la faire ou la laisser faire. Mais quand elle se divise, quand pour une part plus ou moins considérable elle se désaffectionne, se détache du pouvoir qui existe et passe du côté des partis, alors s'ouvrent les chances d'une subversion nouvelle ; car cette portion hostile pour grossir ses rangs appelle le peuple à son aide, et l'autre se trouve dès-lors complétement annulée. Les faibles, les indécis, qui sont toujours nombreux, se mettent avec les plus forts ; la lutte commence ; l'action des lois s'affaiblit devant la sédition ; enfin le peuple, de plus en plus égaré, opère une véritable révolution. Il ne la voulait pas, mais elle est faite.

XVI

Que l'histoire des révolutions contemporaines confirme cette assertion.

L'histoire de notre longue période révolutionnaire n'offre-t-elle pas, je le demande, une frappante confirmation des vues que je viens d'exposer ? Ne parlons que des trois dernières révolutions que nous avons vues s'accomplir en moins de trente-cinq années. Ce serait au peuple qu'il faudrait toujours rapporter ces grands mouvements nationaux, si l'on en croit les organes du parti démocratique ; mais rien n'est moins exact assurément. Non, ce n'est point le peuple qui a renversé l'Empire en 1814, puisqu'au contraire l'ouvrier, le paysan, le soldat l'ont énergiquement défendu contre l'étranger jusqu'au dernier moment et l'ont rétabli un an après ! C'est la bourgeoisie, sur laquelle l'Empire faisait peser une domination excessive, qui, en déterminant les indécisions des puissances alliées, a amené sa chute et provoqué le rappel de l'ancienne dynastie, alors complétement inconnue du peuple ; ce sont là des faits aujourd'hui révélés par la publication de documents authentiques. Quant au renversement successif des deux branches de la maison de Bourbon, n'est-il pas évident que les promoteurs, les acteurs principaux de ces révolutions sont sortis des rangs de la bourgeoisie, que ce sont des griefs essentiellement bourgeois et auxquels le peuple était à peu près étranger qui ont été invoqués contre les deux gouvernements, que c'est bien enfin par des mains bourgeoises que la monarchie constitutionnelle, après avoir reçu une première atteinte en juillet 1830, a été finalement livrée au parti républicain en février 1848 ? Le peuple n'a joué ici que le rôle d'auxiliaire, qui lui est toujours dévolu lorsqu'il s'agit d'attaquer à force ouverte les pouvoirs existants.

XVII

Théorie du suffrage universel.

Le lecteur qui aura suivi attentivement l'exposé qui précède reconnaîtra combien est peu fondée cette théorie fort accréditée dans ces derniers temps, qu'il n'y a plus lieu aux dissensions politiques dans un état où ce qu'on appelle ambitieusement le *suffrage universel* est introduit, attendu, nous dit-on, que chacun donnant sa voix, il est naturel que toute décision soit acceptée comme expression libre du vœu de la majorité. Le principe a séduit nombre de personnes qui croient tout résolu au moyen de cette simple pratique, qui se figurent naïvement qu'une révolution violente est de la sorte devenue impossible. Portons un examen attentif sur cette étrange découverte de notre temps à laquelle donne un si éclatant démenti l'histoire entière des États démocratiques.

J'écarte le principe *à priori*; je ne songe pas à montrer ce qu'il y a d'irrationnel, de radicalement vicieux à donner aux individus une valeur politique égale quand leur valeur sociale est si différente ; à compter, par exemple, le vote du manœuvre ignorant et stupide que des passions brutales ont presque abaissé au niveau de l'animal domestique qui vit à son foyer, pour autant que celui du président de la Cour suprême ou du secrétaire perpétuel de l'Institut; je laisse cet aspect de la question pour n'envisager que les inévitables conséquences que doit avoir l'application de cette théorie.

Je me demande d'abord quel est le parti politique qui s'est jamais tenu pour convaincu et déclaré converti parce qu'il se trouvait en minorité dans des opérations électorales? Cela peut-il jamais se présenter dans le vaste champ des opinions humaines? Qu'est-ce qu'un parti ? Une agrégation d'individus qu'unit une idée commune, un principe passé pour ainsi dire à l'état de dogme, et qui a quelquefois ses séides et ses martyrs. Ce parti renoncera-t-il à sa foi parce qu'elle n'a pas autant d'adhérents que la cause qui lui est opposée? Il y persistera au contraire avec une nouvelle force; il n'a pas la majorité sans doute, mais il est dans la ferme conviction qu'il l'aura bientôt, qu'un jour il aura l'unanimité!

XVIII

Vice fondamental de l'application du système des majorités au vote politique.

En soi, après tout, il faut bien l'avouer, une somme plus ou moins élevée de suffrages ne constitue pas le droit et la raison. Galilée avait tout son siècle contre lui, et néanmoins c'était un rayon de vérité qui illuminait cette tête illustre sur laquelle ses contemporains deversaient l'anathème et le ridicule! Lorsqu'il se trouve d'un côté un million de voix, et de l'autre aussi un million de voix plus une, il y a décision, et il faut se soumettre. Soit, mais en bonne logique, quel motif aurait un parti d'abjurer la croyance sur laquelle il repose, parce que cette voix qui forme la majorité lui fait défaut? Que dans un corps d'hommes choisis, peu nombreux, élevés au même niveau par une instruction égale, par une même pratique des affaires, cette salutaire convention qui donne force de loi au vœu de la majorité ait une grande valeur, on peut l'admettre; mais ce qu'on n'a pas assez remarqué, ce me semble, c'est qu'au fur et à mesure que le principe s'applique à un plus grand nombre d'individus, il perd de sa force, attendu que cette fiction d'une sorte d'égalité dans les suffrages qui est son véritable fondement devient complétement illusoire. Ils se comptent alors et ne se pèsent pas. Ce qui était vrai d'un tribunal, d'un sénat, commence à devenir hypothétique lorsqu'il s'agit d'un corps électoral même fort restreint, et n'est plus qu'un mensonge en matière de suffrage universel, c'est-à-dire quand se trouvent appelées les volontés si profondément inégales des masses.

De plus, lorsque tout le monde est admis à voter, les minorités sont encore fort imposantes, bien que minorités ; elles savent ainsi ce qu'elles valent, et se montrent toujours disposées à compenser par l'audace et l'énergie l'appoint numérique qui leur manque ; et voilà comment ce système a toujours été en réalité bien plus favorable que contraire aux dissensions civiles. Peut-être aura-t-il été accidentellement utile à la société ; mais comptez qu'un pays qui y a trouvé son salut une fois y trouverait finalement sa perte, attendu qu'il ne saurait être après tout que le triomphe de l'ignorance passionnée sur le savoir modéré. Je dis qu'il est infailliblement cela. En effet, quand vous ouvrez à tous les citoyens l'enceinte électorale, n'est-il pas vrai que pour un suffrage éclairé et libre, il y en a quatre, il y en a dix, il y en a cent auxquels manque toute appréciation morale et intellectuelle, et qui sont toujours prêts par conséquent à se donner aux plus coupables entraînements ?

XIX

Inconvénients résultant de la manière dont fonctionne inévitablement le suffrage universel.

Il y a dans ce système un vice radical qu'il faut signaler : dans les temps calmes, lorsque les passions politiques cessent d'être en jeu, le peuple s'efface et se retire insensiblement de la vie publique. Vainement vous lui parlez de ses droits; vainement vous l'adjurez de les exercer ; guidés par ce bon sens qui résiste à toutes les suggestions des ambitieux, les citoyens qui vivent du rude labeur de leurs bras manifestent une visible répugnance à se mêler des choses auxquelles doit présider l'intelligence. Ils ne voient là pour eux qu'une perte de temps sans compensation, et, pour les amener dans l'enceinte électorale, il faudra les rétribuer. C'est justement, comme on sait, ce qui avait été fait à Athènes. Pour compléter le nombre de 6,000 suffrages sans lequel l'assemblée populaire n'était pas valide, il fut nécessaire d'allouer sur le trésor public quelques oboles aux mercenaires qui la composaient en grande partie[1]. Il fallait donc payer les représentants de cette démocratie pour venir, non se prononcer, comme les électeurs de nos jours, entre des candidatures à peu près indifférentes, mais décider souverainement des questions qui touchaient au sort même de la patrie!

[1] ARISTOTE, *Polit.*, liv. IV, ch. 13.

Qu'au contraire, le pays soit plongé dans l'agitation, menacé d'une catastrophe, et c'est la situation inverse qui se présente. Alors, le travail étant suspendu, le peuple accourt en foule au scrutin à la voix des chefs de parti, et c'est la portion calme et éclairée de la population qui tend à s'en éloigner! Ces citoyens dont l'intervention serait si utile, si elle pouvait être efficace, se retirent à leur tour, parce qu'ils ont la conviction que le temps des sages conseils est passé, que ce sont les résolutions violentes qui prévaudront. Ce fait remarquable de l'invincible abstention d'une notable portion de la bourgeoisie aux époques marquées par des tempêtes civiles appartient à tous les temps. Solon, pour en combattre les funestes conséquences, avait porté une loi qui décrétait des peines contre les citoyens qui, parmi les troubles où l'État serait plongé, ne se prononceraient pas entre les factions rivales[1]. Au temps de Cicéron, un grand nombre de citoyens, commerçants ou cultivateurs, s'étaient complétement éloignés de la vie politique et se montraient disposés à accepter une domination quelconque, *pourvu qu'ils vécussent tranquilles*[2]. Chaque jour se produisent sous nos yeux des témoignages d'une semblable indifférence chez nombre d'individus et d'un éloignement à participer aux actes politiques que rien ne peut vaincre. Il faut se souvenir à cet égard que, lorsqu'au 10 août 1792, le trône constitutionnel de Louis XVI eut été renversé, bien qu'un décret spécial eût appelé

---

[1] PLUTARQUE, *Solon*, t. I.
[2] *Lettres à Atticus*, liv. VII.

à voter dans les assemblées primaires tous les individus, âgés de 21 ans pour former la Convention nationale [1], ce furent à Paris moins de vingt-cinq mille citoyens qui concoururent aux opérations électorales, et envoyèrent à l'Assemblée cette députation fameuse où figurait l'immonde Marat et dont les votes exercèrent une si puissante influence sur les événements de l'époque.

Ainsi fonctionne le suffrage universel. Faut-il s'étonner que dans les Républiques antiques, aussi bien que dans les cités du moyen-âge, où il fut plus complétement et plus régulièrement accompli, quelquefois par corps d'états, avec bannière en tête, qu'il ne saurait l'être de nos jours, il n'a jamais empêché les agitations tumultueuses, les luttes sanglantes, et en a même souvent secondé l'essor !

XX

De la corruption des suffrages dans la République.

Autre aspect qui a une grande importance et jette une vive lumière sur le système de la République démocratique : ce qui doit en tout état de cause atténuer beaucoup le respect pour les majorités issues, avec une apparente régularité, du suffrage universel, c'est la manière dont elles se forment. On affirme, et j'y consens, que les masses sont en général animées d'un sentiment profond de ce qui est juste et vrai ; interrogez-les, par exemple, sur une question

[1] Loi du 21 août 1792.

d'honneur national ou de haute équité, et la réponse, si elles n'ont pas été perverties ou gagnées, si elles ne suivent pas aveuglément un orateur dévoué à Philippe, un tribun acheté par l'or de Jugurtha, sera à coup sûr digne et ferme. Mais il faut reconnaître que lorsqu'il s'agit de se prononcer sur des mesures politiques de moindre grandeur ou de pourvoir à des magistratures, elles sont essentiellement égarées ou corruptibles.

Il faut le dire, la corruption des suffrages est le mal secret, le vice inguérissable de tout gouvernement où les citoyens sont appelés à intervenir par l'élection. Cela est inhérent à la nature même des choses et doit se produire sous quelque forme qui régisse l'État. On parle de la corruption électorale sous la monarchie constitutionnelle, mais c'est bien autre chose dans le gouvernement républicain. « Il ne faudra pas s'étonner, dit Montesquieu [1] au sujet des abus de la démocratie, si l'on voit dans ce système *les suffrages se donner pour de l'argent.* » Non, il ne faudra pas s'en étonner, et tôt ou tard, dans un État où le suffrage universel est introduit, ce résultat est infaillible. En monarchie, on gagne des voix avec des décorations, des places, des honneurs qui ne sont pas toujours après tout complétement immérités ; mais en république, au fur et à mesure que le droit de suffrage descend plus bas, c'est en autre monnaie que les voix se paient !

À Rome, il s'était insensiblement formé une classe nombreuse d'individus qui n'eussent pas voulu exercer un des

[1] *Esprit des Lois,* liv. VIII, ch. 2.

arts mécaniques réservés aux esclaves et aux étrangers. Ils passaient leur vie aux lieux publics d'élection ; vainement la loi *Gabinia* avait tenté de mettre un terme à ce scandale, le marché était public ; ces grands citoyens qui ne voulaient pas travailler et vivaient habituellement des distributions publiques de blé, de lard, d'huile et de légumes, se mettaient à la disposition des candidats ; des agents connus appelés *divisores* par Cicéron [1] parce qu'ils faisaient la part de chacun, étaient les intermédiaires entre les individus qui avaient besoin de voix et ceux qui en avaient à vendre. On peut juger de l'extension qu'avaient prise ces opérations par ce fait prodigieux qu'énonce le même écrivain que l'intérêt de l'argent s'élevait toujours dans une forte proportion lorsqu'il y avait des élections à faire !

XXI

Du véritable rôle de la démocratie dans la société politique.

Sortons enfin de ce cercle de déclamations dans lequel le vain savoir du collége nous a trop longtemps enfermés, et rendons-nous un compte bien exact de ce qu'est nécessairement, de ce qu'a toujours été la démocratie dans les sociétés politiques. Je dirai toute la vérité à cet égard : autre chose est l'action d'un peuple pour repousser une pression étrangère ou en exercer une lui-même à l'extérieur, autre chose l'action qu'il exerce sur soi pour mar-

---

[1] *Lettres à Atticus*, liv. I.

cher pacifiquement dans les voies du progrès social. La démocratie, qui est une puissance merveilleuse pour la première, contrarie, entrave et rend parfois impossible la seconde ; elle est éminemment propre à la conquête ; elle est impropre au gouvernement. S'exerçant, cela est clair, de bas en haut, elle est de toute nécessité une force de renversement ; elle est admirable pour abattre et impuissante à édifier. Son triomphe est marqué à ces périodes historiques où il s'agit d'une domination de race à race ; elle y déploie un étonnant instinct national ; son dévouement, son abnégation font des miracles, et elle dépasse alors de beaucoup les classes oligarchiques et bourgeoises qu'anime assez souvent, il faut le dire, un profond sentiment d'égoïsme.

Si donc vous voulez faire surgir un grand peuple, promener par le monde un drapeau victorieux, inscrire le nom de phalanges immortelles dans les pages de l'histoire, faites tomber les chaînes qui comprimaient le peuple et lancez-le sur l'ennemi aux cris de liberté ! Ainsi procéda le sénat Romain, dont la politique fut constamment d'occuper les masses plébéiennes à la conquête de l'univers. Combien de fois des désordres intestins où eut succombé la République furent-ils arrêtés ou prévenus par une expédition glorieuse ! L'aristocratie gouvernait, tandis que la démocratie combattait. De cette double action se forma le peuple-roi !

Le monde fut témoin des prodiges de la démocratie française lorsqu'elle fut, il y a soixante ans, jetée hors des frontières contre la coalition européenne !

Ce terme de *République*, à le bien prendre, se lie en général, dans les temps modernes surtout, à l'idée de cette puissance de la démocratie que je viens d'indiquer. Voyez les Républiques italiennes du moyen-âge, la Hanse du nord, la Suisse, la Hollande, l'Amérique! n'y a-t-il pas là toujours un affranchissement à opérer, une domination étrangère à repousser, une race à faire prévaloir sur une autre! Voilà véritablement la mission de la démocratie; mais si, quand la victoire est obtenue, vous ne savez pas faire rentrer le torrent dans ses digues, comptez qu'il entraînera tout et qu'à la suite de désordres sans fin vous n'aurez édifié que la tyrannie.

XXII

Que le gouvernement démocratique n'a jamais été complétement réalisé.

On s'explique ainsi comment le système du gouvernement démocratique, qui est au fond irrationnel, n'a nulle part encore dans le fait été complétement réalisé. « A prendre le terme dans sa rigueur, dit Rousseau[1] : *Il n'a jamais existé de véritable démocratie et il n'en existera jamais.* » Il est bien vrai que nous n'en voyons chez les anciens même que le simulacre; c'est un fait incontestable que dans les deux ou trois cents Républiques grecques contenues dans le territoire d'un de nos départe-

[1] *Contrat Social,* liv. III, ch. I.

ments et dont Aristote avait curieusement dressé le catalogue, l'élément aristocratique ou oligarchique fut toujours prédominant. La plupart du temps les magistratures y furent possédées par de certaines familles dont l'origine remontait ordinairement jusqu'aux dieux. Le peuple figure sans doute dans des assemblées souveraines, mais il y figure en faible minorité, car le système de la délégation qui découle de ce sentiment fraternel et équitable propre aux sociétés chrétiennes était alors à peine compris ou pratiqué. Ainsi, au Forum romain, se discutaient et s'arrêtaient les affaires de villes puissantes, de vastes provinces dont les citoyens n'avaient pas la moindre part à la décision. Aussi le même écrivain que je viens de citer a-t-il eu raison de dire que dans cette célèbre République, « *la liberté était au centre et la tyrannie aux extrémités*[1]. »

En outre, l'esclavage, ce grand fait sur lequel il faut toujours insister lorsqu'il s'agit des anciens, réduisait encore cette minorité démocratique dans une incroyable proportion. Sur trois Athéniens, deux se trouvaient bien certainement exclus, comme esclaves ou affranchis, de toute existence politique. Partout se reproduit un fait analogue et, je le demande, le mot démocratie appliqué à un tel état de choses n'est-il pas une amère et triste dérision !

[1] *Contrat Social*, liv. xi, ch. 19.

XXIII

Coup d'œil sur les Républiques grecques.— Athènes et Lacédémone.

Quel tableau offre à tout lecteur attentif l'histoire de ce gouvernement plus ou moins populaire des États grecs quand elle est retracée avec fidélité, quand le narrateur a su se soustraire à l'impression qui résulte de la grande victoire démocratique par laquelle s'ouvre le récit, de ce triomphe mémorable de quelques petites peuplades armées au nom de la liberté contre toutes les forces de l'Asie coalisée ! Il faut suivre les incidents de la rivalité acharnée qui s'établit entre ces républiques lorsqu'elles sont délivrées de l'ennemi commun ! Pour retrouver quelque chose d'analogue à ce tissu de perfidies, de spoliations, de massacres que présente alors la Grèce, il faut remonter, dans notre Europe moderne, à ces âges de barbarie signalés par la lutte des bandits féodaux ! et pourtant il s'agit de sa plus brillante période !

J'ouvre Thucydide, l'historien de la guerre du Péloponnèse, et je rencontre à chaque page des traits qui font frémir. Je prends au hasard deux de ces faits que le grand écrivain raconte froidement, sans réflexion, comme chose toute naturelle : les Mytiléniens se sont séparés volontairement de l'alliance d'Athènes ; ils lui ont fait défection et ont passé dans les rangs de ses adversaires. Mais bientôt une flotte athénienne dirigée par Pachès s'est remise en possession de la ville et de l'île entière de Lesbos. Reste à savoir comment on punira ces alliés infidèles. L'affaire est soumise au peuple, qui, par

un premier décret, statue que *tous les Mytiléniens arri-*
vés à l'âge d'homme seront égorgés sans exception, et
que les femmes et les enfants seront vendus. Une trirème
part sur-le-champ pour porter l'ordre de cette effroyable
exécution. Le lendemain, toutefois, sur les supplications
des députés de la ville proscrite, une délibération nouvelle s'établit : un orateur demande le maintien de l'ar-
rêt; un autre veut qu'il soit atténué dans ses rigueurs.
Thucydide rapporte tout au long la harangue de ce dernier. Ne croyez pas que des considérations d'humanité,
d'équité soient invoquées dans la discussion, il n'en est
pas question le moins du monde. Une telle boucherie peut
faire du tort à la cause de la patrie, voilà tout! cet orateur
l'emporte; le peuple statue par un nouveau décret qu'une
seconde trirème ira porter en diligence. « On craignait,
« dit l'historien, que prévenue par l'autre, elle ne trou-
« vât toute la ville massacrée. La première avait à peu
« près l'avance d'un jour et d'une nuit. Les députés de
« Mytilène avaient approvisionné le vaisseau de farine et
« de vin, et promis de grandes récompenses à l'équipage
« s'il prenait les devants. Les matelots mirent tant de
« zèle, qu'ils mangeaient et manœuvraient en même
« temps, ne faisant que tremper leur farine dans du vin
« et de l'huile; pendant que les uns travaillaient, les
« autres prenaient du sommeil. Par bonheur ils n'eurent
« aucun vent contraire. La première trirème, chargée
« d'une fatale mission, ne hâtait pas son trajet; la
« seconde fit tant de hâte, qu'elle ne fut devancée par
« l'autre que du temps nécessaire à Pachès pour lire le

« décret. On allait obéir quand elle arriva et empêcha
« l'exécution. Ce ne fut qu'à cet espace d'un moment que
« tint le sort de Mytilène[1]! »

On se contenta donc, d'après le nouveau décret, de
mettre à mort *mille et quelques citoyens* détenus, comme
ceux, qui avaient pris le plus de part à la défection ; on
abattit les murailles ; on saisit les vaisseaux et l'on divisa
les terres en trois mille lots ; trois cents de ces lots furent
réservés et consacrés aux Dieux immortels ; les autres par-
tagés au sort entre des citoyens d'Athènes qu'on envoya
en prendre possession, et dont les malheureux Les biens
devinrent les fermiers. Voilà la clémence du peuple !

On sait comment les Lacédémoniens traitaient les ilotes,
leurs esclaves. Plutarque nous fournit à cet égard des
traits qui peignent cet abominable état social, sur lequel
de si fausses notions ont été accréditées par un enthousiasme irréfléchi ; mais voici un acte de gouvernement
relatif à cette malheureuse tribu, qui dépasse tout ce qu'on
peut imaginer : dans une certaine circonstance, on redou-
tait un mouvement de la part de ces victimes de l'oppression ; il s'agissait de trouver un expédient pour se mettre
à l'abri du danger ; la vertueuse République recourut à
celui-ci : un jour, on leur ordonne de faire entre eux un
choix de ceux qu'ils jugent les plus dignes et les plus
braves avec promesse de leur accorder la liberté. Deux
mille jeunes gens, l'élite de cette population, sont dési-
gnés, et on les voit se promener joyeux autour du temple,

[1] THUCYDIDE, liv. III, ch. 36 et suiv.

*la tête ceinte de couronnes ; mais, peu après, ils dispa-
rurent sans qu'on ait jamais su par quel genre de mort
on s'en était défait [1] !*

XXIV

**Que les républiques de l'antiquité périrent quand l'élément
aristocratique en eut disparu.**

Parmi les agitations intestines que subirent ces petits
États de l'ancienne Grèce, un fait apparent, qui vient à
l'appui des considérations présentées ci-dessus, c'est que
ce fut justement à l'élément aristocratique ou oligarchique,
qui s'y combina quelque temps avec l'élément populaire,
qu'ils durent une certaine durée, et qu'ils périrent quand
la constitution y eut été changée au profit de la démocratie.

A Athènes, lorsque Périclès, le flatteur et le corrupteur
du peuple, eut achevé de briser la barrière que Solon avait
opposée aux envahissements populaires dans l'organisation du Sénat et de l'Aréopage, la décadence commença,
et, moins d'un demi-siècle après, la République, devenue
purement démocratique, expirait, pour ne plus renaître,
dans les plaines de Chéronée.

Partout se présente le même fait. L'organisation primitive de Rome avait été habilement combinée pour livrer
l'influence aux nobles. Quand, au rapport de Denys d'Ha-

[1] THUCYDIDE, liv. IV, ch. 80.

licarnasse, le roi Servius-Tullius eut complété cette organisation par sa fameuse division du peuple en centuries, il considéra son ouvrage, et pensa que la royauté était désormais un hors-d'œuvre; il fut, dit-on, sur le point de s'en démettre : en fait, la République aristocratique était fondée. Plus tard, malgré les efforts de la démocratie, l'or et la domination du monde vont toujours au patriciat; mais, au fur et à mesure que le peuple grandit par ses tribuns, les ressorts de l'État s'affaiblissent; enfin, lorsque l'aristocratie est définitivement vaincue, ce n'est pas la démocratie qui triomphe; comme on ne sait pas organiser la monarchie représentative, système inconnu des anciens, c'est le despotisme qui s'établit, un despotisme accidentellement glorieux et prospère sous les Antonins, mais qui signale la plupart du temps l'une des plus honteuses périodes par lesquelles l'humanité ait eu à passer.

A Carthage, dans le principe, l'influence de la démocratie se trouvait balancée par le pouvoir d'une puissante oligarchie et par celui de deux magistrats annuels chargés de l'exécution des lois. C'était un gouvernement qui avait beaucoup d'analogie avec celui de Rome; mais insensiblement le peuple gagna du terrain et ce fut, selon le grave historien Polybe, l'origine de la chute de cette célèbre République dans sa lutte avec sa rivale. « Chez les Carthaginois, dit-il[1], c'était le peuple qui dominait alors dans les délibérations ; chez les Romains, c'était le sénat. Là on prenait les avis de la multitude ; ici on consultait les

[1] Liv. VI, fragment 10.

plus habiles citoyens, et c'était d'après leurs conseils que se faisaient les grandes entreprises. Ce fut par ces sages mesures que Rome, bien qu'elle eût été défaite en bataille rangée, triompha finalement des Carthaginois. »

XXV

Des républiques italiennes du moyen-âge.

Au moyen-âge, parmi les phases de la grande lutte entre le pontificat et l'empire, la démocratie s'éveilla et le sol de l'Italie se couvrit de républiques généralement modelées dans leur organisation, pourtant très-diverse, sur celles de l'antiquité. L'histoire a conservé le tableau des sanglantes agitations que suscita dans ces malheureuses cités cette compétition en quelque sorte organisée entre l'élément nobiliaire ou bourgeois et l'élément populaire. Parmi ces cités, nulle plus que Florence ne fut, à cette époque, un théâtre de désordre et d'anarchie. Machiavel a retracé de ces événements un tableau qui devrait être médité par les enthousiastes du gouvernement démocratique. Là souvent on voit les révolutions se succéder de mois en mois, donnant ou retirant tour à tour quelque influence aux classes en butte à l'hostilité plébéienne. « Chacun sait, dit à ce sujet le profond écrivain[1], qu'à Rome, après l'expulsion des rois, il s'éleva entre les nobles et les dernières classes du peuple une désunion qui exista jusqu'à sa ruine. Il en

---

[1] *Histoire de Florence*, Préface.

fut de même à Athènes et dans les autres réqubliques qui florissaient alors. Mais à Florence, l'esprit de faction divisa d'abord les nobles entre eux, puis les nobles et le peuple, et enfin *les premières et les dernières classes du peuple lui-même.* Souvent un de ces partis victorieux se partagea en deux autres. Jamais pareilles dissensions ne causèrent dans une cité autant de morts, de bannissements et de destructions de familles. » L'histoire de la démocratie est tout entière dans les quelques lignes que je viens de transcrire.

XXVI

Une révolution démocratique de Florence.

Il faudrait pouvoir s'arrêter à cette série de vicissitudes que raconte Machiavel. Je tombe sur un fait significatif où l'on voit que la lutte tumultueuse et violente est tellement de l'essence de la démocratie, que quand elle n'a plus d'ennemis à combattre elle en cherche dans son propre sein. En 1378, le peuple ameuté envahit le palais du gouvernement. L'étendard du gonfalonier est tombé aux mains d'un cardeur de laine qui, les pieds nus, couvert de haillons, guide la troupe forcenée. Arrivé dans la salle d'audience *des huit,* ce Michieli Lando s'arrête et se tournant vers cette multitude : — Vous voyez, dit-il, que ce palais est à vous et que vous êtes les maîtres de la ville ; maintenant, quelles sont vos volontés? — Mille voix s'écrient qu'il faut qu'il soit lui-même gonfalonier et seigneur, qu'il gouverne l'État comme il l'entendra. Le cardeur de laine accepte la seigneurie, et pour premier acte de son gouvernement il fait dresser sur la place du marché un gibet où l'on suspend par un pied le prévôt du pouvoir qui vient d'être renversé. Pendant que le peuple s'occupe à déchirer par lambeaux le corps du magistrat jusqu'à ce qu'il ne reste plus que ce pied sanglant par lequel on l'a suspendu, Lando convoque les syndics des corps de métiers et forme le gouvernement en prenant les huit, *moitié dans le menu peuple, deux dans les grandes classes de métiers et deux dans les petites.* Voilà certes une organisation démocratique telle qu'il n'y en eut peut-être jamais de semblable nulle part. Eh bien, au bout de peu de temps, les dernières classes du peuple se persuadent que le cardeur de laine, en réformant l'État, ne leur a pas fait une part suffisante; elles s'arment, elles s'insurgent, elles envahissent de nouveau le palais et tentent de former un conseil tout entier pris parmi la multitude. Michieli Lando dut leur livrer bataille dans les rues mêmes de la ville; il les vainquit, et sa victoire amena en faveur des corps d'État supérieurs une réaction; ce ne fut point le terme de ces dissentiments entre les deux partis, que Machiavel distingue proprement par les noms de peuple et de populace; ils se perpétuèrent jusqu'à ce qu'enfin les Médicis devinrent les maîtres définitifs de l'Etat[1].

Ainsi, comme toujours, la liberté périt à Florence parmi ces luttes. Il en advint de même dans toutes ces cités; les citoyens, las d'un régime qui avait été suivi de tant de

[1] *Hist. de Florence*, liv. III.

calamités, cherchèrent dans le gouvernement despotique un refuge contre les excès des factions rivales. L'esprit de républicanisme s'éteignit graduellement dans les âmes. Des chefs étrangers, d'abord électifs et temporaires, devinrent l'origine de ces maisons régnantes qui ont subsisté jusqu'à nos jours. L'institution Républicaine, maintenue seulement sur quelques points où l'aristocratie l'avait emporté, fut peu à peu expulsée de partout. Finalement elle a tout à fait disparu pour la seconde fois du sol italien et elle y a été remplacée, comme il était arrivé dans la Grèce, par un joug qui pèse encore sur cette nation et que le patriotisme de quelques citoyens essaie en vain de temps à autre de briser!

Leçon à jamais mémorable! c'est dans les deux contrées du globe où la liberté démocratique a régné pendant une certaine durée parmi les orages, que s'est appesanti ensuite le pouvoir absolu, avec ses fatales conséquences sur le génie et la grandeur des nations! Ses triomphes d'un jour leur ont légué plusieurs siècles de servitude!

CHAPITRE III

DE LA RÉPUBLIQUE SOCIALE

I.

Le système de la République sociale, argument contre la République démocratique.

J'ai exposé les difficultés que doit rencontrer, dans les conditions essentielles de notre état social, la réalisation de la République démocratique. Veut-on avoir un frappant témoignage que ces difficultés sont au fond très-bien senties et implicitement avouées par le plus grand nombre des hommes qui se rattachent à l'opinion républicaine? nous le trouvons justement dans la formation de ce parti socialiste qui menace notre pays des plus affreux déchirements. C'est la conviction profonde que ce qu'on appelle simplement la République démocratique ne saurait être qu'une œuvre sans efficacité pour la cause des intérêts populaires, qu'une sorte d'établissement quasi-bourgeois qui ne changerait rien ou presque rien à l'ordre existant, et ne serait qu'un véritable leurre pour le peuple, qui a amené le grand schisme et donné naissance au système de la République sociale. En effet, comme il s'agit réellement pour la majorité de ceux qui adhèrent à la forme républicaine de changer cet ordre existant, il faut bien admettre autre chose que la République démocratique, puisqu'elle est inefficace pour amener un tel résultat. Partant du principe qui a dirigé le parti révolutionnaire depuis soixante ans, les hommes qui ne reculent pas devant les conséquences d'une théorie, quelque extrêmes qu'elles soient, devaient en venir là, ils ne pouvaient s'arrêter au système de 1793, tyrannie transitoire et sans portée. Babœuf leur avait tracé la route ; il fallait qu'ils parcourussent tout entière la lice ouverte par les métaphysiciers politiques du dix-huitième siècle. Pour eux l'abstraction c'est la réalité ; et disons-le tout d'abord, entre ces deux écoles républicaines, c'est celle-ci qui raisonne juste, c'est celle-ci qui est conséquente, qui produit les seuls Républicains véritablement sérieux de notre temps : un peu plus tôt ou un peu plus tard elle absorbera l'autre ; et déjà n'est-il pas manifeste que cette œuvre de fusion est bien avancée ?

II

Fondement des doctrines socialistes.

Il est tout à fait hors de propos d'analyser les divers systèmes qui constituent ce qu'on appelle le socialisme, de faire contraster entre elles les idées parfois si profondément antipathiques des novateurs. J'écarte cette sorte de critique qui est facile, mais peu féconde ; je laisse à d'autres le sarcasme amer, la raillerie piquante dont les noms et les idées des chefs du socialisme ont été si souvent l'objet : ce sont là de mauvaises armes quand il s'agit de doctrines qui n'ont, hélas ! germé que dans trop d'esprits ; et rarement en définitive la victoire reste à qui n'en a pas d'autres.

Il est évident que des dissentiments doivent naturellement se produire toutes les fois qu'il s'agit d'une vaste et radicale subversion d'un système social existant. Quand, au seizième siècle, l'étendard fut levé contre le catholicisme, les sectaires nouveaux se rangèrent sous vingt bannières, souvent hostiles l'une à l'autre. Tous combattaient l'Église en commun et se combattaient entre eux. L'Église triomphait de ces divisions, et fondait là-dessus l'espoir d'une victoire définitive et complète. Il n'en a rien été pourtant. Avec le temps les rivalités se sont amorties, et dans son principe la Réforme a subsisté !

Il n'est pas plus habile en combattant le système de la République sociale de méconnaître le principe fondamental qui lui sert de base. Les paradoxes hasardeux de quelques esprits bizarres qui veulent faire du bruit, se mettre hors ligne dans le monde des idées, ne constituent point une théorie : le ridicule en fera justice ; mais il ne serait point équitable de ne voir que cela dans le débat. A l'honneur du genre humain, les inspirations de l'orgueil, de l'ambition, de la cupidité de quelques chefs ne suffisent pas pour former un puissant parti. C'est à un sentiment moral, vrai au fond, à quelques égards, qu'il appartient de rallier les masses. Quand il y a absence d'un tel sentiment, elles se retirent et laissent tout seuls dans l'arène les hommes qu'elles avaient un instant acceptés pour guides.

Que gagnerait-on à nier que la République sociale ne repose sur une vue fondamentale tout-à-fait avouable, et que c'est pour cela que nombre d'esprits s'y sont rattachés dans ces derniers temps? Cette vue fondamentale, c'est un immense besoin de changer les conditions d'existence des classes populaires, de guérir les maux qu'a développés en elles la vie industrielle, de leur faire enfin un sort meilleur. Que les moyens proposés pour arriver à ce résultat soient détestables; qu'il faille y voir même à plusieurs égards justement le contraire de ce qu'il faudrait faire pour se rapprocher du résultat désiré, c'est une autre question; mais l'intention n'en est pas moins réelle, et pourquoi la méconnaître? La République démocratique appelle simplement le peuple à participer par le suffrage à l'organisation gouvernementale; mais pour la République sociale c'est là une coopération insuffisante et stérile. Qu'importe à l'ouvrier, au paysan, de jeter çà et là un vote dans l'urne électorale si sa condition doit rester la même! C'est sa condition même qu'elle entend changer; et pour y parvenir, elle ne recule devant aucun obstacle; elle les aborde tous résolument, aveuglément, avec l'invincible volonté de les franchir ou de les briser.

III

Que la révolution que se propose d'effectuer le socialisme est irréalisable.

Résumons rapidement les objections principales que soulève ce système. En somme, il repose sur une subversion complète et simultanée de tous les éléments qui constituent la société actuelle. Il ne s'agit de rien moins que de les remplacer par des éléments nouveaux. Telle est, on ne le dissimule pas, sa portée. Il faut que la révolution soit radicale et universelle; qu'elle embrasse à-la-fois tout l'enchaînement social et en renouvelle intégralement tous les anneaux : ou bien rien de fait.

Or une telle révolution s'est-elle jamais accomplie de la sorte, et est-il conforme à la nature des choses qu'elle puisse ainsi s'accomplir? De ce qu'elle aurait d'épouvantablement inique, je ne m'en occupe pas: je cherche seulement si elle est possible, et je dis qu'il est extravagant de supposer qu'une pareille tentative puisse aboutir à un heureux résultat. Je ne connais point ici-bas de puissance à laquelle il soit donné d'obtenir un pareil triomphe sur la force des faits existants. Les lois viennent toujours s'y briser. Au temps seul il appartient de l'user lentement. L'homme vit par la tradition domestique; elle est pour lui comme une sorte d'instinct qui perpétue l'ordre social; elle se modifie par degrés, mais elle ne se renouvelle pas en un coup subit, et est-elle violemment atteinte, vous la voyez plus tard se redresser et amener une réaction qui recule parfois pour de longues années les réformes réalisables.

Lorsqu'au sein de la société romaine se fut introduit le christianisme, que de germes de mort se développent sur-le-champ en elle! on dirait à tout instant sa chute imminente. Les réformateurs, dans l'exaltation de leur foi, en marquent sans cesse, pour ainsi dire, l'an et le jour.

Eh bien! il a fallu pourtant cinq siècles pour consommer ce grand événement, et peut-être que sans cette vaste inondation des peuplades du Nord qui couvrit à la fois toute l'Europe, cette société fût restée debout, chancelante et minée, cinq siècles de plus encore!

Certes je consens pour ma part qu'il soit permis de se demander si la civilisation chrétienne est arrivée à son dernier terme ascendant, s'il est absolument impossible que des progrès de l'esprit humain ne doive résulter une meilleure et plus égale répartition des fruits du travail, des avantages de l'association. Mais ce sont là de vaines spéculations qu'il faut renvoyer aux écoles philosophiques. A nous le présent, à elles l'avenir! Elles ont sondé ces ténèbres et n'ont rencontré jusqu'ici que de prétendues solutions auxquelles la conscience publique assigne le caractère de pures rêveries. La société sera placée un jour dans d'autres conditions! il se peut; mais qu'importe? C'est celle qui est, non celle qui sera, qu'il faut constituer et régir. Avant de nous occuper des institutions qui pourront convenir peut-être au vingt-cinquième siècle, je demande humblement à m'attacher à celles qui conviennent au dix-neuvième siècle. N'est-ce pas là ce que veut le plus simple sens commun?

La République sociale s'y prend à rebours; tandis qu'on avait jusqu'ici entendu faire sortir d'un état social donné des institutions qui lui fussent propres, elle suppose, elle, un état social tout fait, issu de ses théories comme la Minerve antique du cerveau de Jupiter, un état social formé en dehors de tous les éléments qui ont jusqu'à nous constitué la société humaine. Est-il une entreprise plus étrange, plus irréalisable? Si du moins ces théories étaient le résultat d'une science incontestable, d'un examen approfondi et concluant? Mais point du tout; elles vont pour la plupart à l'encontre des principes les plus avérés de l'économie politique, de sorte qu'on peut véritablement dire qu'elles sont à l'état d'études. Ainsi, il s'agit d'appliquer une science qui n'est pas faite à un état de société qui n'existe pas encore! Peut-on mieux s'égarer comme à plaisir dans le monde des chimères!

I V

Que le nivellement absolu des conditions de fortune est pure chimère.

Il faut oser le dire, cette sorte de nivellement des sources de la fortune de tous que suppose la réalisation de ce système est profondément absurde. Notre nature morale le repousse par ses vertus aussi bien que par ses imperfections : fût-il opéré par une révolution devant laquelle l'imagination la plus hardie recule avec effroi, il serait bientôt effacé par le cours naturel des relations sociales. L'accumulation aurait lieu de nouveau, malgré tous les efforts du législateur pour l'empêcher. Il faut vivre dans le temps où nous sommes pour être obligé d'insister sur une aussi banale vérité.

A Rome, il y avait eu dans l'origine un partage absolument égal du sol entre tous les individus, quels qu'ils fussent, qui formaient le peuple de Romulus; mais qu'arriva-t-il au bout de peu de temps? Ce qui a lieu infailliblement parmi toute agrégation d'hommes. Quelques-uns étaient devenus riches, et beaucoup se trouvaient réduits à la pauvreté; à peine la révolution qui renversa la royauté fut-elle accomplie, que l'on réclama l'abolition des dettes contractées par les plébéiens, car c'est dans tous les temps le propre de la démocratie d'inaugurer son triomphe par quelque exigence attentatoire à la propriété. On s'opposa dans le sénat à cette violation des principes d'équité, en rappelant qu'en outre du partage primitif des terres, le peuple avait reçu la dépouille de Tarquin et fait dans la dernière guerre un butin considérable. Était-il juste que ceux qui avaient consumé tous ces biens dans la débauche fussent présentement dédommagés aux dépens des citoyens qui avaient vécu avec ordre et économie? Ces détails que donne un historien que j'ai déjà cité [1] sont sans doute bien remarquables. Voilà ce qui se passa alors : comment pourrait-il ne pas en être toujours de même!

V

Que les systèmes socialistes n'ont rien de neuf.

Il est indubitable que de tout temps cette conception d'une réforme radicale de la société, d'une organisation nouvelle qui guérirait les plaies qu'elle montre si faci-

---

[1] DENYS D'HALICARNASSE, liv. V.

lement à l'œil du philosophe, a saisi un certain nombre d'esprits spéculatifs : le spectacle du mal moral que consacrent les mœurs, que tolèrent les lois, devait mener à l'idée d'un perfectionnement chimérique auquel il n'est point donné à l'homme, créature imparfaite, d'arriver. La religion, en opposant aux souffrances d'une courte période mortelle les promesses d'une heureuse éternité, a évidemment trouvé un admirable palliatif à cet état de désordre fondamental et jusqu'à un certain point inévitable ; mais ceux qui ont pris leur parti de répudier toute croyance devaient chercher un autre remède; et puisque le ciel était fermé pour eux, c'était à la terre qu'ils avaient à le demander : l'homme ne se composant plus à leurs yeux que d'une poussière périssable, il fallait bien que la réforme fût exclusivement conçue dans la vue de son existence matérielle, qu'elle n'eût pour objet que les exigences de sa chair et de son sang !

VI

Le socialisme en Angleterre au XVe et au XVIIe siècle.

C'est là, n'en doutons pas, ce qui a suscité à toutes les époques ces faux messies, ces prétendus inspirés, ces soi-disant sages qui annonçaient le *règne nouveau*, l'avénement d'une régénération universelle au profit des pauvres et des humbles de ce monde, prédications qui n'ont jamais abouti qu'à faire des dupes et des victimes. Je trouverais de ces tentatives dans chaque siècle.

On sait que les sophistes de la Grèce étaient arrivés à toutes ces conceptions chimériques qui sont le fond des systèmes récents vantés comme d'importantes découvertes; et il suffit pour s'en convaincre de lire Aristophane, qui dirige contre leurs inventeurs les sarcasmes les plus amers. Dans les temps modernes, un des plus grands peintres de l'humanité, William Shakspeare, nous offre à cet égard un trait frappant qu'il faut citer. Dans un de ses drames historiques[1] figure un aventurier qui s'est érigé en régénérateur de la société. — « Soyez donc vaillants, dit-il à ses adhérents, car votre chef est vaillant et il a résolu d'effectuer des réformes radicales dans le pays : je veux que désormais, en Angleterre, sept petits pains d'un sou soient vendus pour un sou ; la pinte aura trois demi-setiers, et ce sera un crime de félonie que de boire de la petite bière ; *tout le royaume sera possédé en commun* ; je ferai paître mon palefroi dans Champside (rue de Londres), et quand je serai roi, *il n'y aura plus d'argent* ; *tout le monde boira et mangera à mes frais, et tous mes sujets porteront la même livrée, afin qu'ils vivent en frères.* » — Je ne chercherai pas quel est le socialisme, puisqu'il y en a plusieurs, qui se trouve compris dans les lignes curieuses que je viens de transcrire, mais il est sûr qu'il y en a un et pas un trait n'y manque déjà, c'est-à-dire en plein quinzième siècle.

Plus tard, dans le même pays, au nom du principe religieux, se produisirent les mêmes extravagances que nous voyons aujourd'hui se produire dans le nôtre au nom du

[1] *Henri VI.*

principe politique. Quand la monarchie eut été renversée par les fanatiques, quand la tête du roi Charles Ier eut tombé sur l'échafaud de White-Hall, il y eut diverses catégories de *socialistes*, qui, aux noms près, rappellent tout-à-fait les nôtres ; les *Levellers* voulaient une *répartition égale de la propriété* ; les *Milléniens* demandaient l'abolition *de toute espèce de gouvernement* ; les *Antinomiens* prétendaient « que toutes les obligations de la morale et de la loi naturelle étaient suspendues, et que les élus, guidés par un principe intérieur plus parfait, *étaient au-dessus des misérables éléments de la justice et de l'humanité*[1]. » De telles doctrines jetèrent d'abord une grande confusion dans les esprits ; mais bientôt il y eut un maître pour les contenir, pour arrêter l'action dissolvante qu'elles devaient nécessairement exercer sur l'ordre social.

VII

Du principe d'association.

Quiconque en réalité a voulu s'enquérir des faits successifs que présente à cet égard l'histoire de l'esprit humain, sait parfaitement à quoi s'en tenir sur les miracles que nous promet la République sociale. Il n'y a véritablement là rien qui n'ait été exposé, essayé à une époque ou à une autre. Ainsi le principe d'association dont elle fait tant de bruit est sans doute fécond en conséquences merveilleuses ;

---

[1] HUME, *Hist. de la maison de Stuart*, in-4°, t. II, p. 185.

mais, si, forçant ces conséquences, on se persuade qu'il peut devenir la loi absolue de la société, au point de détruire l'esprit de famille et le libre arbitre individuel, on tombe dans la plus grossière erreur, on méconnaît la nature même de l'homme.

Ce principe, en effet, personne ne l'ignore, a reçu son application la plus extrême dans l'organisation de certaines agrégations de travailleurs, par exemple dans la célèbre communauté des frères moraves; les sociétés *coopératives* de l'Angleterre ont, depuis bientôt un siècle, réalisé ces associations ouvrières dont nous n'avons encore que quelques informes ébauches, et où l'on a cru voir, dans ces derniers temps, ce qu'on appelle l'émancipation des classes laborieuses; aux États-Unis où la carrière, est, pour ainsi dire, ouverte aux aventures du génie de la civilisation, des faits analogues déjà anciens se présentent à l'attention de l'observateur; mais ces faits parfois assez heureusement accomplis par un certain nombre d'individus, d'où vient donc qu'ils n'ont pas changé le monde, qu'ils n'ont pas servi de modèle à la société tout entière? La raison en est qu'ils ne sauraient être qu'exceptionnels, parce qu'ils ont des bases autres que celles sur lesquelles se fondent, parmi les hommes, les établissements durables et permanents. Les esprits systématiques s'en emparent et les généralisent; mais le temps et la force des choses donnent un démenti à leurs théories: ainsi est tombé le Saint-Simonisme, et ainsi tomberont successivement toutes les doctrines analogues, véritable produit du dérèglement des imaginations contemporaines.

VIII

Que la République sociale est obligée d'invoquer tous les mauvais instincts de l'homme.

Il est digne de remarque que la République sociale n'a pas même, pour réaliser le but qu'elle poursuit, l'appui d'un corps d'institutions, constituant sa forme gouvernementale propre : elle ne nous présente en effet, à cet égard, rien de précis, rien d'arrêté ; la République démocratique a du moins cet avantage qu'elle sait à peu près ce qu'elle veut et qu'elle s'attache à des institutions déjà essayées, avec plus ou moins de succès, dans un temps ou dans un autre ; mais le gouvernement de la République sociale, c'est le hasard qui le fera sortir du chaos où elle commence par nous plonger.

En définitive, pour attirer à soi les classes laborieuses, l'école politique que je combats est inévitablement amenée à ranimer cette guerre sourde qui existe depuis le commencement du monde entre celui qui possède et celui qui ne possède pas ; elle s'adresse aux mauvais instincts de l'homme, elle groupe contre les intérêts qui constituent la société actuelle de prétendus intérêts qui doivent sortir de la société future. Elle offre au peuple le capital et le crédit comme une proie sur laquelle il n'y a qu'à s'abattre. Mais en même temps qu'elle suscite contre la bourgeoisie cette force redoutable, elle en crée une autre de tous ces intérêts qu'on veut renverser et détruire. Il n'est besoin que de bien mettre en lumière un tel système ;

6

le bon sens le réprouve et n'y peut voir finalement qu'une de ces conceptions désordonnées dues à un état d'hallucination dans lequel tombent parfois les sociétés comme les individus, et dont on revient graduellement à mesure qu'on renaît à la santé.

CHAPITRE IV

DE LA RÉPUBLIQUE FÉDÉRATIVE

I

Du principe d'après lequel la République ne saurait comporter un vaste territoire.

C'était un point assez généralement consenti jusqu'à nos jours, que l'institution Républicaine sous sa forme la plus ordinaire ne comporte guère de vastes dimensions; qu'elle ne peut s'appliquer avec des chances de durée et de prospérité qu'à une contrée et à une population très-restreintes; enfin qu'elle ne saurait mener à bien un grand peuple. Montesquieu a dit dans cet immortel ouvrage que j'ai plus d'une fois consulté : « Il est de la nature d'une république qu'elle n'ait qu'*un petit terri-toire*, sans quoi elle ne peut guère subsister[1]. » La thèse s'applique exclusivement, ceci est bien entendu, à la République démocratique. Je me suis livré à ce sujet à un examen très-approfondi; j'ai tâché de bien préciser comment et dans quelles limites doit être admis un principe qui paraît au premier abord assez étrange. Pourquoi en effet une extension de territoire rendrait-elle vicieuse une

[1] *Esprit des Lois*, liv. VIII, ch. 16.

forme de gouvernement en soi bonne et praticable? c'est ce qui deviendra fort clair, je l'espère, pour tout lecteur attentif des pages suivantes.

II

De la constitution du pouvoir exécutif.

Il faut d'abord reconnaître que dans toute organisation politique il est un point essentiel et fondamental, c'est la constitution du pouvoir exécutif, le mode d'existence qui lui est conféré, le mode d'action que lui attribue la loi pour s'assurer à elle-même force et stabilité. Là, n'hésitons pas à l'affirmer, est le pivot autour duquel tourne la machine tout entière. L'école républicaine ne saurait le nier, malgré ses préoccupations exclusives en faveur du pouvoir législatif; au point de vue organique, tout le reste n'est que secondaire, et l'on pourrait presque dire que la constitution n'est faite que pour cela.

Effectivement on pourrait statuer par des lois partielles sur tous les autres objets, par des lois qu'on modifierait au gré des besoins qui se manifestent ; les conditions qui font l'électeur ou l'éligible, la durée ou le fractionnement de la législature, ce sont là sans doute tout autant de questions d'une haute gravité, mais qui toutefois n'intéressent pas d'une façon directe, immédiate, la solidité de l'édifice gouvernemental. Il n'en est pas ainsi du pouvoir exécutif, en qui se résume, en définitive, la garantie des droits et des intérêts consacrés par l'ordre existant, qui est le dépositaire, l'interprète de la pensée publique au dedans et au dehors, le mouvement et la vie du corps d'État. C'est pour constituer celui-ci qu'on ne saurait jamais procéder trop solennellement, trop méditer les leçons de l'histoire et les maximes de la sagesse politique.

III

Qu'il a une base plus solide dans la Monarchie.

Il est d'abord incontestable que dans un État où le régime monarchique est en vigueur, où le pouvoir est consacré dans la personne d'un chef héréditaire, le pouvoir exécutif se trouve assis sur une base plus haute et plus solide à la fois que dans l'état républicain, où l'esprit de liberté imprimant une extension graduelle au principe d'élection, l'a finalement fait remonter jusqu'à la souveraine magistrature. Cela est de toute évidence. Dans le dernier système, en effet, le pouvoir a perdu ce caractère d'immutabilité qu'il tirait de sa confusion avec la personne d'un représentant immuable. Le piédestal est toujours là; mais la statue change sans cesse. En dehors de ce principe si clair, si simple de la royauté, il y a vingt, il y a cent modifications dans l'organisation de la magistrature républicaine, et ces modifications sont elles-mêmes, qu'on y songe, la preuve de ce besoin de fixité dans le pouvoir exécutif que la société considère par un sûr instinct comme sa nécessité la plus pressante; car autrement, pourquoi l'aurait-on rendue viagère, décennale, quadrionale, même annuelle? Ne serait-il pas plus prudent de recommencer chaque matin cette sorte de royauté à temps, de comprendre sa durée entre deux soleils comme celle des fonctions du prytane d'Athènes? Ne se mettrait-on pas ainsi bien mieux à l'abri contre le retour de ces usurpations qui résultent de l'ambition et de la cupidité les hommes?

IV

Que les difficultés que présente la constitution du pouvoir exécutif dans la République s'accroissent avec l'extension du territoire.

Or, l'expérience et le raisonnement sont d'accord pour montrer que lorsqu'il s'agit d'un territoire peu étendu, par exemple d'une cité avec sa banlieue, d'un État tel qu'Andorre et Saint-Marin, ces souverainetés microscopiques perchées parmi les monts, il est assez facile d'obtenir le but proposé dans l'édification du pouvoir exécutif; il ne faudra pour cela qu'un mécanisme peu compliqué : que la durée du premier magistrat soit plus ou moins longue, il n'importe guère; que ses attributions soient plus ou moins rapprochées de la prérogative régalienne, il n'importe pas davantage; car il est manifeste qu'une révolution sera toujours à la portée des citoyens contre un pouvoir que l'exiguïté même de l'État arme de si peu de force. Ce sera l'affaire d'un moment, et l'on aura pu quelquefois régénérer le pays sans déranger l'heure de ses repas. Mais au fur et à mesure que le territoire s'étend, la chose devient toujours moins aisée; par cette raison toute simple que les chances de tyrannie s'accroissent proportionnellement aux ressources dont peut disposer le chef suprême du gouvernement. Je me trompe, il n'y a pas seulement proportion, il y a progression, comme on pourrait en quelque sorte l'établir d'après un calcul rigoureux.

Faut-il en effet plus qu'un instant de réflexion pour reconnaître que dans un vaste et puissant État, parmi les dissentiments qui naissent de la diversité des opinions, du choc des intérêts, de la rivalité des professions, de la lutte des localités, de mille autres circonstances que je ne saurais énumérer, le pouvoir exécutif qui, ainsi qu'il vient d'être dit, emprunte une grandeur croissante de la grandeur même du pays qu'il régit, trouve inévitablement au dedans et au dehors bien des moyens de se fortifier et de s'étendre. Ceux qui sont chargés d'organiser une République dans de certaines dimensions savent si bien cela, que, pour éviter ce péril, ils entourent ordinairement le pouvoir exécutif de restrictions et d'entraves, limitent sa prérogative et sa durée, souvent lui ôtent d'une main ce qu'ils lui donnent de l'autre. Nouvel écueil. Alors, il perd toute vigueur, il chancelle en marchant, et ne peut plus remplir sa mission; les lois sont le jouet de tous, et l'État tombe dans le désordre; telle est bien réellement l'alternative : trop fort, tyrannie, trop faible, anarchie, et c'est aussi par ces deux mots rangés en sens inverse que peut se résumer en général l'histoire des républiques démocratiques de quelque importance. Comme nous l'avons vu plus haut, elles ont vécu un certain temps parmi les agitations civiles, et le premier grand homme qui est survenu en a fait son profit.

V

Pourquoi le triomphe de la multitude amène infailliblement le pouvoir d'un seul.

Il ne faut point en effet se lasser de le redire, c'est le résultat infaillible du triomphe momentané de la multitude d'amener inévitablement la domination d'un seul. Acceptons ceci comme un axiôme auquel l'histoire de tous les temps vient apporter une imposante et irréfragable démonstration.

La réflexion fait comprendre qu'il ne saurait en être autrement : la société vit d'habitude par le calme et l'ordre, sans lesquels il n'y a point de travail. Les troubles, les révoltes qui agitent la cité, bouleversent l'État, lui sont mortels ; quand donc un tel état de choses a été amené par le courant des idées démocratiques, il se manifeste sur-le-champ en elle une tendance marquée à marcher dans le sens contraire. Avant les événements qui la troublent, peut-être, animée de cet esprit d'opposition malveillante, de jaloux dénigrement qui germe et grandit si facilement parmi les classes aisées dans les temps prospères surtout, a-t-elle secondé le mouvement ? mais quand ils se sont accomplis, elle voudrait le refouler. On la voit alors tendre à s'éloigner du pouvoir qui tire sa force du peuple, du pouvoir législatif où l'agitation a toujours son principal foyer, pour se rapprocher de l'autre. C'est vers celui-ci maintenant qu'elle incline ; c'est à lui qu'elle tend les bras ; c'est de lui seul qu'elle attend son salut, parce qu'elle comprend instinctivement que ce n'est pas la délibération tumultueuse, mais l'action une et ferme qui pourra la sauver. Ces fluctuations de l'opinion s'observent à toutes les époques de troubles civils. Vous voyez constamment ainsi, après une révolution, la faveur publique passer du pouvoir législatif au pouvoir exécutif, et se mettre pour ainsi dire à sa discrétion, s'il se montre digne de la mission qui lui est dévolue ; c'est alors qu'il peut même impunément attenter comme Cromwell, comme Napoléon, à la représentation nationale : tout lui sera permis par la bourgeoisie qui marche en tête dans cette évolution où le peuple ne tarde pas à la suivre, car il a su, hélas ! quelles misères, quelles souffrances recèle pour lui cette vie d'insurrection qu'on lui présentait comme un devoir, et à laquelle il s'était un moment laissé entraîner !

Voilà comment les nations se trouvent placées, en de telles conjonctures, sur une pente au bas de laquelle est inévitablement le despotisme. L'historien qui se laisse dominer par des passions de parti ne verra rien de tout cela, et il attribuera toujours à l'ambition de quelques hommes les événements qui renversent la liberté ; mais si on sait les envisager de plus haut, on reconnaît qu'ils se développent sous l'influence d'irrésistibles impulsions suscitées par les circonstances mêmes où se trouve aux époques dont nous parlons la chose publique. Il faut alors qu'il y ait des *ambitieux* pour essayer de rétablir entre les forces sociales l'équilibre qui se trouve rompu : ce sera un Sylla pour faire triompher par des proscriptions l'aristocratie menacée; ce sera un Marius pour assurer l'avénement de la démocratie victorieuse. Quand le gouvernement est à prendre, des concurrents se présentent nécessairement pour se le disputer. La République romaine en était bien là dans les derniers temps; Cicéron le fait comprendre de la manière la plus claire dans sa curieuse correspondance. Quiconque suit avec attention le tableau de cette lutte sanglante dont il fut lui-même une des plus illustres victimes, voit sans surprise au terme de ces phases mémorables le neveu de César devenir le maître absolu du monde romain!

En lisant les lignes que je viens d'écrire, tout lecteur impartial en fera de soi-même, j'en suis convaincu, l'application à cette première période de notre histoire révolutionnaire qui se clôt par le grand nom de l'empereur!

<h1 style="text-align:center">VI</h1>

Que la République aristocratique permet d'échapper à cette conséquence.

On comprendra sans peine, au surplus, que le dilemme posé ci-dessus, qui donne à choisir à la société entre l'anarchie et le despotisme, ne saurait se présenter dans le système de la République aristocratique. Là, en effet, c'est l'aristocratie, un corps choisi, peu nombreux, qui est le pouvoir réel; le gouvernement n'est qu'une délégation tirée de son sein et à laquelle elle sait à merveille donner ou retirer de sa force suivant le besoin, sans compromettre l'édifice politique créé par elle et pour elle. Mais sous le régime de la République démocratique, gouvernement des masses, un pouvoir instable par son origine et par sa nature et à qui le législateur est toujours dans la crainte d'accorder trop ou trop peu, voilà la situation au vrai. « *Il doit*, selon Aristote[1] qui avait très-bien aperçu la difficulté, *avoir assez de force pour réprimer les individus et point assez pour opprimer la nation.* » Cela est admirablement dit, mais c'est là le point embarrassant; cet exact équilibre, ce moyen terme entre les extrêmes, il est très-difficile de l'obtenir; nous l'avons cherché sans le trouver dans la première période républicaine de la Révolution; l'abbé Sieyès y a vainement épuisé à diverses reprises les combinaisons de l'un des esprits politiques les plus ingénieux et les plus féconds de l'époque. Après lui le problème pourrait être considéré comme insoluble.

On m'arrête pour me dire que c'est un fait néanmoins que le monde présente en ce moment même l'existence de quelques grandes Républiques démocratiques dont une entre autres paraît être appelée aux plus hautes destinées. Sans doute; mais celles-ci sont sous une forme républicaine spéciale et nouvelle qui ne s'offrit chez les Anciens qu'en quelques ébauches informes et passagères, et révèle chez les modernes un progrès notable dans l'organisation des sociétés politiques; cette forme, je me hâte de le dire, comporte pour un grand peuple, en de certaines circon-

---

[1] *Polit.*, liv. III.

stances le régime démocratique, parce qu'elle en atténue considérablement les inconvénients.

VII

Du système fédératif.

Soit donc un vaste territoire composé de parties séparées par des lignes de démarcation bien précises, habité par des populations d'origines diverses et au sein desquelles les accidents variés de la nature, des révolutions antérieures, des législations différentes, ont introduit, ont maintenu, au travers des siècles, des distinctions très-tranchées. Chacune de ces parties est libre et a sa souveraineté propre; mais ainsi isolées, ces souverainetés se sentent faibles, soit pour résister à l'agression du dehors, soit pour marcher par le développement du travail à une prospérité intérieure croissante; elles s'unissent, elles forment un corps d'États soumis à un pouvoir central unique, de telle façon pourtant que chacun de ces États conserve en particulier ses lois, ses mœurs, même jusqu'à un certain point ses institutions politiques spéciales, et ne les modifie qu'en ce qu'elles pourraient avoir de trop contraire à celles des autres parties de l'union, qu'en ce qui pourrait nuire à l'action libre, à l'intérêt bien entendu de tous. Cette heureuse combinaison qui d'éléments souvent assez disparates forme une nation homogène, la *République fédérative*, résout, aussi bien que la République aristocratique, la difficulté si grave que j'ai soulevée. Il suffit, pour s'en convaincre, d'examiner sous quelles conditions se trouve ici placé le pouvoir exécutif.

VIII

que cette forme de gouvernement résout le problème de la constitution du pouvoir exécutif dans la République démocratique.

De la nature de ce gouvernement il résulte en effet que le premier magistrat ne saurait être investi d'une somme de pouvoir égale et semblable à celle qui est dévolue au chef d'une grande République *unitaire*; car chaque État confédéré n'aura cédé au gouvernement central que ce qui était rigoureusement nécessaire pour former et maintenir l'union, réservant tout le reste pour son gouvernement local. Ceci est capital dans la discussion, et ne saurait être contesté. D'un autre côté, on aura pu sans crainte lui donner quelque force, le doter vis-à-vis du pouvoir législatif de quelques-uns des attributs de la Royauté constitutionnelle, parce que sa position ne permet guère que ces concessions puissent devenir fatales à la liberté. C'est ce qu'on ne contestera pas davantage si l'on considère combien d'obstacles devrait surmonter, pour arriver à la tyrannie, le chef d'un gouvernement fédéral, qui n'existent pas pour le chef d'un gouvernement unitaire!

Il faut bien voir que le premier ne nomme qu'à quelques emplois principaux, civils ou militaires, qu'à ceux qui se rattachent à la direction générale de l'union; quant à toutes ces fonctions qui dépendent de l'administration intérieure des États, il n'a rien à y voir. Plus donc de ce corps d'employés de tout ordre dévoués à sa personne comme la source de tout avancement! Au lieu d'une armée permanente, il n'y a plus que des milices auxquelles il ne peut faire faire une étape sans le concours des législatures locales. Dans le pays, quelque vaste et puissant qu'il soit, il ne se trouve point un écu ni un homme à sa libre disposition. Quelle différence si vous le comparez au premier magistrat de l'autre espèce de République! Celui-ci nomme à tout, pourvoit à tout; juges, prêtres, administrateurs, officiers, ingénieurs, agents du fisc, professeurs, reçoivent de lui l'institution! Les grades, les honneurs, les traitements, c'est lui qui les confère! Il a sous la main la finance et la force publique, ces deux grands ressorts de la puissance des États; son autorité s'étend du centre à la circonférence, en raison directe, pour ainsi parler, de l'accroissement des populations et de l'extension des territoires auxquels elle s'applique; et c'est ainsi que dans la nécessité où se trouvait le législateur de séparer les deux pouvoirs pour ne pas tout confondre, pour constituer un gouvernement libéral et régulier, tandis qu'il croyait instituer la République, il n'a fait en réalité, disons le mot, que de la monarchie manquée, que de la mauvaise monarchie!

IX

que cette thèse trouve sa confirmation dans l'examen des diverses constitutions républicaines de l'Amérique.

Si l'on voulait avoir une frappante confirmation de cette haute thèse dont l'examen avance beaucoup, on en conviendra, la solution du problème que je me suis posé, il suffirait de jeter un simple coup d'œil sur les principales constitutions républicaines aujourd'hui même en vigueur. Laissons l'Europe; laissons la France de ces derniers temps. Ouvrons par exemple, au chapitre du pouvoir exécutif, cette Constitution de la Colombie de 1821 [1], qui a servi de modèle à celles de la plupart des contrées affranchies de l'Amérique du Sud, et rapprochons ce chapitre des dispositions qui ont le même objet dans les actes fédératifs des États-Unis de l'Amérique Septentrionale de 1778 et de 1788 [2], et il apparaîtra clairement à nos yeux combien le président de la République unitaire, malgré tous les efforts des constituants pour atténuer et circonscrire son autorité, exerce néanmoins sur le corps social et politique une action plus considérable que celle qui est confiée au chef de la glorieuse Confédération du Nord!

Et voilà aussi pourquoi dans ces nouveaux États de l'Amérique Méridionale, on voit tour à tour le gouverne-

---

[1] *Collection des Constitutions, Chartes et lois fondamentales des États de l'Europe et de l'Amérique,* par MM. Dufau, Duvergier et Guadet, t. VI.

[2] Jackson, *Constitutions of the States of America.*

ment tantôt impuissant à maintenir l'empire des lois, tantôt dégénérant sans obstacle en dictature militaire. Indépendamment de diverses autres causes, le vice radical de l'organisation politique doit y perpétuer les dissensions civiles, y faire succéder incessamment les révolutions aux révolutions. On en signalait tout récemment une nouvelle quelque part; il y en a eu hier, il y en aura demain; j'ose prédire que ces calamités n'auront un terme que lorsqu'on aura pris un parti relativement à la constitution du pouvoir exécutif; lorsqu'on aura renoncé à réaliser un état de choses impossible, à savoir une grande unité démocratique où le pouvoir soit dans des conditions telles que la force qui lui est donnée pour les lois ne puisse pas lui servir contre elles!

En Europe, après tout, le seul État républicain qui ait survécu jusqu'à nous au travers des nombreuses révolutions qui ont marqué les âges passés pour cette partie du monde, c'est une république fédérative, c'est la Suisse. Ce fait n'est-il pas une frappante confirmation de la thèse qui vient d'être exposée?

X

Une citation de Machiavel.

L'histoire du passé est pleine de ces situations où les peuples constitués en républiques se trouvaient dans l'alternative que je viens d'établir. Il s'agissait de sauver la liberté sans tomber dans le désordre, et l'on cherchait vainement à sortir d'embarras en dehors de la forme fédé-

rative, qui devient un heureux expédient par ce fractionnement de la souveraineté qui en est la base. Machiavel
nous offre un fait de ce genre relatif à la république de
Florence qui est hautement instructif. « Les institutions
de cette république, dit-il [1], gênaient les passions populaires, mais sans avoir la force suffisante pour les réprimer. Elles étaient si vicieuses, si éloignées de constituer
une véritable république, que l'établissement d'un gonfalonier à vie exposait l'Etat à un de ces deux dangers : si le
gonfalonier était habile et sans vertu, il lui était facile de
devenir le maître de l'Etat, de s'ériger en prince ; s'il était
honnête et faible, il pouvait être chassé sans peine,
entraînant tout dans sa ruine. Comme il serait trop long
d'en exposer toutes les raisons, je m'arrêterai à une seule,
c'est que *le gonfalonier n'avait autour de lui aucune
force qui pût le défendre s'il voulait faire le bien, ni le
contenir s'il voulait le mal.* » Quel sujet de méditation
que ce passage, et de quelles vives clartés ces considérations, où se révèle tant de sagacité, éclairent la question
de l'organisation des démocraties?

XI

Cette solution entrevue dans le XVIIIe siècle.

La solution que j'ai exposée dans les pages précédentes
avait été au reste indiquée, quoique d'une façon moins
explicite peut-être, par Montesquieu. Après avoir montré

---

[1] Discours sur la réforme du gouvernement de Florence.

qu'une petite république démocratique est toujours menacée par une force extérieure, et une grande *par un vice intérieur*, le grand écrivain ajoute : « Ainsi il y a grande apparence que les hommes auraient été à la fin obligés de vivre toujours sous le gouvernement d'un seul, s'ils n'avaient imaginé une manière de constitution qui a tous les avantages intérieurs du gouvernement républicain et la force extérieure des monarchies[1]. Je parle de la République fédérative. »

Au début de notre Révolution, quand il s'agit de constituer à nouveau la France bouleversée, le grand problème à résoudre se présenta, et quelques hommes eurent le mérite d'apercevoir la solution : ainsi Barnave disait à l'Assemblée nationale[2] : « que *pour un pays étendu et peuplé* l'art de la politique n'avait trouvé que deux moyens de lui donner *une solide organisation :* ou bien on organisera séparément les parties, on mettra dans chaque section une portion du gouvernement et on fixera ainsi la stabilité aux dépens de l'unité, de la puissance et des avantages qui résultent d'une grande et homogène association; ou bien, si on laisse subsister l'unité nationale, il faudra placer au centre un *pouvoir immuable* qui présente une résistance suffisante aux ambitieux, etc. » Ces idées peu élaborées encore, auxquelles se trouvaient invinciblement amenés alors tous les hommes qui avaient médité la question, devinrent un peu plus tard le prétexte d'une accusation qui fit tomber plusieurs têtes illustres.

[1] *Esprit des Lois*, liv. ix, ch. 1.
[2] Discours du 15 juillet 1791.

XII

Impossibilité d'appliquer le système de la République fédérative aux grands États européens.

Mais dans le fait était-elle plus fondée alors, cette accusation, qu'elle ne le serait aujourd'hui? qui donc pourrait vouloir sérieusement faire encourir à la France, au milieu des grandes monarchies de l'Europe, le risque que présente toujours, il faut le dire, le système fédératif, et qui atténue à quelques égards les avantages qu'il présente sous un certain rapport. Il est clair, en effet, qu'en fractionnant le pays en plusieurs souverainetés, en fortifiant les membres aux dépens du corps, il ouvre une chance à la dissolution et diminue la force nationale en cas d'invasion étrangère.

Il est inutile d'insister : pour notre pays comme pour les autres grandes unités européennes, il ne saurait être en vérité question de la République fédérative, car je ne saurais donner ce nom à telle alliance d'États monarchiques qu'unirait un besoin commun de défense. Évidemment, ce n'est pas le triomphe de cette forme gouvernementale qu'il faut lire dans leur avenir. Chacune de ces unités, en effet, doit se conserver bien intacte, et écarter avec soin tout ce qui pourrait affaiblir en elle le lien de cohésion par lequel se rattachent les unes aux autres les diverses fractions du territoire national.

C'est à ce point de vue qu'il faut se placer pour considérer spécialement, dans notre pays, cette centralisation administrative contre laquelle s'élèvent tant de réclamations. Il est bien vrai qu'elle se concilie moins bien avec la liberté qu'avec le despotisme révolutionnaire d'où elle est sortie. Mais ne nous le dissimulons pas, tant que le gouvernement n'aura pas trouvé parmi nous sa base stable et définitive, il y aurait un immense danger à porter la main sur cette puissante organisation qui fait de tout un peuple comme un seul homme. Un temps viendra où pourra être à peu près supprimée cette tutelle qui pèse encore sur la commune, où le système municipal recevra tous les développements qu'il a pris en Angleterre, où la nation sera ainsi mise en possession de ces droits, de ces franchises que la Révolution n'a jamais pu encore faire sortir du préambule des Constitutions qu'elle nous a données; mais cette œuvre, le simple bon sens l'indique; ce n'est pas à la République démocratique qu'il appartient de l'accomplir, car elle ajouterait ainsi un nouvel élément d'anarchie à tous ceux qui sont déjà virtuellement en elle.

<h1 style="text-align:center">XIII</h1>

Formule de la science politique en matière de gouvernement républicain.

Je me résume : il résulte de l'examen auquel je me suis livré que l'institution Républicaine ne pourra en principe devenir, je ne dis pas pour une cité, pour un district, mais pour un peuple, un établissement rationnel et régulier, favorable à l'ordre et à la liberté, susceptible enfin d'assurer à la société un avenir glorieux et prospère qu'autant qu'elle sera *aristocratique si elle est unitaire, et fédérative si elle est démocratique.* Telle est la formule qui forme ma conclusion ; je la crois l'expression d'une véritable loi de la science politique qu'une étude de plus en plus approfondie des faits doit mettre un jour hors de discussion.

En définitive, après tout ce qui précède, je suis fondé à dire que généralement et sauf quelques exceptions sans importance, dans l'état actuel de la société européenne, la République aristocratique est impossible, la République démocratique impraticable et la République sociale chimérique. Les considérations qui vont suivre sur la Monarchie représentative ne seront qu'une nouvelle confirmation de cette donnée, à laquelle on est forcément amené par l'examen impartial de cette grande question.

SECONDE PARTIE

DE L'INSTITUTION MONARCHIQUE

I

Vanité des systèmes de gouvernement parfait.

On voit à toutes les époques certains esprits se complaire dans ces thèses absolues auxquelles mènent le raisonnement et l'abstraction ; ils en adoptent une, s'y attachent opiniâtrément et y coordonnent par la pensée la société tout entière. Mais le monde vit sur le relatif et non sur l'absolu. Il faut le redire, l'humanité avance par des progrès successifs, par des améliorations continues qui prennent pour base ce qui est ; les systèmes bien complets et où la logique n'a rien à reprendre, ces livres qui semblent résoudre le problème des destinées sociales, depuis la *République* de Platon jusqu'à l'*Oceana* de Harrington, n'ont exercé dans le fait aucune influence sur le sort des peuples ; quelques curieux les lisent seuls, et ils ont en les parcourant la satisfaction de voir combien il est de choses anciennes qu'on croit nouvelles ! La conception d'un gouvernement parfait est de tous les temps et de tous les pays; mais l'époque où elle serait réalisable n'arrive jamais. Les nations vivent, se constituent par degrés sans savoir que dans la poussière des bibliothèques, se trouve caché le secret de la véritable organisation gouvernementale et le remède à tous les maux de la société; la sagesse politique n'a que faire de tout cela; elle promet peu et demande du temps, mais ce qu'elle a promis elle le donne; les systèmes au contraire promettent beaucoup, promettent tout et à la fois, mais on attend toujours le résultat de leurs promesses!

II

Qu'appliquer un principe c'est le restreindre.

Au point de vue pratique, en réalité, un principe, en s'appliquant à des faits existants, se subordonne nécessairement à ces mêmes faits; il s'adapte à un ordre de choses toujours bien loin de celui qui serait pleinement conforme à la pure théorie. L'appliquer, en un mot, c'est le restreindre. Il faut bien peser ces termes, car je crois qu'ils renferment une assertion propre à dissiper bien des erreurs. Les exemples viennent en foule pour l'appuyer. Ainsi rien de plus net assurément que la notion absolue du despotisme; elle comporte tous les actes politiques imaginables, qui peuvent être inspirés à une volonté sans contrôle, toutes les modifications qu'une passion ou un intérêt quelconque peut lui conseiller de faire subir au peuple qu'elle domine.

Eh bien ! je le demande, quel gouvernement, si despotique qu'il ait été, ne s'est pas vu contraint de sacrifier quelquefois au sentiment public, de se conformer en divers points à cet esprit général des masses, qui ne fléchit jamais que dans de certaines limites : qu'on me nomme le tyran qui peut se vanter d'avoir toujours fait ce qu'il voulait faire ; qu'on me nomme, parmi ces rois asiatiques dont les sujets tremblants baisent la trace, celui qui ne rencontre pas dans sa marche certaine barrière sacerdotale ou aristocratique devant laquelle s'abaisse son sceptre, et qu'il tremblerait à son tour de franchir !

Voilà le principe du despotisme en application ; il en sera absolument de même pour tout autre principe. Parlons de la souveraineté du peuple ; n'est-il pas évident que l'ordre politique qui a la prétention d'en être la réalisation complète n'est pourtant en définitive que la restriction du principe considéré d'une façon absolue. Par la pensée il serait un système politique où chaque membre de la communauté aurait *une part directe et proportionnellement égale au gouvernement.* Mais qu'il y a loin de là au réel, au possible, à ce qui est demandé même par les plus exigeants entre les démocrates! Une moitié de cette communauté, la femme est d'abord retranchée tout entière. L'enfance, l'adolescence constituent encore une autre grande exclusion très-arbitrairement fixée. Dans certains cantons suisses on vote à 16 ans, tandis qu'en France, aujourd'hui, sous la loi du prétendu *suffrage universel,* objet d'une sorte de culte pour un grand nombre d'individus, la minorité politique n'a pas d'autre limite que la minorité civile, d'où résulte encore le retranchement d'un grand nombre de citoyens que l'État accepte néanmoins comme soldats, comme instituteurs, comme employés de tout ordre. Puis viennent çà et là d'autres catégories. Ici on écartera de l'urne électorale ceux qui ne savent pas lire, ailleurs ceux qui sont dans la condition de domesticité. Est-il possible de retrouver dans tout cela l'organisation politique qu'avait rêvée l'imagination des théoriciens, pour lesquels aussi, il faut le dire, la réalisation, quelque complète qu'elle soit, n'est jamais au fond qu'une véritable déception.

III

Que les grandes luttes suscitées au sein de l'humanité se terminent toujours par un compromis.

Ceci renferme, je crois, l'explication de cette marche que suivent invariablement les affaires humaines dans les temps de grandes commotions politiques. Action, réaction, transaction, ces trois mots en résument toujours l'histoire. Voyez si les choses ne se passent pas toujours ainsi : une idée, une conception nouvelle a saisi la pensée publique ; quelques esprits s'en emparent au point de vue spéculatif, et en poursuivent la réalisation absolue. De là des faits poussés tant qu'ils ne rencontrent pas une suffisante résistance dans leurs conséquences les plus extrêmes. Quand cette action s'est épuisée par ses propres entraînements, le mouvement en sens inverse, la réaction commence, laquelle s'épuise à son tour de la même manière ; puis survient la transaction qui est l'application du principe, restreinte dans les limites du possible, au sein d'un état social donné. Alors, la lutte est finie pour un siècle ou deux, jusqu'à ce qu'elle s'ouvre de nouveau sur un autre principe.

Au seizième siècle, cette conception du libre examen en matière de foi surgit en Europe et amène le déchirement de la société religieuse. Chaque communion chrétienne, animée de cette vue abstraite et absolue qu'elle seule est en possession de la vérité, croit fermement qu'elle doit en définitive anéantir toutes les autres. De là une lutte grande et terrible, où je vois incessamment se produire, soit entre le catholicisme et les sectes, soit entre les sectes elles-mêmes, l'action et la reaction. A la suite de longs désastres, d'une conflagration dont les ruines fument encore, le combat cesse et il arrive que catholicisme et sectes, jusqu'à l'unitarisme, qui ne voit qu'un sage dans le Rédempteur, subsistent et vivent en paix. L'idée de tolérance a remplacé dans les esprits l'unité de croyance. Voilà la transaction.

I V

Que la Monarchie représentative est le compromis qui doit terminer la lutte politique ouverte en France à la fin du dernier siècle.

La lutte politique qui s'est ouverte vers la fin du dernier siècle suit la même marche et aura sans doute la même issue. C'est ce que concevra tout esprit calme qui saura écarter de ses yeux le bandeau dont les couvre l'esprit de parti. L'antagonisme s'est établi entre les classes privilégiées dont les conditions d'existence avaient eu leurs conséquences extrêmes et abusives et les autres classes de la nation; la démocratie évoquée pour le combat doit avoir, elle aussi, ses conséquences extrêmes et abusives. La République était sur sa route. Les esprits absolus se persuaderont que le triomphe de cette forme de gouvernement doit être universel; ils diront, sous l'impulsion des chimères qui remplissent leur imagination qu'étant seule *rationnelle et logique*, elle est *inévitablement et bientôt* appelée à remplacer partout la Royauté héréditaire. Vaine conception d'un plan dans lequel les faits existants sont comptés pour rien! Le moment de la transaction arrivera, la République pourra se régulariser quelque part selon ses conditions propres d'existence; mais les gouvernements resteront debout et la Monarchie représentative se trouvera finalement être le grand compromis par lequel la lutte sera terminée!

V

La Monarchie représentative, inconnue des Anciens.

La Monarchie représentative fut complétement inconnue des Anciens. Quelques philosophes, Platon entre autres [1], semblent avoir entrevu la supériorité de cette combinaison sur les autres formes de gouvernement pour protéger à la fois le pouvoir et la liberté; mais on n'en

---

[1] *Les Lois*, liv. III.

trouve dans l'antiquité aucun essai réel d'application ; elle devait être, parmi les sociétés chrétiennes, le résultat de la marche de la civilisation et du progrès des lumières. La pratique entière en est du reste nouvelle encore. L'Angleterre en offre depuis deux cents ans un modèle qu'il faut admirer, sinon l'imiter servilement. C'est aussi de la constitution de ce pays qu'un des fondateurs de la République des États-Unis, l'illustre John Adams, a dit qu'elle est *la plus merveilleuse invention de l'esprit humain*[1] et l'une de celles dans l'ordre des sciences morales et politiques qu'on peut comparer aux grandes découvertes physiques qui ont changé la face du monde.

Je n'ai point à faire ici une apologie en forme de la Monarchie représentative ; que pourrais-je ajouter à tout ce qui a été dit à cet égard en France et en Angleterre par tant d'écrivains, par tant d'orateurs éminents dont la gloire a jeté un si vif éclat sur les temps modernes! je m'abstiendrai donc et me contenterai de réunir simplement quelques aperçus propres surtout à confirmer à la fois les vues que j'ai précédemment exposées au sujet de l'institution Républicaine et à présenter les caractères généraux qui distingueront cet établissement Monarchique libéral et sagement progressif où, dans ma pensée, l Europe doit trouver le terme de ses longues agitations.

[1] *Défense des Constitutions américaines*, 2 vol. in-8°, traduits par Delacroix, 1792.

VI

Que ce système de gouvernement comporte tous les progrès démocratiques réalisables.

Il faut rappeler d'abord que de l'aveu même de quelques-uns des organes du parti Républicain, la Monarchie représentative bien entendue et loyalement appliquée comporte tous les développements successifs de l'esprit démocratique contenu dans de sages limites. On n'a pas oublié la déclaration explicite qui en fut faite, peu d'années avant la dernière Révolution, par un homme qui y a joué un rôle et dont, quelque opinion qu'on ait de ses actes politiques, on ne conteste pas du moins la droiture et l'honnêteté[1]. Il est positif qu'on a en Angleterre, aussi bien qu'aux États-Unis, la prétention de posséder pleinement le *self-government*, c'est-à-dire le gouvernement du pays par le pays. Ceci est généralement avoué et même je trouve dans un *Essai d'organisation Républicaine*, publié peu d'années après la Révolution de Juillet[2], et où tout n'est pas à dédaigner, les lignes suivantes : « En Angleterre, ces grandes communes qui réunissent des attributions, des droits politiques importants, à leurs droits, à leurs attributions de localité, *ne sont-elles pas de véritables Républiques?* » Étrange aveuglement qui veut à toute force abolir la Royauté au profit des théories Républicaines et va chercher en pleine Monarchie le Républicanisme pra-

---

[1] M. Carnot, ministre de l'instruction publique en 1848.
[2] Par M. Billiard, 1 vol. in-8°.

tique et réalisé! Je passe outre, car mon but est ici de montrer que de l'aveu même des plus fermes, des plus anciens défenseurs de l'opinion que je discute, l'institution Monarchique n'est incompatible avec aucun progrès libéral sérieux. C'est accidentellement et non essentiellement que les deux principes, la Monarchie et la Démocratie sont en lutte; c'est ce qui ressort sans le moindre doute de l'histoire européenne écrite avec impartialité et lue sans prévention. Il importe de bien établir ce point-ci.

VII

Alliance du peuple et de la royauté confirmée par l'histoire.

Comment s'est produite cette grande unité française qui a tant fait pour l'émancipation de l'univers, et reste, après tout, le foyer régénérateur de la civilisation moderne? N'est-ce pas évidemment par l'appui que les communes ont sans cesse trouvé dans la royauté, en soutenant toutes leurs luttes avec les classes privilégiées? Comment se fût-elle faite sans cet appui? Qu'on ne m'oppose pas certaines époques où la royauté paraît être en hostilité avec la masse de la nation; alors, si l'on approfondit la situation, il devient manifeste que les intérêts populaires ne sont qu'en apparence confondus avec cette influence parlementaire qui domine la société: dans le fait, la démocratie a perdu sa voie en prenant un semblable guide; elle s'est mise à la suite d'une pensée qui se déguise, qui a pris un masque et l'abuse; mais bientôt elle reconnaît son erreur, revient sur ses pas et scelle de nouveau son union avec cette grande institution monarchique, sous l'abri de laquelle elle gagne peu à peu du terrain, et qui, malgré les écarts qu'on peut lui reprocher comme à tout ce qui est humain, n'en a pas moins rendu d'immenses services aux nations modernes.

Mais, dit-on, quand la Royauté s'est unie au peuple, quand elle lui a fait de meilleures destinées, c'est pour elle qu'elle a travaillé! Elle s'en est servie pour écraser les ordres privilégiés qui l'empêchaient d'arriver au pouvoir absolu! Qu'importe? Nul doute que la Royauté n'ait profité, abusé même de la victoire; mais cette victoire a grandement tourné à l'avantage des classes populaires : voilà la question. Quand Sully, Richelieu, Colbert et Turgot ont eu, par des actes divers, renversé l'aristocratie dans le pays, il est bien vrai que la couronne a hérité de toutes les prérogatives dont la noblesse avait été dotée par le régime féodal ; mais peut-on contester que le tiers-état n'ait plus gagné encore à cette révolution que la couronne!

Je prétends donc qu'en principe la démocratie n'a pas de plus sûre et de meilleure alliée que la royauté. Cela est historiquement exact et fondé en raison. En effet, la démocratie raisonnable, possible, c'est avec l'extension graduelle des droits politiques proportionnellement aux progrès de l'instruction, le partage de plus en plus égal des avantages de l'association. Or y a-t-il incompatibilité nécessaire entre un tel développement démocratique mesuré, contenu, et la royauté? Évidemment non. Il est impossible de ne pas passer à cet avis, si l'on étudie l'institution Monarchique dans son principe, si l'on sait se prémunir contre l'influence qu'exerce la manière de présenter les faits adoptée à la fois et par les écrivains favorables à l'aristocratie et par ceux qui ont embrassé avec exagération la cause démocratique. Qu'il y ait dans la marche précipitée, violente de la démocratie un excès que la couronne est parfois obligée de combattre, d'arrêter, parce qu'elle est incompatible avec le maintien de l'ordre et l'exécution des lois, à la bonne heure; mais ce qui est manifeste, c'est que la royauté n'est pas ici essentiellement intéressée, comme l'aristocratie, aux dépens de laquelle s'accomplit toujours, il faut le reconnaître, tout agrandissement populaire.

VIII

Pourquoi le peuple n'est point hostile à l'institution Monarchique.

Le peuple, lui, comprend tout cela avec un admirable instinct. Examinez attentivement la marche des révolutions où il se dirige et se discipline lui-même, et sait se soustraire à l'action des meneurs nobles ou bourgeois qui l'entraînent si souvent. Il assiége, il force un palais; il égorge des ministres, des favoris, et respecte le chef de l'État, tant il a le sentiment profond que c'est aux bras, non à la tête du corps politique qu'il doit s'en prendre de ses souffrances; il est le maître, il peut tout; mais alors une faible concession le désarme; l'abandon d'un impôt odieux, l'établissement d'une magistrature protectrice, et souvent la simple vue d'un royal enfant, à qui son innocence dérobe même la connaissance du péril que courent ses jours, suffira pour faire tomber toutes ses colères, pour en remplacer les éclats par des transports d'enthousiasme et de dévouement.

Non, le peuple n'est point hostile à l'institution Monarchique. En dehors des faubourgs de quelques grandes cités, ce n'est pas, en vérité, dans ses rangs qu'il faut chercher ces adversaires déclarés des rois, ces ardents zélateurs de la République. On le dit; mais il n'en est rien. On peut même observer que, lorsque le pouvoir royal se trouve lui-même hostile aux libertés publiques, s'il triomphe par la force, s'il triomphe avec éclat, avec grandeur, le peuple finalement s'associera à sa victoire. Ceci a lieu pour deux raisons. D'abord ces franchises libérales le touchent peu; les coups qu'on leur porte ne l'atteignent que faiblement et de loin; c'est le milieu qui est entre la royauté et lui qu'ils frappent d'une façon directe. Ensuite, comme il est, dans le fait, la force elle-même, en son état inculte la force, c'est ce qu'il comprend le mieux, c'est ce qu'il admire. Il y a dans la théorie de l'équilibre des pouvoirs quelque chose de trop avancé pour son intelligence; ce qui est à son gré, c'est le pouvoir fort, c'est le pouvoir absolu, celui qui saisit les imaginations par la majesté, par la promptitude de ses actes. Voyez dans l'histoire si les prédilections populaires n'ont pas toujours été pour le despotisme, si peu qu'il ait été paré par la gloire ou tempéré par des largesses! On conspire pour le renverser dans les rangs supérieurs de la société; mais le peuple le maintient parce qu'il n'en souffre pas, et souvent même parce qu'il en tire avantage, attendu que le despotisme n'a rien à démêler avec les petits ; qu'il n'en veut qu'à ce qui a pouvoir et fortune, et qu'après tout, tendant à abaisser à un niveau commun toutes les conditions, il semble travailler indirectement pour les masses populaires. C'est à ce point de vue qu'il faut se placer pour juger un assez grand nombre de règnes, celui de Louis XI entre autres ; et dans notre époque, telle est l'origine de la manière si différente de voir qui se remarque au sujet de Napoléon, dans la bourgeoisie ou dans le peuple, conquérant insatiable, oppresseur de la liberté pour l'une, simplement grand homme et habile monarque pour l'autre !

IX

De la Révolution qui fonda à Rome la République.

A Rome, dès les premiers temps mêmes de la République, parmi les dissensions qui s'élevèrent immédiatement entre les patriciens et les plébéiens, on entend un chef, un orateur du peuple, Sicinius, dans une conférence où il s'agissait de concilier ce grand différend, s'écrier que jamais les Romains *n'avaient été plus libres ni plus heureux* que sous le gouvernement des rois ; que Tarquin, le dernier de ces princes, s'était toujours montré juste et généreux envers le peuple ; qu'il était odieux particulièrement aux nobles, et qu'en le renversant, *c'était leur cause et non la sienne que le peuple avait embrassée et fait triompher*[1] !

[1] DENYS D'HALICARNASSE, liv VI.

En lisant ces lignes ou reste frappé de l'aspect étrange et nouveau sous lequel est ici présentée cette révolution célèbre, peut-être grandement défigurée par le pédantisme classique.

Il en fut toujours ainsi au surplus de presque toutes les révolutions, qu'on vit, en définitive, n'être qu'une véritable duperie pour le peuple qui les avait faites ou laissé faire! Nous-mêmes ne venons-nous pas d'en voir s'accomplir une nouvelle qui a précipité du trône, jeté en exil, poussé vers la tombe, cet illustre prince dont le règne marquera parmi les plus prospères, parmi les plus mémorables! O Sicinius, où étiez-vous lors de ce lamentable événement, pour adresser à ceux qui venaient de le consommer les plaintes et les regrets du peuple, de ces masses ouvrières des champs et des villes plongées dans la détresse, pour vous écrier encore au nom de tant d'individus étrangers à quelques vains griefs de la bourgeoisie, *qu'ils étaient bien plus libres et plus heureux sous le gouvernement* qu'on venait de leur ravir!

X

Que le développement graduel de la démocratie n'est compatible avec le maintien de l'ordre existant que sous la Monarchie.

Ainsi donc, loin qu'il y ait incompatibilité entre la démocratie et l'institution Monarchique, il s'est toujours produit au contraire entre elles une sorte d'alliance intime qui a secondé les progrès de l'une et de l'autre au détri-

ment de l'aristocratie. En effet, avec le concours de l'institution monarchique, le peuple a pu renverser la constitution féodale qui l'opprimait ; avec le concours de la démocratie, la royauté a pu grandir peu-à-peu, et devenir
finalement la base sur laquelle a reposé jusqu'à ces derniers temps l'existence des grands peuples européens.

Il faut aller plus loin; il faut exposer une vérité à
laquelle les idées généralement reçues, des préjugés puisés
soit dans une fausse appréciation de l'antiquité, soit dans
une application de principes identiques à des faits contraires, donnent toute l'apparence du paradoxe : à savoir,
que dans nos sociétés modernes où n'existe pas cette immense contre-poids que formait l'esclavage dans les sociétés anciennes, l'institution qui seule en réalité comporte le
développement démocratique, qui seule lui ôte les périls
qu'il renferme pour l'ordre existant, c'est la monarchie !
Quelques rapides considérations suffiront pour rendre évidente cette importante thèse.

Qu'on se reporte par la pensée à ce qui a été dit ci-dessus
au sujet de la démocratie : j'ai montré son beau côté,
mais je ne l'ai pas flattée; pour quiconque veut être sincère, veut rester dans le vrai, il résulte manifestement de
ce qu'elle se compose de volontés pour la plupart dépour-
vues de lumière, et impatientes des conditions d'existence
que leur ont faites les hasards de la vie, qu'elle est une
force aveugle et emportée. Il ne faut pas se lasser de le
redire : qu'elle suive sans obstacle sa pente naturelle, et
elle ira droit au désordre. De sa nature, elle ne s'arrête
pas, il faut qu'on l'arrête. C'est le flot qui se grossit peu-à-

peu, et devient tout-à-coup un torrent dévastateur. Eh bien! par sa constitution intime et nécessaire, le gouvernement républicain, à moins qu'il ne soit, ainsi que je l'ai fait voir, combiné avec l'aristocratie, ne saurait, au lieu de le retenir, que provoquer, qu'encourager son essor. C'est là le vice fondamental de cette forme gouvernementale. Au contraire, dans la grande institution Monarchique, elle rencontre une digue efficace et salutaire qui contient, qui fait rentrer dans son lit le torrent, et lui permet d'avoir un libre et calme écoulement.

XI

Pourquoi l'abolition de l'esclavage a rendu plus difficile l'établissement de la République.

Il me paraît positif que l'abolition de l'esclavage a rendu à la fois plus difficile la réalisation du despotisme d'un seul et de la République démocratique, qui est si souvent le despotisme de tous. Ceci doit paraître étrange au premier abord et en apparence contradictoire; mais qu'on soumette cette double assertion à la méditation, et on en reconnaîtra la justesse. Je n'en dirai qu'un mot : on ne contestera guère sans doute qu'une société où règne l'esclavage, cette abominable violation des conventions primitives sur lesquelles se fonde l'association humaine, ne soit une sorte d'état de guerre en quelque façon permanent et nécessaire. Il y a d'un côté cette portion des classes populaires qui veut briser ses chaînes, et de l'autre tous les privilégiés libres dont l'intérêt est de maintenir l'inique joug. A l'attaque toujours menaçante il faut opposer une force de résistance toujours éveillée ; on la trouvera, cette force de résistance, dans la domination du despote sous qui tout plie, ou bien dans cette union virtuelle de la bourgeoisie et du peuple qui forme alors comme une sorte d'aristocratie, de la liberté, au moyen de laquelle se trouve considérablement atténué le danger inhérent à la démocratie. En effet, des citoyens politiquement divisés sont ainsi socialement unis contre un ennemi commun, et c'est là, pour l'essor démocratique, une contrainte qui l'empêche de tout perdre. Il faut ajouter au surplus que si les choses se passent de la sorte dans le cours ordinaire des événements, il arrive bien souvent aussi, lorsqu'au sein d'une République les passions politiques sont portées à un haut degré d'exaltation, que les esclaves se voient appelés comme auxiliaire par une faction contre l'autre. De tels faits se sont plus d'une fois présentés dans l'antiquité. Ils n'opposent aucune contradiction au système que je soutiens.

Disons donc que la République démocratique est plus facilement soustraite à ces chances d'anarchie qui la menacent inévitablement, lorsqu'elle a à maintenir dans les chaînes une partie de la population qui vit dans son sein. Quand, au contraire, ces chaînes sont brisées, quand il n'y a plus dans l'État que des individus, sinon égaux au point de vue social, du moins ramenés tous à la dignité d'hommes, alors il faut une autre barrière pour contenir ces tendances démocratiques, lesquelles, comme je l'ai montré plus haut, amènent de toute rigueur la division parmi les citoyens et la perturbation dans l'ordre politique.

Encore un coup, je livre à l'examen attentif et raisonné du lecteur ces vues si contraires aux idées généralement admises et auxquelles je ne promets pas d'abord un bon accueil; mais, c'est la destinée de la vérité d'avoir toujours à percer au travers de bien des obstacles ; semblable à ce rayon lumineux, qui doit se faire jour parmi ces épais brouillards dont la surface terrestre est enveloppée, il faut aussi pour arriver aux esprits qu'elle dissipe l'obscurité que leur ont faite tant de faux aperçus, tant de vaines déclamations. En matière de liberté, en matière de démocratie, comme en toute chose, elle ne serait pas la vérité, si elle n'avait d'abord à triompher laborieusement de l'erreur à laquelle la raison humaine n'est, hélas ! que trop accessible.

XII

Que la Monarchie peut seule donner la liberté.

Les considérations contenues ci-dessus expliquent une apparente contradiction qu'a présentée bien souvent la marche de l'opinion publique dans notre pays, au travers des révolutions, qui s'y succèdent avec une certaine périodicité. Ainsi on voit assez habituellement la bourgeoisie céder à ce goût d'opposition qui se manifeste avec tant d'irréflexion en elle, s'allier aux démocrates quand le gouvernement est monarchique, et s'en séparer quand il est républicain. N'est-ce point alors qu'un sûr instinct de conservation l'avertit qu'elle doit se défier d'une force dont il n'y a plus rien dans les institutions qui puisse comprimer l'impétueux élan !

Je crois fermement que l'alliance ne saurait être réelle et durable sous la forme républicaine, parce que la démocratie est alors forcément menaçante. Ce n'est que lorsqu'elle se combine dans une juste mesure avec l'institution monarchique, qu'elle peut prendre sans danger son développement graduel. En un mot, quoi qu'on fasse, une pensée de subversion est nécessairement dans la République; l'idée de progrès est seulement dans la Monarchie. C'est à ce titre au surplus que je la défends; c'est parce qu'à mes yeux, la République démocratique ne saurait être qu'une sorte de machine de guerre, pour battre constamment en brèche la société, et qu'il appartient seulement, selon moi, à la Monarchie représentative de donner la liberté, que je préconise ce système de gouvernement. Comme révolutionnaire, je préférerais la République; comme libéral, comme ami constant et dévoué de ces sages institutions qui garantissent à la fois les attributions du pouvoir et les droits des citoyens, je me prononce hautement et sans hésiter en faveur de la Monarchie.

XIII

Que les réformes socialistes possibles ne peuvent pareillement s'effectuer que sous la Monarchie.

Et de même que ce qu'il y a d'admissible dans l'essor démocratique ne peut avoir son cours régulier que lorsque la société est régie monarchiquement, de même aussi entre les conceptions de la République sociale, ce qu'il y a de réalisable ne saurait être tenté avec quelques chances de réussite que sous la Monarchie. C'est précisément le contraire que croient les novateurs qui se sont attachés avec ardeur à la forme républicaine. Le temps les désabusera en leur montrant que si ce système de gouvernement peut leur être un excellent auxiliaire pour ébranler le sol sur lequel repose la société actuelle, sur ce sol chancelant il n'y a rien pour eux à édifier. Oui, ils reconnaîtront leur erreur en voyant successivement avorter tous les essais de réforme sociale, même acceptables dans une certaine mesure, devant les alarmes que soulève au sein de la bourgeoisie un régime politique qui semble permettre à chaque école d'espérer un jour ou un autre, un peu plus tôt ou un peu plus tard, l'entier accomplissement de ses plans les plus excentriques.

XIV

Que les véritables républicains de nos jours appartiennent à la bourgeoisie.

S'il est vrai que le peuple, dont on parle sans cesse, et qu'on met toujours en avant à propos de la République, est loin en réalité d'être hostile à la Monarchie, la bourgeoisie, de son côté, incline naturellement vers cette forme de gouvernement. Je ne dissimule pas néanmoins que c'est dans son sein qu'il faut chercher aujourd'hui en France et en Europe les républicains plus ou moins prononcés. Il est évident, en effet, que ce parti n'a que peu d'adhérents parmi les masses agricoles ou manufacturières. Là, en général, ou bien il y a indifférence complète relativement à la forme du gouvernement, ou bien propension vers la Monarchie. Mais c'est dans les rangs de la bourgeoisie, parmi ces médecins, ces légistes, ces lettrés de tout ordre que la société actuelle enfante par milliers dans les villes sans pouvoir leur ouvrir des moyens suffisants d'existence, que se recrute la République.

Il faut du reste avouer que dans ces couches de la société, cette forme de gouvernement fut toujours le vœu secret et, pour ainsi dire, le rêve de prédilection de quelques esprits nobles et éclairés. Rarement pour ces individus d'élite la notion en fut-elle séparée de cette belle et consolante conception de la perfectibilité nécessaire des sociétés humaines. Je reconnais volontiers qu'à toute époque de l'histoire on voit un certain nombre de volontés fortes et sévères tendre vers ce but comme à un avenir plus ou moins prochain. Parmi ces Grecs et ces Romains avec qui s'écoulent nos jeunes ans et se développe notre intelligence, nous nous faisons graduellement un idéal de mâles et patriotiques vertus que notre imagination ne détache plus de la forme républicaine ; et cet ordre politique, dans sa formule vague et abstraite, nous paraît dès lors le seul conforme à une raison avancée, le seul vraiment digne d'un peuple libre !

X V

**Prétendue objection à la République tirée de la corruption
des mœurs.**

Voilà ce qui fait de notre temps un certain nombre de
républicains sincères et ardents, et telle est aussi l'origine
d'une opinion qu'on entend quelquefois énoncer : à savoir,
que la République serait le gouvernement qu'il faudrait
préférer *si elle était possible, et elle n'est pas possible
parce que nous sommes trop corrompus pour former de
vrais républicains.* Mais c'est là, à mon sens, une façon
de voir qui n'a rien que de chimérique, qui n'est fondée
que sur des considérations déclamatoires qu'il est temps
de mettre à leur juste valeur. Laissons enfin à l'écart les
grands hommes de Plutarque, et voyons la vérité en
dehors d'un trompeur enthousiasme. La vertu des citoyens
est bonne sous toutes les formes gouvernementales, et elle
se lie intimement, sans doute, avec le degré de liberté
positive et pratique dont la société est appelée à jouir;
mais elle n'a point, quoi qu'on ait dit, un rapport nécessaire avec le mode d'après lequel les peuples sont régis;
elle n'est point le fondement de l'existence politique.
L'histoire nous apprend que de tout temps il y a eu des
républiques très-dissolues et des monarchies éminemment
morales. Comparez, par exemple, dans l'antiquité, l'im-
pudique Corinthe et la sage Égypte, et, de nos jours, telle
de ces républiques italiennes qui se sont éteintes à la fin
du dernier siècle, et telles contrées germaniques où

règnent encore avec la Royauté les mœurs patriar-
cales !

Puis, ceux qui proclament de la sorte notre corruption
anti-républicaine observent-ils bien attentivement la
société, ne se laissent-ils pas prévenir par certains faits
qui sont partout les mêmes? Car par les plaisirs du riche
et les souffrances du pauvre, par les prisons et les hôpi-
taux, par les filous et les prostituées, toutes les grandes
villes se ressemblent, et si vous ajoutez, à Mexico et à
New-York, le million d'habitants que Londres ou Paris ont
de plus, ce sera à s'y méprendre.

Que si d'ailleurs la société actuelle n'était pas suffisamment encore pourvue de ces attributs qui font ce qu'on est
convenu d'appeler les *mœurs de la République*, quelle
objection serait-ce? Ces mœurs, on les prendrait avec le
temps; mais c'est qu'en vérité, là n'est point du tout la
question.

On voit que je n'hésite pas à la montrer sous tous ses
aspects; il ne me coûte rien effectivement de reconnaître
qu'au sein de la bourgeoisie s'est formé un parti d'hommes
modérés et consciencieux fortement attachés au gouvernement républicain, et qui sont destinés à voir peu-à-peu se
dissiper de généreuses illusions ou bien à devenir com-
plices de passions, d'entraînements coupables dont ils
savent se préserver encore. C'est à la conscience de ces
hommes que s'adressent spécialement les considérations
qui précèdent. J'ai voulu éclairer cette foi un peu aveugle
en portant sur les objets de son culte le flambeau d'une
saine et impartiale critique. N'eussé-je réussi qu'à faire

naître dans leur esprit ce doute salutaire qui est ordinairement sur la route de la vérité, que je me féliciterais encore beaucoup de ma tentative!

XVI

Pourquoi la grande masse de la bourgeoisie est néanmoins ralliée à la Monarchie représentative.

Mais à côté du parti républicain dont je viens de signaler l'existence, il y a la grande masse bourgeoise qui s'est, depuis le commencement de la Révolution française, ralliée à la Monarchie représentative, et qui n'a point cessé d'être fidèle à cette forme de gouvernement. Elle l'a d'abord fondée, et l'a rétablie ensuite dès que les circonstances le lui ont permis. On compte sans cesse, contre la Monarchie, les révolutions successives que nous avons vues s'accomplir dans le cours du dernier demi-siècle ; mais cette manière de voir n'est pas exacte. Les quatre monarques qui ont régné, depuis la restauration du principe monarchique, ont chacun à la vérité eu à subir une révolution qui les a précipités du trône ; Napoléon, Louis XVIII, Charles X et Louis-Philippe, ont tour-à-tour succombé, mais le principe monarchique est resté debout ; les hommes ont été emportés par les tempêtes civiles, mais la monarchie n'a été renversée qu'en 1848, et encore, qui oserait dire qu'il n'y a pas, dans l'élection présidentielle qui a donné un premier magistrat au pays, une secrète pensée monarchique, un vœu plus ou moins déguisé en faveur du retour à cette forme de gouvernement?

Assurément, il ne saurait être douteux que la bourgeoisie en majorité, et dans sa portion la plus intelligente des grands intérêts de la sociabilité moderne, ne soit théoriquement rattachée à l'institution Monarchique. C'est le gouvernement de son choix, parce qu'il lui offre à-la-fois de la sécurité par un de ses principes, et de la liberté par l'autre. Elle a toujours cherché cette heureuse combinaison qu'aucun autre gouvernement ne peut amener au même degré. L'histoire de nos vieux États-généraux fait foi de ses efforts pour y parvenir. A chaque terme de ces assemblées, n'entend-on pas quelques-uns de ses simples et rudes organes invoquer ces perfectionnements de la monarchie qui devaient la rapprocher du régime représentatif des temps actuels ?

XVII

Même sujet. — Caractères politiques que présente la bourgeoisie française.

Parmi les écarts où ces entraînements passionnés, inhérents au caractère national, précipitent parfois la bourgeoisie, il faut pourtant lui reconnaître un fond de bon sens et de raison auquel elle revient toujours, et c'est justement ce fond de raison et de bon sens qui la rattache en grande majorité à la monarchie héréditaire ; elle apprécie parfaitement le principe fondamental de cette forme de gouvernement ; elle sait tout ce qu'on peut dire au sujet de cette aliénation de l'exercice de la souveraineté, de cette transmission anticipée et nécessaire de la plus haute des fonctions politiques à des générations dont les représentants sont encore à naître. Toutes ces objections, devenues banales aujourd'hui, sont à la portée des plus minces esprits, et l'on n'a rien à apprendre à la bourgeoisie à cet égard ; mais elle voit là avant tout un grand intérêt d'ordre et de stabilité ; elle voit dans le principe d'immutabilité du pouvoir exécutif la plus puissante garantie contre ces commotions violentes et ces perpétuelles vicissitudes si fatales aux États. A ses yeux, ce principe qui personnifie parfois l'autorité dans un enfant, dans une jeune fille, lui imprime le caractère ferme et sacré d'une base sociale indestructible. Un cercle est ainsi tracé, en dehors duquel s'agitent toutes les mauvaises passions qui surgissent du sein de nos sociétés ; avec ce principe seul enfin, adapté à des institutions libres, elle croit à un avenir long et prospère : hors de là les destins du pays lui semblent livrés à tous les hasards.

J'entends quelquefois qu'on se récrie que la bourgeoisie n'aime la Monarchie que dans un intérêt de conservation : étrange reproche, qui renferme à la fois l'éloge et de l'institution et de ceux qui la préconisent. Qu'est-ce donc, en effet, qu'un gouvernement, si ce n'est une œuvre de conservation ? Qu'a-t-il à faire avant tout, si ce n'est à maintenir l'association sur les bases de l'équité, à protéger le libre jeu de ces forces qui s'accroissent en s'équilibrant. Les économistes ont ramené l'autorité à son véritable objet, quand ils ont montré qu'elle doit plutôt laisser faire que faire elle-même ; que son office n'est pas de gêner la société dans ces modifications dont avec le temps elle éprouve le besoin ; mais qu'elle n'a pas non plus à changer elle-même les fondements de la société politique. Gouverner, enfin, ce n'est pas renverser les lois, les mœurs d'un peuple, c'est marcher avec elles ; ce n'est pas créer le mouvement, c'est le suivre ; et le gouvernement qui, dans des circonstances données, remplit le mieux cette double fin de toute société, le maintien et le progrès ; le gouvernement qui, par un sage esprit de conciliation, conserve en améliorant, est aussi celui qui doit réunir les vœux de tous les hommes sensés, de tous les vrais amis de la patrie !

Mais il y a d'autres torts plus réels à reprocher à la bourgeoisie, et je ne veux point les dissimuler, car c'est en tout la vérité que je cherche. Si l'on étudie en elle le caractère national, on y reconnaît bien des imperfections que corrigeront sans doute l'expérience et une instruction de plus en plus étendue. Trop souvent cette partie de la population est animée d'un étroit sentiment d'égoïsme propre à arrêter la marche graduelle d'un grand peuple. L'amour de l'or, le dédain des lumières, la peur du progrès y sont des traits que ne lui reprochent pas toujours à tort ses détracteurs ; dans ses couches inférieures, elle ne compâtit pas assez aux misères du peuple, d'où elle ne fait que de naître, et, il faut le dire, bien qu'elle ait l'aristocratie en grande aversion, opulente, elle la dépasse de beaucoup en insolence et en orgueil.

En matière de gouvernement, la bourgeoisie apporte des susceptibilités ombrageuses qui rendent souvent la marche du pouvoir fort difficile. Le peuple, dans le fait, a bien plus qu'elle le sentiment de cette existence nécessaire de l'autorité, et il montre aussi une disposition plus habituelle à lui obéir, à le respecter, à l'aimer. A part ses moments de fougue tumultueuse, il est véritablement plus disciplinable que cette partie de la population qui se croit appelée à tout discuter, et où domine, aujourd'hui comme autrefois, cet esprit frondeur qui amène les révolutions. Au fond, elle s'oppose à tout parce qu'elle ne croit à rien. De principes incontestés, disons-le, il n'y en a point pour elle : Voltaire a passé par là et y a laissé des traces profondes de son passage. En morale, en religion, en politique, en littérature, elle laisse volontiers mettre tout en question, jusqu'à ces bases essentielles sur lesquelles repose la sociabilité humaine. Il est trop vrai que le scepticisme du dernier siècle a dans ces rangs corrodé bien des âmes, tari bien des sources de sentiments généreux : et voilà pourquoi, en définitive, l'œuvre de régénération tentée il y a soixante ans est si laborieuse à accomplir.

Telle me paraît se présenter au regard observateur cette partie de notre population. Ah! qu'il est à désirer qu'elle mette enfin à profit les leçons de l'expérience, et que tant de révolutions qui ont bouleversé le pays n'aient pas été perdues pour elle! N'en doutons pas, l'avenir de la société européenne tout entière est intéressé à ce que la bourgeoisie française, qui y figure dans un rang si élevé, modifie profondément l'esprit qui l'a dominée jusqu'à ce jour. Il faut que ralliée à une commune doctrine, raffermie dans de salutaires croyances, forte dans son unité hiérarchique définitivement acceptée, elle cesse de s'abandonner à ces impulsions qui ont fait si souvent le succès des partis violents; il faut vis-à-vis du pouvoir, même lorsqu'il s'égare, qu'elle apprenne à mesurer l'action de résistance qu'elle lui oppose, afin de n'être plus en définitive l'instrument par lequel on le renverse sous prétexte de l'amender. Son salut, qu'elle y songe, est maintenant à ce prix !

XVIII

Du principe de la souveraineté nationale.

Faudrait-il, à propos de la Monarchie, discuter le principe de la souveraineté nationale? Je ne le pense pas. Comme une de ces données générales qui, ainsi qu'il a été dit, expriment les rapports primitifs sur lesquels se fonde l'association, il n'y a plus rien à en dire. S'il n'est pas vrai, quand la société se forme, que tout pouvoir émane de la volonté expresse ou tacite de ceux qui s'y soumettent, qu'y aurait-t-il donc de vrai parmi les hommes? Mais combien s'éloigne de cette vue fondamentale la théorie de gouvernement que l'école démocratique en a déduite! Ici, comme toujours, elle donne au principe sa réalisation absolue, sans songer qu'elle sape ainsi par la base même l'édifice qu'elle veut construire.

En effet quels pouvoirs restent debout devant l'application rigoureuse d'un tel système! quel ordre existant pourra se promettre quelque durée! comment s'assurer d'une légalité politique d'un an, d'un jour, d'une heure!

La société n'entend point du tout ainsi le principe ; elle l'admet rationnellement, mais sans lui donner une valeur pratique usuelle. Elle le considère pour l'autorité formée dans son sein comme un avertissement salutaire ; il y a là pour elle un droit dont elle suspend volontairement l'exercice, qu'elle ne veut exercer, pour ainsi dire qu'à distance, quand il y a lieu, lorsqu'elle est contrainte de le faire par de graves événements. Voilà l'usage qu'elle a généralement fait de sa souveraineté, et il est clair que le principe entendu de la sorte ne saurait être opposé au principe de la Monarchie héréditaire. Loin de s'exclure, les deux principes se concilient, se coordonnent l'un à l'autre.

XIX

De son application au principe d'hérédité.

Il suit de cet exposé que l'application du principe d'hérédité suppose à l'origine le choix librement fait ou consenti par la nation de la dynastie appelée à gouverner l'État. C'est là le fondement du droit de cette dynastie et j'en chercherais vainement une autre. Ainsi, du reste, l'a-t-on toujours entendu et pratiqué en France, et il suffit pour s'en convaincre de consulter tous les écrivains qui ont traité de notre ancien droit public. On a souvent cité les belles paroles que Massillon adressait à Louis XV : « Sire, c'est le choix de la nation qui mit d'abord le sceptre entre les mains de vos ancêtres, c'est elle qui les éleva sur le bouclier militaire et les proclama souverains ;

le Royaume devint alors l'héritage de leurs successeurs ; mais ils le durent *au consentement libre des sujets* : leur naissance les mit ensuite en possession du trône ; mais ce furent des suffrages publics qui attachèrent d'abord ce droit et cette prérogative à leur naissance[1]. »

Je trouve à ce sujet dans les Mémoires de Saint-Simon un passage fort remarquable[2] : « Au sacre des rois, dit le célèbre annaliste, il faut, quand le monarque est amené dans l'église, *que la nef soit remplie de peuple, de simple peuple, petits bourgeois, manans et artisans, pour ajouter en acclamant, son consentement à ce qui se fait dans le chœur par le clergé et la noblesse.* — Cela est de rigueur, ajoute-t-il, et est *l'image des anciens Champs de Mai,* où la royauté était consacrée par le suffrage de la nation dans ses comices. »

X X

De la légitimité.

Telle était la doctrine anciennement adoptée en matière de Royauté, et cette doctrine ne rencontrait point de contradicteurs. Mais, de nos jours, on a érigé sous le nom de *légitimité* une théorie qui s'en éloigne étrangement. Elle dénie aux nations, cette théorie, le droit de consacrer dans telle ou telle famille, dans telle ou telle branche d'une famille, le principe héréditaire, et l'histoire de tous les États européens proteste

[1] Sermon pour le dimanche des Rameaux.
[2] Tome xx, p. 325.

contre une pareille prétention. Il n'en est pas un, en effet, qui, à une époque, plus ou moins reculée, n'ait été le théâtre d'une révolution, qui a consacré authentiquement ce droit et d'où procède la dynastie régnante, la dynastie légitime. La France présente deux révolutions semblables sous l'ancienne période monarchique, et deux sous la nouvelle; l'Angleterre, la Suède en renferment de mémorables exemples. Si l'on interroge avec soin les annales de tous les autres gouvernements monarchiques subsistants, si l'on s'enquiert des titres mêmes en vertu desquels règnent des maisons dont la légitimité n'est pas mise en question, on retrouve toujours certains faits qui démentent complétement la théorie moderne; on voit toujours les dynasties s'établir à la suite d'*actes publics, parfois simplement diplomatiques, devenus l'expression valide et authentique du consentement général.* Que les jacobites de tous les temps refusent leur adhésion à de tels actes, que partant d'un principe absolu ils en méconnaissent la haute légalité, il ne faut pas s'en étonner; mais la société ne raisonne pas comme les partis; elle sait fort bien qu'une dynastie, identifiée avec la nation par une longue durée, qui a partagé, suivi toutes ses vicissitudes au travers des siècles, est un accident heureux, un puissant élément de stabilité pour la monarchie ; mais, enfin, quand les événements ont renversé, expulsé cette dynastie, elle ne se croit pas enchaînée; elle est dans la plénitude de son droit et elle l'exerce; elle imprime à un nouveau fait le caractère légitime; elle lui donne une consécration qui met à néant le fait antérieur.

On entend quelquefois de nos jours dire qu'il faut se rallier à la *République* ou à la *Légitimité, parce que ce sont deux principes.* J'ai dit comment il faut entendre l'un et l'autre ou plutôt j'ai prouvé qu'on ne doit voir là que de ces formules vagues et abstraites, sur lesquelles les nations ne fondent point leur droit public. L'alternative est véritablement entre la *République fédérative* et la *Monarchie héréditaire,* l'une ou l'autre appuyée sur l'adoption nationale. Voilà ce qu'il est permis d'appeler des principes.

On ne peut opposer à cette manière de voir que de vaines arguties ; on se jette dans les obscurités de la métaphysique politique et l'on aboutit forcément à un droit qui ne provient point des hommes. De là naît une sorte de *Monarchie incréée,* antérieure à toutes les lois des Etats, triste théorie, qui a eu, comme de raison, en ces derniers temps, sa contre-partie exacte dans une sorte de *République incréée,* également antérieure à toutes les conventions humaines, et contre laquelle, ô démence! la volonté même unanime des citoyens ne saurait prévaloir!

Laissons aux sophistes toutes ces misérables thèses de bas-empire où irait s'égarer et se perdre en de vaines subtilités le droit sens des masses ; attachons nous simplement à ces vérités écrites dans la conscience publique et que confirme sans cesse l'imposant témoignage de l'histoire!

XXI

Appréciation de la royauté héréditaire telle que la marche des temps doit la faire.

Un temps viendra, selon toute apparence, où l'on s'étonnera qu'on ait pu dans le nôtre, apporter tant de passion dans cette question de la délégation du pouvoir exécutif à une famille ou à un homme, pour un siècle ou pour dix ans. Au point de vue du grand intérêt de la stabilité, la solution a un immense intérêt il est vrai, mais elle est indifférente relativement à la liberté. En soi, la délégation, à quelque courte durée qu'elle soit, donne lieu aux mêmes objections, et elle ne présente plus en dehors de la Royauté héréditaire des avantages égaux pour assurer le pacifique développement des garanties que réclame la société civile et politique. La Monarchie a été souvent accompagnée d'institutions abusives, soit; mais c'est celle de l'avenir et non celle du passé qu'il faut envisager; il est visible qu'elle s'est perfectionnée avec la société à laquelle elle doit s'adapter, et cet examen approfondi montre qu'il n'est aucun progrès que le système représentatif ne puisse et ne doive lui faire subir. Je le dirai en toute sincérité, cette sorte de haine acharnée et violente que vouent bien des gens aujourd'hui à l'ordre dynastique n'est guère moins absurde que l'espèce d'idolâtrie dont quelques autres font profession. Un fanatisme a donné naissance à l'autre. Il appartient à notre époque avancée d'avoir des idées plus raisonnables et de considérer simplement la Royauté, entièrement dépouillée de tout caractère féodal, comme une institution qui a sa valeur relative de même que toutes les institutions humaines et qui s'adapte merveilleusement, dans de certaines circonstances, à l'existence libre et prospère d'un grand peuple.

XXII

Que l'aristocratie n'est pas indispensable au maintien de la Monarchie représentative.

Je n'ai point à indiquer ici les institutions secondaires qui doivent compléter l'organisation de la Monarchie représentative. Ces institutions varieront au gré des situations diverses où se trouveront placés les peuples. Il n'y a point assurément de moule unique où puisse être coulé l'établissement monarchique, non plus que tout autre. L'élément aristocratique y figurera partout où subsistera encore l'aristocratie; mais qu'on se garde de croire qu'il soit impossible de s'en passer. Nombre de personnes, surtout celles qui ont beaucoup étudié le gouvernement anglais, ont gardé cette persuasion, sans songer qu'il n'y a point en principe de conception moins raisonnable que celle de vouloir recréer tel élément social que la marche de la civilisation a détruit. Refaire de l'aristocratie chez un peuple quand pour ainsi dire la matière aristocratique n'existe plus est assurément la plus déraisonnable des tentatives, car il n'y a que Dieu qui puisse faire quelque chose de rien. Or il faut se refuser à l'évidence pour ne pas voir qu'en France nous sommes arrivés au point qu'il faudrait compter sur un miracle à cet égard. Dès 1791, Barnave s'écriait à la tribune de l'Assemblée nationale[1] : « Je le demande, existe-t-il encore *une autre aristocratie à détruire que celle de la propriété!* » En effet, depuis un siècle, les habitudes, les préjugés sur lesquels reposait l'existence des ordres privilégiés tombaient graduellement sous les atteintes de l'esprit philosophique. Survient la révolution de 1789 et la Constituante dont les décrets consacrent sans désemparer un changement déjà consommé dans les mœurs du pays ; chaque assemblée, chaque gouvernement apporte ensuite son tribut à l'œuvre. Les constitutions sont déchirées, les formes politiques se succèdent, le drapeau change de couleur, un seul fait reste constant, c'est l'abolition de l'ancienne société féodale. Le char a passé et repassé, et amoindri chaque fois les fragments épars de l'édifice qui n'est plus que poussière sur le sol.

XXIII

L'opinion contraire, véritable cause du renversement de la Monarchie représentative en France.

On ne nie point ceci, et toutefois s'est maintenue cette opinion souvent déguisée, mais qu'il est facile de pénétrer avec quelque perspicacité, que la société ne trouvera son salut que dans la création de quelque grande digue aristocratique. Cette opinion est à mes yeux une profonde et

[1] Discours du 15 juillet.

dangereuse erreur. Elle a été l'origine du système d'après lequel a été édifié l'édifice politique de 1814, modifié simplement en 1830, et elle n'a pas peu secondé les efforts des partis extrêmes dans leurs projets de renversement. En effet, au lieu de rattacher à l'établissement monarchique nouveau la bourgeoisie tout entière, depuis ses premiers jusqu'à ses derniers rangs, au lieu de l'asseoir sur cette base large et puissante, en la mettant à l'écart, cette bourgeoisie, en l'excluant de l'électorat, moins quelques censitaires d'élite, la Constitution l'a divisée, résultat inévitable, et a amené un état de choses où les générations nouvelles, vives et ardentes, se trouvaient en masse entraînées vers la faction démagogique. Aux jours de la lutte, la Monarchie est tombée! Elle est tombée, car d'une part elle n'avait pas pu se faire un rempart aristocratique de ces éléments puisés dans la bourgeoisie et amalgamés tant bien que mal autour d'elle, et de l'autre, cette bourgeoisie qu'elle avait repoussée dans sa grande majorité, ne s'est point levée pour la défendre! J'en demande pardon à tant d'hommes éminents qui ont concouru dans les trente-cinq dernières années à l'édification monarchique de la France : si cette édification n'a pas été plus solide, il y a de leur faute. Je crois fermement que si la situation sociale du pays eût été bien méditée, si l'on se fût moins préoccupé de suivre les traces de nos voisins d'outre-Manche qui sont placés dans des conditions si différentes, on eût réalisé une organisation politique adaptée à notre situation propre, armée d'une force suffisante contre l'agression violente des partis et qui serait encore debout.

XXIV

Que l'amélioration du sort des classes laborieuses doit être le caractère fondamental de la Monarchie moderne.

Le caractère spécial de l'établissement monarchique dont j'indique rapidement quelques traits principaux sera une sollicitude éclairée et constante pour l'amélioration du sort des classes ouvrières. Telle devra être la pensée dominante de l'organisation politique et administrative. Il est manifeste, en effet, que cette portion de la nation qui ne possède ni fonds de terre ni capital, qui vit du salaire de son travail, est désormais appelée à exercer une grande influence sur le sort de l'État. Elle peut toujours, d'un moment à l'autre, devenir un levier puissant entre les mains de ces individus, malheureusement trop nombreux, qui le lendemain d'une révolution faite en voient une à faire. En thèse générale, tous les soins du gouvernement monarchique doivent avoir pour but de s'attacher le peuple par le bien moral et matériel que réclame sa condition actuelle. On n'obtiendrait pas ce résultat en l'appelant simplement à l'exercice de vains droits politiques qui ne changeraient en rien cette condition. La vanité de quelques-uns en serait flattée; mais le bon sens de tous n'y verrait qu'un leurre destiné à faire prendre le change sur des améliorations positives et praticables qui se trouveraient de la sorte indéfiniment ajournées.

XXV

Mouvement de l'esprit républicain en Angleterre et en France depuis deux siècles.

Que si, en terminant cet exposé, il m'était permis d'essayer de lire dans un avenir plus ou moins prochain, je dirais que, selon toute probabilité, des considérations de la nature de celles que j'ai présentées s'empareront par degrés des esprits ; il me semble, en effet, impossible qu'elles ne regagnent pas peu-à-peu du terrain, parce qu'elles renferment des vérités fort simples que je n'ai assurément pas découvertes, que je n'ai fait que dégager de l'obscurité où l'esprit de parti s'est efforcé, depuis quelque temps, de les cacher. Alors l'*idée républicaine*, qui s'est exaltée en Europe dans quelques têtes, comme l'*idée religieuse* au seizième siècle, jusqu'au point d'amener une sorte d'aberration des facultés mentales, s'affaiblira comme le rêve d'esprits malades. C'est ce qui est déjà arrivé au surplus : l'Angleterre et la France ont tour-à-tour présenté ce fait étrange.

Lorsqu'eut été organisée la République de l'autre côté du détroit, elle eut aussi ses sectateurs ardents et enthousiastes ; la foi qu'ils prirent dans l'œuvre qu'ils avaient accomplie fut sans limites ; non-seulement l'éternité lui était promise pour cet État, mais elle devait bientôt s'étendre à tous les autres. Certain jour, un de ces fanatiques absurdes annonça en plein parlement que la révélation lui était faite de l'*abolition prochaine de la royauté* en France *et dans tous les royaumes environnants*[1]. Dix ans après, la restauration s'effectuait et ramenait la royauté sur le sol même de l'Angleterre, aux acclamations unanimes du peuple anglais, qui n'a guère songé depuis à la République !

On ignore généralement, en ce qui concerne notre pays, que lors des troubles de la Fronde, un mouvement républicain très-marqué se manifesta parmi la population française, entraînée par l'exemple que lui donnait le peuple voisin. Ceci est fort positif. Il en est fait mention dans les mémoires du temps, et j'en trouve un frappant témoignage dans le Recueil des Lettres du cardinal Mazarin à la reine Anne d'Autriche[2]. Dans ces lettres, le ministre s'alarme de cette tendance des esprits dont il considère comme le principal promoteur son rival le cardinal de Retz, qui, ajoute-t-il, disait ouvertement « que c'était une chose étrange de voir comme tous les peuples (*et particulièrement celui de Paris*) *étaient entièrement disposés à la République, qu'il royait quantité de personnes qui s'entretenaient là-dessus*, et particulièrement des confesseurs, lesquels reconnaissaient dans la confession cette démangeaison, concluant toujours ce discours en disant que Dieu voulait châtier la monarchie parce que les rois avaient abusé de leur pouvoir ! »

N'est-il pas bien curieux de voir ce mouvement républicain aboutir au règne le plus despotique de notre ancienne histoire monarchique! Et tel est encore le spectacle, il ne faut pas l'oublier, qu'offre le pays un siècle et demi plus tard. En 1793, la République, à laquelle il est de toute évidence que personne ne songeait en 1789, s'inaugure et s'organise. Tout prend la physionomie Républicaine; jusqu'au costume, jusqu'au langage. Il semble qu'il n'y ait plus de place dans la société nouvelle pour d'autres idées; on prête solennellement en toute occasion le serment de haine à la Royauté, et quelques années après s'ouvre le règne d'un nouveau Louis XIV, qui laisse loin derrière lui le premier en gloire et en despotisme; et la foi républicaine se trouve si bien éteinte dans les âmes que ni pendant qu'il est sur le trône, ni lorsqu'il en est renversé, nul ne se présente pour la représenter. Je le demande, dans ces promptes évolutions toute pensée perspicace ne lit-elle pas l'avenir qui attend une troisième fois les idées Républicaines?

XXVI

Avenir probable de l'institution républicaine.

Loin donc que la Monarchie ait, comme on dit, *fait son temps*, il semble au contraire que c'est la République qui fait le sien. Toutefois, l'Europe rendue à son état normal pourra présenter sur quelques points restreints, dans certaines cités maritimes par exemple, la République démocratique dans sa forme exacte. Là s'agiteront sans danger, enserrées dans un cercle étroit par les grandes Monarchies représentatives, ces passions qui fermenteront longtemps dans quelques cœurs et que vivifient des intérêts de nationalité fatalement confondus avec la question d'organisation politique. Ce seront comme autant de volcans où s'épuiseront en vaines et bruyantes éruptions ces feux qui trop violemment comprimés amèneraient peut-être de redoutables commotions.

Çà et là le socialisme ira s'éteindre dans quelques obscurs établissements semblables aux paisibles côngrégations chrétiennes qui ont remplacé l'anabaptisme barbare et dévastateur du seizième siècle. Le triomphe de quelque puissante oligarchie pourra faire vivre, dans certains États du second ordre, l'institution Républicaine, soit sous la forme unitaire, soit sous la forme fédérative. Enfin dans ces puissantes agrégations nationales où le génie de la civilisation a fait des conquêtes qui doivent changer la face du monde, la Monarchie représentative avec son cortége d'institutions protectrices d'une sage liberté, deviendra le véritable port de salut de la société moderne contre l'esprit de subversion qui la menace.

XXVII

Conclusion.

J'ai achevé la tâche que je m'étais donnée, d'examiner dans quelles circonstances et sous quelles conditions peut être réalisée l'institution Républicaine ou doit être préférée l'institution Monarchique. Si je me suis trompé, que Dieu m'éclaire! et puisse-t-il, si au contraire, selon la droiture de mon cœur, j'ai rencontré la vérité, donner quelque efficacité à mes paroles! Je l'ai dit en commençant, je n'ai pas eu d'autre ambition, en ce calme et patient examen, que d'affermir dans une foi commune tous ces esprits indécis, flottant entre toutes les doctrines, ne sachant plus où est le mal, où est le bien, où est le vrai, où le faux. Assez d'idées incohérentes, de vues chimériques, de systèmes téméraires ont été depuis quelque temps jetés dans la circulation intellectuelle. La société se fatigue et s'épuise dans cette sorte de pêle-mêle moral, elle halète sous l'essor des imaginations aventureuses qui ont la prétention de la guider. Bientôt doit arriver, si je ne me trompe, une de ces intermittences où la raison reprend un empire malheureusement toujours éphémère : redoublons d'efforts pour le rendre de plus en plus durable. Un jour il sera éternel !

APPENDICE

Extrait de la discussion relative à la révision de la Constitution de 1848.

Le débat solennel qui vient de se clore au sein de l'Assemblée nationale m'a paru fournir dans ses diverses parties une confirmation tellement imposante de la thèse soutenue dans cet écrit, que j'ai pensé qu'un extrait de cette discussion en serait le complément utile. J'offre au lecteur cet extrait. Je me borne à ce qui se rapporte directement aux questions que j'ai traitées, à la solution du problème que présente l'organisation politique actuelle du pays, laissant de côté, sans commentaire, toute cette portion personnelle et passionnée du débat, triste spectacle donné par l'esprit de parti aux sincères amis de la patrie et de la liberté.

Du reste, les fragments sont textuels : c'est le *Moniteur* qui parle avec sa haute impartialité ; pour que ce travail eût un bon résultat, en effet, il fallait que rien ne fût dissimulé des arguments produits contre l'opinion que je défends. Je m'y suis attaché avec scrupule.

Séance du 9 juillet.—Rapport de M. de Tocqueville.

M. le Rapporteur, après quelques considérations préliminaires, s'exprime en ces termes :

« Beaucoup de critiques lui ont été adessées (à la Constitution) :

nous nous bornerons à mettre ici brièvement en relief les deux principales, car si celles-là étaient fondées, elles suffiraient pour faire désirer la révision qu'on demande.

« La première s'attaque au mode même suivant lequel s'exerce la souveraineté du peuple dans l'un de ses principaux actes, l'élection de l'Assemblée nationale. Faire élire dans un même scrutin de liste dix représentants à la fois par cent mille électeurs, c'est vouloir, a-t-on dit, que la minorité puisse triompher ou que la majorité agisse au hasard. Un résultat faux ou un vote aveugle, telles sont les conséquences ordinaires d'un pareil système. Il est impossible, en effet, que la population entière d'un département ait aucun moyen d'apprécier le mérite de ceux qui s'offrent à ses suffrages. À peine la plupart des électeurs ont-ils jamais entendu parler d'un ou de deux des candidats; le nom même de tous les autres leur est inconnu. Qu'en résulte-t-il? Que, dans les contrées agitées ou dans les temps d'excitation publique, les partis violents imposent au peuple, sans le consulter, leur choix; que, dans les pays tranquilles et dans les temps calmes, la liste des représentants est formée à l'avance par quelques meneurs, en vue d'intérêts particuliers et pour satisfaire des haines et des amitiés personnelles; et cette liste est ensuite suivie par les électeurs comme le seul fil qui puisse les conduire au milieu des ténèbres qui les environnent. L'élection, qui a encore l'air d'émaner de l'ensemble des citoyens, est, en réalité, l'œuvre d'une très-petite coterie.

« La seconde critique qui a été faite à la Constitution, et que nous voulons vous signaler, a plus d'importance encore, puisqu'elle porte sur l'origine, la nature, les relations des deux grands pouvoirs qui font les lois et les appliquent.

« Une chambre chargée seule de faire la loi, un homme chargé seul de présider à l'application de toutes les lois et à la direction de toutes les affaires; tous deux élus de même directement par l'universalité des citoyens; l'Assemblée toute-puissante dans le cercle de la Constitution; le Président obligé de lui obéir dans la même limite, mais tenant de son élection une force morale qui permet d'imaginer la résistance et qui rend la soumission malaisée; pourvu d'ailleurs de toutes les prérogatives que possède le chef du pouvoir exécutif dans un pays où l'administration publique, partout répandue et mêlée à tout, a été faite par la monarchie et pour elle : ces deux grands pouvoirs égaux par l'origine, inégaux par le droit, condamnés par la loi à la gêne, conviés en quelque sorte par elle aux soupçons, aux jalousies, à la lutte ; obligés pourtant de vivre, resserrés l'un contre l'autre, dans un tête-à-tête éternel, sans rencontrer un intermédiaire ou un arbitre qui puisse les concilier ou les contenir : ce ne sont pas là les conditions d'un gouvernement et régulier et fort. »

L'orateur, après avoir signalé la situation qui se trouve préparée au pays par la cessation à peu près simultanée des deux grands pouvoirs de l'État, poursuit ainsi :

« Qu'on examine le mode d'élection présidentielle établi par la Constitution même, et l'on verra qu'il facilite, autant que la loi peut le faire, ce résultat révolutionnaire et funeste. Une grande nation répandue sur un très-vaste espace, une nation chez laquelle la sphère du pouvoir exécutif est presque sans limite et où le représentant unique de ce pouvoir est élu par l'universalité des citoyens votant directement, séparément, sans avoir eu aucun moyen de s'éclairer, de se renseigner, de s'entendre ; cela, je ne crains pas de le dire, ne s'est jamais vu chez aucun peuple de la terre. Le seul pays au monde qui présente quelque chose d'analogue est l'Amérique. Mais voyez la prodigieuse différence ! En Amérique, le suffrage direct et universel est la loi commune ; on n'a introduit qu'une seule exception à ce grand principe, elle s'applique précisément à l'élection du président. Le président des États-Unis d'Amérique émane aussi du vote universel, mais non directement. Et pourtant le rôle du pouvoir exécutif dans l'Union, messieurs, comparé à ce qu'il est et sera toujours, quoi qu'on fasse, en France, est un petit rôle ; malgré cela, dans ce pays, où la République existait pour ainsi dire depuis l'origine, sous la monarchie, dans les habitudes, les idées, les mœurs, et où elle a eu à apparaître plutôt qu'à naître, dans ce pays on n'a pas osé confier l'élection du représentant du pouvoir exécutif au hasard du vote direct et universel. Le pouvoir à élire a paru encore trop grand et surtout trop éloigné de l'électeur pour que le choix de celui-ci pût être éclairé et mûr. La nation américaine ne fait que choisir des délégués, lesquels choisissent le président. Ceux-ci représentent sans doute l'esprit général du pays, ses tendances, ses goûts, souvent ses passions et ses préjugés, mais ils sont pourvus du moins de connaissances que le peuple ne saurait avoir. Ils peuvent se faire une idée exacte des besoins généraux du peuple, de ses vrais périls, connaître les candidats, les comparer entre eux, peser, choisir ce que chaque citoyen, du fond de sa demeure, et souvent de son ignorance, au milieu des travaux et des préoccupations de sa vie privée, est incapable de faire. Aussi a-t-on vu, depuis soixante ans, les Américains écarter souvent de la première magistrature de la république des citoyens très-connus, quelquefois très-illustres, et choisir des hommes relativement obscurs, mais qui répondaient mieux aux besoins politiques du moment.

« Si les dangers du vote universel et direct, en pareille matière, ont ému les législateurs des États-Unis, combien ne doivent-ils pas nous frapper davantage, nous qui vivons dans un pays où la plupart des citoyens n'ont pas encore pris l'habitude de s'occuper des affaires politiques, où ils n'y songent que par hasard, et ne connaissent pas, même de nom, la plupart de ceux qui conduisent celles-ci ou croient les conduire, et où d'ailleurs ils ont déjà assez contracté les passions que la démocratie suggère, pour ne pas aimer placer à la tête du gouvernement un de leurs égaux, et pas assez acquis encore les lumières et l'expérience dont les peuples démocratiques ont besoin pour savoir s'y résoudre. Quel est, hormis peut-être des démagogues fameux que désignent et recommandent des passions intéressées et violentes, ou des princes que leur naissance fait voir de loin et met hors de pair, quel est le seul personnage dont le nom puisse aisément arriver à la connaissance et se fixer solidement dans la mémoire de ces millions d'électeurs ruraux qui couvrent la surface de la France, sinon celui de l'homme par qui la puissance publique s'est exercée pendant des années, qui a personnifié durant longtemps, aux yeux de chaque citoyen, cette administration centrale, que chez nous on voit partout, qu'on sent en tout et qu'on découvre tous les jours, sans la chercher au-dessus ou à côté de soi?

. . . .

« Convaincue de la nécessité d'une révision, elle (la majorité de la commission) s'est demandé de quelle espèce de révision il pouvait être question.

« Elle vous propose d'exprimer le vœu que la constitution soit revisée dans sa totalité.

« On a vu que les critiques les plus vives et les mieux fondées qui ont été faites à celle-ci portent sur le mode même suivant lequel s'exerce aujourd'hui, dans l'élection de l'Assemblée, et surtout dans celle du Président, la souveraineté du peuple; sur l'origine, le nombre et l'étendue des grands pouvoirs. Ce sont là, messieurs, les principales pièces de la machine du gouvernement; on ne saurait refaire celles-là sans toucher nécessairement à toutes les autres. Il y a donc obligation de remanier plus ou moins profondément, mais en totalité, l'ensemble de l'œuvre. La révision ne saurait être partielle.

« Mais en quoi la révision totale doit-elle consister? Avons-nous une prescription à faire sur ce point à la Constituante future, ou tout au moins une opinion à exprimer au pays? Quelle est l'étendue de notre droit en cette matière? Quel est notre devoir?

« Et, pour s'en tenir aux questions les plus générales et les plus importantes, la révision de la Constitution doit-elle avoir lieu en dedans ou en dehors de la République?

« On a soutenu dans le sein de la commission que la forme républicaine étant la seule expression du principe de la souveraineté nationale, la seule compatible avec son complet exercice, le principe républicain se confondait avec le principe même de la souveraineté du peuple, était comme lui inaliénable, imprescriptible, et que personne ne pourrait enlever aux citoyens le droit naturel de se gouverner ni enchaîner les générations futures, en fondant un système de gouvernement qui avait sa raison d'être en lui-même, et qui, de sa nature, était ou prétendait être immortel.

« Ces idées, messieurs, ont été repoussées par la très-grande majorité de votre commission. Nous ne saurions un moment admettre une théorie qui, au nom de la souveraineté du peuple, pourrait mener à retenir le peuple malgré lui-même dans des formes politiques qu'il jugerait contraires à ses mœurs, à son esprit, à sa grandeur, à son bien-être.

« Sans nous étendre à la débattre longuement, nous avons recherché si, en fait, il convenait de poser la question de république ou de monarchie.

« Nous sommes tous tombés d'accord que nous n'aurions pas le droit, lors même que nous en aurions le désir, de proposer à la nation de sortir de la République. Nous sommes une Assemblée législative élue en vertu d'une constitution républicaine, et tenant tous nos pouvoirs de cette constitution. La République est le gouvernement légal de notre pays, et nous faisons partie de ce gouvernement : nous n'avons donc pas le droit d'en attaquer le principe.

« La majorité de votre commission a également pensé que nous n'avions pas le droit d'imposer la forme républicaine, comme formule générale de gouvernement, à la prochaine Constituante.

« En fait, il y aurait quelque chose d'un peu puéril à vouloir enchaîner d'avance les volontés d'une assemblée souveraine qui absorbe en elle tous les pouvoirs, et qui les exerce tous ; car la Constitution, prévoyant que deux Assemblées nationales ne pouvaient siéger en même temps, a pris soin de dire que la Constituante, indépendamment de ses travaux naturels, aurait la faculté de faire les lois urgentes. Comment une assemblée, qui n'a pas été originairement nommée pour s'occuper de la Constitution, et qui, d'ailleurs, a déjà plus de deux ans d'existence, pourrait-elle limiter l'Assemblée qui sort du peuple, et vient de recueillir la pensée nationale ?

. . . .

« Après avoir fait voir à l'Assemblée quel est l'esprit qui a dirigé la commission dans son travail, et quelles sont les conclusions générales auxquelles elle est arrivée, il ne nous reste plus qu'à indiquer très-sommairement les raisons qui nous portent à écarter toutes les propositions de révision qui ont été faites, et à vous proposer nous-mêmes une rédaction nouvelle, que nous allons vous faire connaître.

« Quatre propositions individuelles ont été déposées. La commission a entendu successivement chacun de leurs auteurs.

« La première appartient à l'honorable M. Larabit. Elle est ainsi conçue :

« J'ai l'honneur de soumettre à l'Assemblée législative la pro-
« position suivante :

« 1° Que l'Assemblée émette le vœu d'une révision de l'art. 45
« de la constitution en ce qui concerne la rééligibilité du Président
« de la République ;

« 2° Que cette révision ne soit pas déférée à une nouvelle
« Assemblée constituante, mais remise à la souveraineté du peuple
« français, appelé à voter librement pour l'élection d'un Président
« de la République ;

« 3° Qu'à cet effet une proclamation de l'Assemblée avertisse le
« peuple français qu'à lui seul, en vertu de sa souveraineté, appar-
« tient de dire, par ses votes, s'il veut ou non réélire le même
« Président de la République. »

« Votre commission a le regret de vous dire qu'elle n'a pu voir dans cette proposition qu'un moyen de rapporter vous-mêmes, qui êtes sur ce point sans aucun droit, l'art. 45 de la constitution, ou une sorte d'incitation donnée au peuple par l'Assemblée de violer cet article.

« Elle vous propose, à l'unanimité, de repousser la proposition par la question préalable.

« Depuis que cette résolution a été prise, l'honorable M. Larabit ayant déclaré qu'il divisait sa proposition originaire, et que, sans abandonner la première partie, il faisait une proposition séparée de la seconde, la commission a dû de nouveau délibérer.

« La seconde partie de la proposition de M. Larabit, qui consiste à dire que la révision ne porterait que sur l'art. 45, n'a rien d'inconstitutionnel. Votre commission ne vous demande donc pas de l'écarter, comme la première, par la question préalable, mais de la repousser par les raisons déjà données, qui lui font croire que la révision doit être totale et non partielle.

« La seconde proposition émane de l'honorable M. Bouhier de l'Écluse ; elle portait originairement :

« Le deuxième dimanche de mai 1852, tous les électeurs de la
« France, réunis dans leurs collèges électoraux respectifs, seront
« appelés à procéder par le suffrage universel, tel qu'il existait
« avant la loi du 31 mai, de la manière et d'après le mode suivi
« alors :

« 1° A la nomination, en exécution et dans les termes de l'ar-

« ticle 45 de la constitution, d'un Président prev…
« blique ;
« 2° A la nomination d'une nouvelle Assemblée constituante,
« investie du mandat spécial du peuple et de pleins pouvoirs, à
« l'effet de procéder à la révision totale de la constitution, et de dé-
« clarer le gouvernement de la France. »

« Le premier article de cette proposition sortait évidemment,
comme on le voit, des termes de la constitution, et nous avions dû
l'écarter par la question préalable. Depuis, M. Bouhier de l'Écluse
a déclaré renoncer à l'art. 1er. Votre commission ne vous demande
donc plus de repousser la proposition ainsi réduite de M. Bouhier
de l'Écluse par la question préalable, mais elle est néanmoins d'avis
de l'écarter.

« La proposition de M. Bouhier de l'Écluse traite non-seulement
de la révision de la constitution, mais du mode suivant lequel l'Assemblée constituante serait élue. Ces deux questions ont entre elles
des rapports intimes sans doute, mais elles ne peuvent se trouver
renfermées dans la même résolution, ni tranchées par le même vote :
car, pour décider l'une, il faut les trois quarts des voix, tandis qu'il
suffit pour l'autre de la majorité simple des votants.

« De plus, il a paru à votre commission que cette proposition
avait pour objet d'amener l'Assemblée nationale à poser devant le
pays la question de République et de Monarchie, ce que nous ne
pensons pas avoir le droit de faire, ainsi que nous l'avons précédemment dit.

« L'honorable M. Creton, l'auteur de la troisième proposition,
vous engage à émettre un vœu de révision sous cette forme :

« Art. 1er. L'Assemblée émet le vœu qu'à l'expiration de la législ-
« lature, une Assemblée constituante soit convoquée, à l'effet de
« procéder à la révision totale de la constitution de 1848.

« Art. 2. En émettant le vœu de révision totale, l'Assemblée lé-
« gislative entend que les pouvoirs de l'assemblée de révision se-
« ront illimités, et que cette Assemblée établira définitivement les
« bases du gouvernement et de l'administration du pays.

« En conséquence, l'Assemblée nationale constituante sera d'a-
« bord appelée à statuer entre la République et la Monarchie.

« Art. 3. Dans le cas où la République serait confirmée, l'As-
« semblée décidera si le pouvoir législatif doit être délégué à deux
« Assemblées, et si le pouvoir exécutif ne doit pas être élu par les
« deux Assemblées réunies.

« Art. 4. Dans le cas où la monarchie serait adoptée, l'Assem-
« blée rédigera et promulguera une charte constitutionnelle dont
« l'observation devra être jurée par le chef de l'État à son avène-
« ment au trône.

« L'Assemblée procédera, dans la plénitude des pouvoirs qui

« lui auront été délégués par le peuple français, à la désignation
« de la personne qui sera revêtue du pouvoir monarchique, pour
« le transmettre héréditairement. »

« On voit que le caractère distinctif de cette proposition est
d'obliger la Constituante future à se prononcer entre la République
et la Monarchie. Nous avons opposé précédemment les raisons qui
nous portent à penser que l'Assemblée nationale actuelle n'a pas
ce droit-là; nous avons dit pourquoi, corps républicain, agissant
en vertu d'une constitution républicaine, et tenant d'elle seule tous
nos pouvoirs, il ne nous était pas permis de mettre en question la
République. Au peuple seul, dont nous ne sommes que les mandataires, appartient de poser et de résoudre une question de cette
espèce. La commission, à une très-grande majorité, a écarté la
proposition de M. Creton.

« Les mêmes objections ne sauraient être adressées à la proposition de M. Payer. Celle-ci est ainsi conçue :

« Art. 1er. Une Assemblée constituante est convoquée pour le 3
« novembre 1851, à l'effet de réviser les art. 20, 21, 30, 41, 45,
« 76, 77, 103 de la Constitution.

« Art. 2. Les élections auront lieu le dimanche 19 octobre
« 1851, d'après les listes dressées conformément à la loi du 15
« mars 1849.

« Art. 3. Pendant toute la durée de l'Assemblée constituante,
« l'Assemblée législative actuelle sera prorogée. »

« Le reproche le plus grave qu'on ait adressé à la proposition de
l'honorable M. Payer, c'est qu'elle tend à une révision partielle, ce que
la commission considère, par les raisons qu'elle a données, comme
peu praticable. Si son opinion sur ce point avait besoin de preuves,
celles-ci se rencontreraient dans l'examen de la proposition même
de l'honorable M. Payer.

« Que propose-t-il, en effet, de réformer ?

« 1° Le système électoral et le mode suivant lequel doit s'exercer la souveraineté du peuple ;

« 2° Le pouvoir législatif dans sa constitution même ;

« 3° Les conditions d'origine du pouvoir exécutif ;

« 4° Le système d'administration du pays.

« Nous demandons comment il serait possible de toucher à ces
parties vitales de la Constitution sans atteindre plus ou moins profondément toutes les autres ; après avoir introduit de pareils changements dans la loi fondamentale, il est évident qu'il serait nécessaire de remanier la Constitution tout entière, pour établir de
nouveaux rapports et une nouvelle harmonie entre toutes ses parties ; il n'y a presque pas de révision partielle (pour peu qu'elle ait
de l'importance, et ce n'est qu'en vue de révision de cette nature
qu'il est sage de remettre en question la Constitution du pays), il

n'y a pas, disons-nous, de révision partielle sérieuse, qui n'entraîne le système de la révision totale.

« Votre commission, messieurs, vous propose de repousser la proposition de M. Payer.

« Restait la proposition collective déposée par deux cent trente-trois de nos collègues. Ceux d'entre eux qui font partie de la commission ayant déclaré eux-mêmes que la rédaction à laquelle eux et leurs amis politiques s'étaient arrêtés n'avait eu pour objet que d'exprimer une idée générale, et ne pouvait que servir d'élément ou tout au plus de fondement à la résolution définitive, cette rédaction a été écartée, et notre honorable président nous a soumis la proposition suivante, qu'il a considérée comme reproduisant la proposition déposée par deux cent trente-trois de nos collègues, dans tout ce que celle-ci avait de principal :

« L'Assemblée nationale, vu l'art. 111 de la Constitution, émet
« le vœu que la Constitution soit revisée en totalité, conformément
« audit article. »

« Cette rédaction résume et précise les opinions de la majorité que nous vous avons fait connaître ; elle a été adoptée par neuf voix contre six. Nous avons été chargé de vous en demander l'adoption. »

Séance du 15 juillet.

M. PAYER. L'orateur, après quelques mots relatifs à sa proposition spéciale de révision, poursuit ainsi :

« Je considère la République comme fondée dans notre pays, je la regarde comme acceptée par tous, quels que soient les motifs de leur acceptation, que ce soit l'affection, la résignation ou la nécessité, et je veux seulement l'améliorer. Votre commission, au contraire, dans son texte, propose de remettre en question la République. Vous voyez que nous ne pouvons pas être d'accord.

« Mais puisqu'on porte la discussion sur ce terrain, je ne le déserte pas, et je l'aborde sans esprit de parti, comme le disait M. le président tout à l'heure, mais avec le sentiment du devoir et l'histoire à la main, en prenant pour point de comparaison le gouvernement monarchique que nous connaissons le mieux, le gouvernement de Juillet ; car je ne suis, messieurs, ni un rhéteur vivant dans le monde des chimères, ni un enfant se berçant d'illusions. Et, d'abord, pourquoi la commission veut-elle remettre en question la République ? Est-ce que la République aurait besoin d'une nouvelle consécration, d'un deuxième baptême ? Est-ce qu'elle aurait quelque chose à envier, sous le point de vue de son origine, au gouvernement monarchique ?

« Voyons : En 1830, messieurs, la couronne fut arrachée à un vieux roi ; 221 députés la prirent et la déposèrent sur la tête du duc d'Orléans ; ils firent plus : ils improvisèrent à eux seuls une Constitution en quatre jours. Où était leur mandat ? Messieurs, en 1848, un vieux roi aussi laissa tomber sa couronne, pour me servir de l'expression de notre honorable collègue le général de Grammont ; le gouvernement était en déshérence, quelques citoyens généreux s'en emparèrent.

« Ils s'en emparèrent, non pas comme l'avaient fait les 221 membres de l'Assemblée de 1830, pour le conserver, et le donner à un autre sans le consentement de la nation ; ils s'en emparèrent pour ne pas le laisser tomber dans les mains de l'anarchie, et en annonçant qu'immédiatement le pays serait consulté et qu'une assemblée constituante serait convoquée pour recevoir ce pouvoir qu'ils avaient recueilli.

« La Constituante fut nommée, et non-seulement elle proclama la République au 4 mai, mais sa Constitution fut discutée pendant trois mois dans les bureaux, et aux trois délibérations successives l'article qui déclare que la France s'est constituée en République fut voté à l'unanimité. Il y a encore ici, dans cette enceinte, un grand nombre de membres qui ont siégé dans l'Assemblée constituante ; qu'ils le disent, en est-il un seul qui ait reçu de ses électeurs, à cette époque, le mandat de venir fonder tout autre gouvernement que celui de la République ?

« La République n'a rien à envier à aucun gouvernement, sous le rapport de l'origine ; il n'y a pas en Europe un gouvernement qui ait une origine aussi imposante, aussi universelle.

« Est-ce que la République serait un gouvernement qui présente moins de stabilité que la Monarchie ? Voyons !

« Messieurs, le gouvernement de Juillet a constamment honoré la révolution d'où il est sorti. Il a élevé sur la Bastille une colonne pour en rappeler le souvenir ; il a décoré du titre de *glorieuses* les journées de Juillet ; il a fondé une décoration spéciale pour ceux qui avaient combattu ; il leur a donné des récompenses nationales, et a décerné le titre de héros à ceux qui étaient morts dans ces journées. Et non-seulement il a ainsi honoré sa révolution, mais il a eu soin de défendre, sous des peines sévères, qu'on discutât son principe, parce que, comme le disait M. le président de la commission à cette époque, tout gouvernement qui laisse discuter son principe est sûr de périr tôt ou tard. En outre, tous les fonctionnaires qui avaient quelque sympathie pour le gouvernement déchu ont été exclus de leurs fonctions ; et cependant le gouvernement de Juillet est tombé avec une soudaineté, avec une rapidité extraordinaire.

« Au contraire, messieurs, la République a vu sa révolution calomniée ; on n'a point donné de récompenses nationales à ceux qui s'étaient battus pour elle; on ne les a point transformés en héros; on n'a point décoré du titre de *glorieuses* les journées de Février.

« On n'a point fait des journées de Février des journées de réjouissance; on en a fait des journées de deuil. La République a vu tous ses serviteurs, tous ses partisans exclus des fonctions publiques; on a discuté son principe, on l'a calomnié, on l'a injurié, et néanmoins, messieurs, la République subsiste, et la commission de révision constate même son impuissance à la renverser.

« Ce n'est donc point encore parce que le gouvernement de la République est un gouvernement qui n'est point viable, que la commission propose de remettre la République en question. »

L'orateur s'attache à comparer, sous divers rapports, la Monarchie de juillet et la République actuelle, et trouve que tout l'avantage est du côté de la dernière.

M. DE FALLOUX. « Messieurs au moment où j'ai commencé à réfléchir aux paroles que je vous apporte aujourd'hui, j'ai rencontré, dans une page de notre histoire, une pensée qui m'a profondément frappé. C'est sous son impression que j'ai continué à me préparer à aborder cette redoutable tribune, qui n'a jamais été plus qu'aujourd'hui redoutable, et pour personne plus que pour moi.

« C'est aussi sous les auspices de cette pensée que je vous demande à placer tout d'abord mon langage :

« Ne rien exposer au hasard de ce qui peut être assuré par la
« prudence. C'est toujours l'impatience de gagner qui nous fait
« perdre. L'espérance trompeuse fait mal parler et mal agir..... Se
« garder de l'espérance, mauvais guide. »

« C'est une pensée de Louis XIV, écrite de sa propre main dans ses Mémoires.

« Je l'ai prise pour moi, messieurs, et je l'ai profondément méditée, mais je la répète pour tout le monde.

« Soyez donc bien sûrs que ce n'est ni l'impatience, ni l'espérance, ni aucun sentiment personnel que vous puissiez supposer, qui me presse de parler aujourd'hui. Bien loin de là : le rendez-vous solennel nous est donné, nous est imposé par la Constitution. Il n'a été provoqué par aucun de nous, et il n'était pas même désiré.

« Ce n'est donc, je le répète, aucun sentiment personnel qui dicte mes paroles, aucun empressement.

« Je me suis rappelé aussi qu'on disait autrefois : « Tout magis-
« trat qui n'est pas un héros de probité n'est pas même un honnête
« homme. »

« Eh bien, je dis aujourd'hui, dans cette circonstance solennelle :

10.

Tout représentant qui n'est pas un héros de désintéressement, d'abnégation, de patriotisme, n'est pas un honnête homme.

« C'est sous cette réprobation solennelle, c'est sous cette malédiction que je place d'avance mes paroles, si elles ont une autre inspiration.

« Maintenant j'aborde devant vous, comme je l'ai abordé vis-à-vis de moi-même, ce que je considère comme la première question : Avons-nous le droit de révision ? Dans quelle mesure devons-nous l'exercer ? Ce droit de révision, je comprends que personne ne nous le conteste dans le sens strict et constitutionnel du mot. Mais on nous le conteste moralement, on nous dit : Vous avez porté une atteinte quelconque au suffrage universel ; tant que cette atteinte existe, vous ne pouvez pas moralement réviser la Constitution. Je prends en extrême considération cette difficulté, parce qu'elle s'adresse à l'honneur de tout le monde ; mais seulement pour moi, c'est l'assertion contraire qui est vraie.

« On nous dit : Retirez la loi du 31 mai, nous vous accorderons la révision. Moi, je dis : La seule manière de retirer la loi du 31 mai, c'est d'avoir la révision. Ce n'est que par la révision, après la révision qu'on peut retirer la loi du 31 mai.

« Sous l'empire de quelle idée a été présentée et votée la loi du 31 mai ?

« Non pas sous l'idée que ce fût la meilleure loi possible, que ce fût une loi qui ne rencontrait pas d'objection et qui n'avait pas d'inconvénient. On jugea que c'était la seule loi possible avec les entraves qu'impose la Constitution actuelle, entraves qui sont telles qu'il n'y a pas une seule organisation du suffrage universel possible avec la Constitution actuelle.

« Voilà la pensée-mère, l'unique pensée de la loi du 31 mai. Les entraves imposées par la Constitution ont fait du suffrage universel, non pas selon mon dire à moi, mais selon le dire de quelqu'un dont vous ne récuserez pas l'autorité, de M. de Lamartine qui s'est associé à la promulgation de la loi du suffrage universel par le gouvernement provisoire ont fait une pure loterie, une loterie qui livre le suffrage universel au hasard, aux cabales, aux factieux et aux idiots.

« Voilà les expressions amoindries ; car on amoindrit toujours M. de Lamartine quand on ne le cite pas textuellement ; voilà les expressions dont il se sert dans un livre publié par lui avant la loi du 31 mai, et intitulé solennellement *le présent, le passé, l'avenir.*

« Voilà dans quels termes il parle du suffrage universel tel qu'il est organisé dans les conditions de la Constitution, et il ajoute : Le suffrage universel ainsi organisé ce n'est qu'une idée, ce n'est qu'un principe, de jour en jour il attend son organisation : on a essayé de la faire dans la loi du 31 mai, mais on l'a faite très-incomplétement, j'en conviens plus que personne. J'entrerai dans les détails quand nous discuterons la loi électorale, et j'y interviendrai pour favoriser les modifications que la justice et l'équité peuvent réclamer. Mais il n'en est pas moins vrai que la loi du 31 mai ne peut être modifiée fondamentalement que quand la Constitution ayant disparu, nous reprendrons toute la latitude.

« L'objection morale, je ne puis donc pas l'accepter, et je la renvoie retourner à nos adversaires. Mais il y en a une autre de même ordre qui m'aurait touché plus profondément encore. Eh bien, oui, si, contre toute raison, nous cédions aux exigences de cette Constitution qui place le suffrage universel dans des conditions si sévèrement caractérisées par ses amis les plus irrécusables ; si nous cédions à cette sorte de défi, si nous abrogions la loi du 31 mai, qu'est-ce que nous aurions gagné, messieurs ? Rien. Nous aurions désarmé la société, nous n'aurions pas conquis à l'ordre, nous n'aurions pas enlevé aux chances de la guerre civile un seul argument ni un seul partisan.

« Le suffrage universel n'a jamais été défendu que par nous ; il n'a jamais lié que nous, il ne lie encore que nous. De ce côté (la gauche) il n'a jamais lié personne depuis trois ans ; il ne lierait pas davantage à l'avenir.

« Assurément, si le suffrage universel devait préserver à tout jamais cette société épuisée des épuisements nouveaux de la guerre civile, il n'y a pas de sacrifice qu'on ne dût faire à cette pensée ; il n'y a pas un sacrifice que, pour mon compte, je me crusse le droit de refuser. Mais remarquez-le, le suffrage universel a été en toute circonstance attaqué par le côté qui s'en prévaut aujourd'hui pour nous lier ; il était attaqué avant la réunion de la Constituante ; il a été attaqué dans cette enceinte le 15 mai ; il a été attaqué le 23 juin, il a été attaqué le 13 juin ! Enfin, ce n'est pas assez de l'avoir attaqué en fait, on l'attaque doctrinalement, on l'attaque fondamentalement aujourd'hui. M. de Girardin, qui défend maintenant la thèse qui malheureusement pour moi n'est pas la mienne vis-à-vis de lui, M. de Girardin a vu échouer son élection à Paris, parce qu'il a refusé de mettre la République au-dessus du suffrage universel, et l'honorable général Cavaignac professera, je crois, à cette tribune, comme il l'a professé dans la commission... que le suffrage universel est inférieur à l'idée fondamentale et primitive de la République.

« Lors donc que le suffrage universel ne lie que d'un côté, lors donc qu'il ne lie ni en fait, ni en doctrine, ceux qui le réclament de la façon la plus impérieuse, je dis que nous sommes libres non-seulement constitutionnellement, personne ne le conteste, mais moralement, ce qui, pour moi, est aussi nécessaire que d'être libres constitutionnellement, nous sommes libres, nous pouvons réviser.

« Dans quelle mesure devons-nous réviser? Sera-ce la révision partielle? sera-ce la révision totale?

« Si la révision partielle suffisait aux besoins et aux exigences de mon pays, j'y consentirais aussitôt et immédiatement; mais, selon moi, la révision partielle ne peut produire qu'une chose, une illusion et la plus fatale des illusions. Je ne puis donc consentir qu'à la révision totale.

. . . .

« Mais réviser beaucoup, réviser tout, c'est aller bien loin, c'est un autre inconvénient, c'est aller à la monarchie : ah! oui, j'en conviens.

« Et l'on ajoute : « Le pays n'est pas mûr pour la monarchie. »

« Ah! le pays n'est pas mûr pour la monarchie! c'est possible; je n'en sais rien; mais c'est bizarre : il y a deux ans à peine, j'entendais à cette tribune les républicains les plus compétents nous déclarer que la France n'était pas mûre pour la République.

« Est-il donc possible que notre pays ne soit mûr ni pour la République ni pour la Monarchie? Lui fait-on cette injure de croire et de dire qu'il ne peut supporter qu'un régime bâtard, que des institutions qui se démentent elles-mêmes et qui ne reposent sur aucun principe fixe, fondamental, historique et hautement avoué? Osera-t-on parler et dire cela de la France à cette tribune? Je ne le crois pas.

« La France sait où est son mal, elle sait où est sa souffrance, elle sait son histoire, elle sait son passé : elle sait donc pourquoi elle n'est pas mûre, elle sait si elle veut la République ou si elle veut la Monarchie; à coup sûr elle sait ce qu'elle veut, ce qu'il lui faut; et quand on en parle comme d'un enfant, comme d'un pupille mineur dont on prévient ou dont on évite ainsi de faire la volonté, on lui adresse une injure que, pour mon compte, je repousse du plus profond de ma conscience et de mon patriotisme.

« Ce qu'on veut dire, messieurs, car enfin ce mot a tellement cours qu'il faut bien qu'il repose sur quelque chose, ce qu'on veut dire quand on dit que la France n'est pas mûre pour la monarchie, c'est ceci : On veut dire que les hommes politiques ne sont pas mûrs pour la concorde. Cela est vrai, c'est malheureusement trop vrai; mais si nous attendions que cette maturité soit venue pour procéder au remède, nous attendrons trop longtemps. Il y a là un cercle vicieux dont le pays seul a le droit et l'autorité de nous faire sortir.

« Ainsi donc, ces objections ne m'ont pas arrêté : je n'ai voulu écouter ni la peur ni l'irrésolution; l'une et l'autre tiennent un langage auquel je ne crois pas : la peur crie au *spectre rouge!* elle réclame les douceurs et les splendeurs du bas empire. Eh bien . le spectre rouge , il existe, et je vais vous dire ce que j'en pense. Il existe, il marche ; il marche malgré une administration habile et bien intentionnée ; oui , et je m'enquiers souvent de sa marche ; mais quand je veux en avoir de nouvelles, ce n'est pas de ce côté (le côté gauche) que je regarde, c'est de celui-ci (le côté droit).

« Tant valent nos divisions, tant valent ses chances, il n'en a pas d'autres.

« Tant valent les parts que nous faisons à nos vieux ressenti-ments, à nos récriminations, à nos amertumes personnelles, tant vaut son avenir... C'est nous qui le faisons ; c'est de ce côté (le côté droit) qu'il faut regarder quand on veut voir ce qui se passe ici. Et quand ici nous arriverons, sous la pression, sous le mandat du pays, à nous regarder tous les uns les autres, et à voir si nous voulons obéir ou à nos pensées personnelles ou à notre patriotisme, ce jour-là ce sera le patriotisme qui l'aura emporté ; quand nos mains et nos cœurs se seront confondus, ce jour-là nous nous retournerons vers le spectre rouge, il aura disparu.

« Messieurs, je n'accorde pas davantage au langage de l'irrésolu-tion. Elle s'est emparée d'une parole très-célèbre appartenant à un des plus illustres membres de la majorité ; elle s'en est emparée et l'a conduite, je crois, beaucoup plus loin que l'intention de son auteur.

« On dit : « La République est le terrain qui nous divise le moins : « par conséquent, demeurons-y. »

« L'honorable M. Thiers sait à quel point je professe pour lui la reconnaissance personnelle. Aucun homme politique ne m'a accueilli, au début de ma carrière, avec une bienveillance plus indulgente que lui, et personne, parmi ceux qu'il a encouragés dans sa vie, n'en a été et n'en demeurera toujours plus recon-naissant que moi. J'ai donc besoin, pour ma satisfaction person-nelle, en m'attaquant à cette pensée, de m'attaquer bien plus à ceux qui s'en sont fait une arme pour la perpétuité indéfinie de la République qu'à lui-même.

« Eh bien, cette pensée : « la République est le régime qui nous « divise le moins, » pour moi, telle qu'elle a été commentée et acceptée par le public, elle est fausse. La République, ce n'est pas le régime qui nous divise le moins, c'est le régime qui nous permet de demeurer divisés, c'est bien différent, c'est le régime qui nous permet de rester divisés les uns vis-à-vis des autres, loyalement, honorablement, commodément aujourd'hui ; demain peut-être non.

« Eh bien, c'est là un avantage dont nous avons joui trois ans : c'est assez, n'en abusons pas.

« Ce régime qui nous divise le moins, c'est celui qui ruine la France, c'est celui qui annule toutes ses forces, c'est celui qui condamne le grand parti de l'ordre à encourir la responsabilité d'une radicale et invincible impuissance, c'est le régime qui condamne notre pays non-seulement à l'immobilité, mais à la léthargie, à cette sorte d'état dans lequel on conserve encore assez de perception pour voir que l'on creuse votre fosse et que l'on coud votre linceul, mais pas assez pour pousser le cri ou faire le mouvement qui vous sauverait.

« Voilà l'état que nous devons au régime qui nous divise le moins.

« Eh bien, cet état ne peut pas durer pour un peuple sans devenir mortel ; c'est la léthargie. Et, on le sait, pour la léthargie il faut le réveil ou la mort.

« Ainsi donc, il faut nous mettre franchement et courageusement à l'œuvre ; il faut nous y mettre en sondant le mal dans toute sa profondeur, et en cherchant à appliquer, non pas un palliatif, mais un remède à ce mal.

« Et pour sonder ce mal, pour chercher ce remède, demandons-nous bien si nous sommes assis solidement autour d'une table rase, pouvant faire en paix et en sécurité notre œuvre, ou si nous ne sommes pas plutôt sur un plan incliné, glissant d'heure en heure, suspendus de toute la force de nos muscles au-dessus d'un abîme, tour de force que les nations ne peuvent faire indéfiniment, pas plus que les individus.

« Eh bien, nous ne sommes pas aujourd'hui assis sur un roc solide pour y établir les fondements des temps anciens ou des temps nouveaux ; nous sommes sur le plan incliné ; et si vous voulez savoir combien nous avons glissé, si vous voulez savoir le chemin que nous avons fait sur cette pente rapide, eh bien, prenons des dates ; faisons, en bien peu de mots, une revue par époque, par faits, par idées.

« Ainsi, par exemple, prenons, comme fait, la garnison de Paris en 1815, en 1830, en 1848 ; cela répond aux précautions de l'ordre matériel qui préoccupe beaucoup de gens, et moi tout le premier.

« En 1814, en 1815, les plus formidables événements s'accomplissent, personne ne sait s'il y a une garnison de Paris. En 1830 d'énormes événements s'accomplissent, il y avait à Paris une garnison de 8 à 10,000 hommes. En 1848, d'énormes événements s'accomplissent encore, il y avait une garnison de 40, de 50,000 hommes. Et aujourd'hui, après deux ans de République, on ne dit plus la garnison de Paris, on dit l'armée de Paris, et on compte par 60 et 80,000 hommes.

« Voilà, pour les faits, les degrés descendus sur le plan incliné.

« Maintenant, voyons pour les idées.

« En 1814 et en 1815, personne n'entend parler d'une théorie sociale, d'une théorie républicaine, d'une théorie politique quelconque; chacun ne se préoccupe que de savoir où sera placé le gouvernement. En 1830, au bout de quinze ans, les républicains se montrent, les républicains sont en état d'être comptés et d'être écartés, et en 1848 les républicains l'emportent; les socialistes se montrent derrière les républicains.

« En 1830, les clubs s'ouvrent; une patrouille de la garde nationale vient à passer, les clubs sont fermés. En 1848, les clubs couvrent la France, et, à l'heure qu'il est, ils ne sont que temporairement interdits. En 1830, les saints-simoniens ouvrent une école, une chaire, une tribune; Paris y va, on y va, j'en demande pardon à ceux que ces souvenirs pourraient blesser, on y va par curiosité, par partie de plaisir, et, au bout de quelque temps, que reste-t-il des saints-simoniens? Quelques hommes, toujours de beaucoup d'esprit, entrant dans les journaux conservateurs, entrant dans l'administration, entrant dans l'armée, et quelques-uns, très-peu, se retrouvent encore aujourd'hui, et n'en portant plus le nom, dans cette Assemblée.

« Voilà tout le mouvement intellectuel et radical de 1830.

« En 1848, ce ne sont plus seulement les délassements ou les distractions de la capitale qui conduisent aux clubs socialistes, communistes, tous mots que je ne répète à cette tribune qu'avec une grande affliction; ce n'est plus une faction; c'est, dit-on, l'avenir tout entier du pays.

« Voilà le progrès dans les faits, voilà le progrès dans les idées, voilà la pente sur laquelle on vient nous dire : Nous sommes bien ici, plantons-y une tente et jetons-y des fondements pour une œuvre solide ou pour une œuvre transitoire.

« Eh bien, ces faits si effrayants pour moi, ces faits que je n'ai creusés et que je ne vous présente ici que très-sommairement, en glissant, et avec une profonde douleur, ces faits, comment s'expliquent-ils? Selon moi, par une théorie très-simple : c'est que, successivement, chacune des vraies forces du pays, chacune des vraies puissances de l'ordre dans ce pays a voulu successivement et isolément se charger du pays à elle toute seule.

« En 1830, les royalistes (je juge leurs fautes, je vous prie de le croire, avec autant d'impartialité que qui que ce soit dans cette enceinte), les royalistes étaient arrivés à cette situation de vouloir gouverner le pays à eux tout seuls : ils ont succombé.

« Les libéraux, qui étaient la grande force morale, la grande force politique de ce moment-là, ont dit : Nous écarterons bien les républicains; nous nous faisons forts de la République et des républicains; nous gouvernerons le pays à nous tout seuls. Ils l'ont gouverné, et tout le monde sait que ni talent, ni l'autorité, ni le succès ne leur ont manqué, et ils ont succombé.

« En 1848, les républicains ont dit, à leur tour, ce que les libéraux avaient dit en 1830; ils ont dit : « Nous nous faisons forts du
« socialisme et du communisme ; ne craignez rien ; nous républi-
« cains, qui ne sommes ni les anciens hommes monarchiques de
« 1815, ni les anciens libéraux de 1830, nous nous chargeons de
« gouverner le pays ; soyez tranquilles, le socialisme et le commu-
« nisme, ce n'est rien. » Combien cela a-t-il duré ? Vous le savez :
« deux mois, trois mois... les républicains ont disparu. Le socialisme, le communisme ne les ont pas remplacés immédiatement,
cela est vrai ; et il est venu à la traverse, il est venu inopinément
le régime actuel. Mon Dieu ! je le caractériserai par un mot, parce
que c'est un mot court, parce que c'est le mot qui dispense de beaucoup de périphrases ; mais j'espère que personne ne croira que
j'emploie ce mot dans l'acception dont les partis et dont les factions ont l'habitude de s'en servir : il est venu ce qu'on appelle l'ère
bonapartiste, le gouvernement d'un prince, le gouvernement qui
pouvait s'appuyer sur le grand nom de Napoléon ; et aujourd'hui
on pourrait voir poindre à l'horizon la même pensée qui a tout
perdu depuis quarante ans ; c'est cette pensée, que j'appellerai dans
ce moment le bonapartisme, qui dirait, elle aussi : « Ne craignez
« rien ; moi, je réponds du pays sans les socialistes, sans les répu-
« blicains, sans les libéraux, sans les monarchistes. »

« Hélas ! vous avez vu tout ce que ces épreuves ont fait perdre à
la France, elles l'ont fait descendre de plus en plus vers l'abîme. Eh
bien, il appartiendra à cette témérité, à cette folie d'être la dernière
de nos étapes ; ce serait le bonapartisme ainsi entendu, ainsi compris qui achèverait la décadence et la ruine de notre pays.

« Voilà comment nous avons marché depuis quarante ans, voilà
dans quelle voie nous avons marché depuis quarante ans, et voilà
pourquoi nous en sommes arrivés là où nous en sommes.

« Ne vous étonnez donc pas si je ne demande le remède au mal
que je comprends ainsi ni à celui-ci ni à celui-là, ni à la réforme de
cet article-ci ni à la réforme de cet article-là : le remède, je le demande à une révision aussi complète et aussi radicale que possible,
je le demande à une substitution du principe de la Monarchie au
principe de la République.

« Voilà ce que je veux pour les faits. Quant aux hommes, ne vous
étonnez pas non plus si je ne demande pas le remède ni à mes amis
les royalistes tout seuls, ni à mes amis les libéraux tout seuls, ni aux
républicains, ni aux bonapartistes ; ne vous étonnez pas que comprenant ainsi le mal, je ne demande le remède ni aux uns ni aux
autres isolément ; je le leur demande à tous, je le leur demande à
tous en commun, à tous ensemble, à tous indivisiblement.

« Nous avons été perdus les uns par les autres ; nous avons, les
uns et les autres, contribué à perdre le pays, ou du moins à le

compromettre énormément, à le conduire à cette situation où l'on délibère de sa vie et de sa mort ; tous nous l'avons conduit là. Ne faisons pas les parts, ne les recherchons pas, ayons chacun vis-à-vis de nous-mêmes, vis-à-vis de notre conscience, le sentiment de notre erreur, de notre méprise, quelque généreuse qu'elle ait été ; ne comprenons que ce sentiment, n'obéissons qu'à ce sentiment : il n'y a que celui-là qui peut nous sauver et qui peut sauver la France. Quant à moi, je n'en connais pas d'autre, je n'en cherche pas d'autre, je ne m'occupe d'aucun autre. »

L'orateur acceptant les grands résultats de la Révolution de 1789 ajoute :

« Mais cette explication donnée, pour reprendre toute ma liberté d'examen, permettez-moi de vous dire qu'au point de vue matériel, politique, la révolution n'a pas cessé de faire perdre à la France et de faire gagner à l'Europe. En quelques mots, ce qu'il y a de moins passionné au monde, la statistique, vous mettra en un instant sous les yeux ce que je crois qu'il est important que vous envisagiez.

« Voici le résumé des populations des cinq grandes puissances de l'Europe en 1789 et en 1848.

« En 1789, la France avait 27 millions d'habitants ; en 1848, elle en a 35 millions.

« La Prusse avait 6 millions ; en 1848, elle en a 16.

« L'Angleterre avait 14 millions ; en 1848, elle en a 29.

« L'Autriche avait 28 millons ; en 1848, elle en a 39.

« La Russie avait 33 millions ; en 1848, elle en a 70.

« La France, pour ne prendre que les deux points extrêmes de 1789 à 1848, la France a gagné 8 millions d'habitants ; de 1789 à 1848, la Russie a monté de 33 millions à 70.

« Cela vous explique la situation de l'Europe vis-à-vis de chacune de nos révolutions ; cette situation est une profonde anxiété et une double délibération entre deux intérêts contraires. Au point de vue monarchique, l'Europe est profondément émue, profondément alarmée ; il n'y a pas de révolution qui n'ait son écho dans toutes les capitales et dans la même proportion que je viens de faire voir ; de 1814 à 1848, les faits parlent. L'Europe est donc profondément émue, au point de vue monarchique ; mais, au point de vue de la jalousie et de la concurrence nationales, elle est profondément satisfaite.

« Ce qui fait que les cabinets vont d'hésitation en hésitation et de fluctuation en fluctuation depuis quarante ans, c'est qu'il y a toujours le sentiment monarchique qui dit : sois affligée, et le sentiment national qui dit : sois satisfaite ; tu subis une crise, mais tu en sortiras et tu y laisseras beaucoup moins que la France, ton ancienne rivale; entre en relation avec toutes les révolutions; travailles-y même s'il le faut !

« Voilà le double sentiment de l'Europe ; elle a été conduite loin par cette politique.... elle est arrivée aujourd'hui elle-même à ses dernières limites.

« En 1814, en 1830 et en 1848, la Prusse et l'Autriche avaient des politiques, avaient des conduites parfaitement distinctes et indépendantes; aujourd'hui la Russie, que l'honorable M. Thiers appelait si éloquemment, il y a quelques jours, un hercule au berceau, aujourd'hui la Russie les domine, la Russie les protége, la Russie les défend. En sorte que quand nous serons arrivés chez nous à ce terme qui est le dernier qui nous attend, celui qui nous suit immédiatement, le dernier degré de l'anarchie et de la démagogie, l'Europe qui verra, en même temps, tous ses trônes ébranlés, se réfugiera dans les bras de la Russie.

« Vous aurez alors cette lutte sanglante et suprême entre la dernière anarchie et la dernière compression; vous aurez alors la lutte entre deux barbaries, la barbarie de la démagogie et la barbarie des peuplades qui ne sont pas encore civilisées. Alors aussi vous vous écrierez : L'insurrection est le plus saint des devoirs, et vous ferez courir ce cri d'un bout de l'Europe à l'autre, ce ne sera pas difficile; mais aussitôt vous aurez un cri pour réponse : L'insurrection est le plus saint des devoirs, mais la coalition est le plus légitime des intérêts! Guerre pour guerre! Sang pour sang ! Meurtre pour meurtre ! et vous aurez à la fin de ce siècle ensanglanté tant de luttes et tant de batailles que personne de nous ne peut en prévoir l'issue ni le dénoûment final.

« Voilà ce que je vous adjure de savoir, ce que je vous adjure de vous dire à vous-mêmes, d'avoir à laisser dire franchement et hautement à cette tribune, ce que je vous adjure de peser et surtout de prévenir. Je ne suis pas inquiet pour l'honneur militaire de mon pays, je ne suis pas inquiet pour son glorieux drapeau, mais je le suis et nous devons tous l'être de la responsabilité de si formidables et pourtant de si certaines éventualités. Je vous en adjure au nom de votre patriotisme. »

M. DE MORNAY .... « Comme tout le monde, je reconnais que la constitution peut être légalement révisée. Je reconnais également les vices de notre pacte fondamental, qui non-seulement a subi la loi d'imperfectibilité de toutes les œuvres humaines, mais qui de plus se ressent des temps de trouble et d'incertitude au milieu desquels il fut élaboré. De notables améliorations pourraient donc y être apportées. Mais le moment me semble très-mal choisi pour procéder à cette révision; à mes yeux, la prudence et le véritable intérêt du pays nous commandent impérieusement d'attendre encore.

« A-t-on suffisamment réfléchi à toutes les conséquences qu'entraînerait après elle cette révision ? Quoi ! c'est dans le moment où les passions sont le plus agitées et les partis le plus divisés, que l'on veut témérairement courir les chances de nouvelles élections et la nomination d'une Constituante avec des pouvoirs illimités ! Peut-on prévoir de quels éléments elle se composera ? Avez-vous donc oublié toutes les luttes que le parti de l'ordre a eu à soutenir lors de la discussion de la constitution ? Voulez-vous laisser remettre de nouveau en question toutes ces folles et pernicieuses théories du droit au travail, de l'impôt progressif, de l'amovibilité de la magistrature, enfin, de l'élection à toutes les fonctions civiles ou militaires ? Quant à moi, je recule épouvanté devant une pareille responsabilité et je ne veux pas m'y associer.

« Après tout, cette constitution est-elle véritablement aussi défectueuse qu'on veut bien le dire ? Je le sais, elle ne satisfait et ne peut satisfaire aucun parti ; et, cependant, elle a été, dans ces temps d'orage, un terrain neutre et protecteur. Plus que tous, les vrais républicains auraient le droit de s'en plaindre, car elle ne leur accorde, il faut l'avouer, que la plus stricte part de garanties pour leur existence politique. Le parti de l'ordre, au contraire, a pu, à l'aide de cette constitution qu'il flétrit aujourd'hui, sauver la société si cruellement menacée, et trouver les moyens efficaces de prévenir le retour de pareils dangers. N'est-il pas parvenu à relever le crédit expirant, à faire des lois répressives contre les clubs, les attroupements, les délits de la presse, le colportage, etc. ? n'a-t-il pas consacré la liberté de l'enseignement ? n'est-il pas venu en aide, par mille moyens, aux classes pauvres et laborieuses ? n'a-t-il pas fait la loi du 31 mai, et n'es-t-il pas au moment de reconstituer notre organisation communale et départementale ? Enfin, s'il était vrai, comme on se plaît à le répéter officieusement et officiellement pour en faire hommage au pouvoir exécutif, s'il était vrai que la France fût revenue à des jours de calme, de bonheur et de prospérité, ne serait-ce pas sous l'empire de cette même constitution que tout ce bien aurait pu s'opérer ? Et comment concilier d'aussi grands bienfaits avec toutes les calamités que les mêmes voix lui imputent, et qui, selon elles, nécessitent impérieusement et immédiatement sa révision ?

. . . .

« Bien que je ne reconnaisse pas plus le droit divin de la République que le droit divin de la Monarchie, je dois cependant admettre deux principes différents de gouvernement régulier : le premier, la république pure, basée sur la souveraineté du peuple ; le second, la monarchie constitutionnelle, qui donne à la fois toutes les garanties de liberté et de stabilité, et qui, à mon sens, est plus appropriée aux habitudes, aux goûts et aux mœurs de notre vieille société. Mais ce que nous avons aujourd'hui ne tient ni à l'un ni à l'autre de ces deux principes ; ce n'est ni la république ni la monarchie, c'est un système bâtard et faux, c'est un mensonge...

. . . .

« Je dis donc que si mon pays pense que la République est le gouvernement qui convient le mieux à ses intérêts, je le répète ici bien haut, je veux au moins cette République sincère et vraie pour tous et par tous. Et, conséquent avec moi-même, je repousse la révision de la constitution, dont le résultat serait de nous conduire à la prolongation d'un mauvais expédient qui, loin de nous sortir de l'abîme et de remédier réellement aux maux que nous souffrons, ne serait qu'un embarras et par suite un malheur de plus. »

M. LE GÉNÉRAL CAVAIGNAC. ..,.... « Croyez-vous que dans notre sentiment de dévouement à la République il n'y ait qu'un sentiment étroit de théorie ? Croyez-vous que nous voulons que la République vive parce qu'elle est notre idée ? Pas le moins du monde, je vous l'ai déjà dit. Nous vous disons que rien autre chose n'est possible ; vous nous dites : Non. Mon Dieu ! je vous demanderai encore ce que je vous ai déjà demandé. Si vous aviez la monarchie, et je ne veux pas m'appesantir sur cette idée, je vous l'ai déjà soumise, et j'attends la réponse ; si vous aviez la monarchie, au nom du ciel ! que feriez-vous donc pour la conserver, pour qu'elle vive ?

« Voilà ce qu'il faut dire, voilà le mystère qu'il faut nous révéler. Aussi longtemps que vous ne l'aurez pas fait, que vous ne nous l'aurez pas montré, nous vous dirons que nous avons pour nous l'histoire, les grands faits, les grands résultats des efforts du pays, et, encore une fois, pas plus dans l'avenir que dans le passé, la monarchie n'est possible...

« Qu'on n'affecte pas de se méprendre à mes paroles. Nous parlons ici du passé de soixante ans et pas d'un autre.

« Savez-vous pourquoi, selon nous, la monarchie n'est pas une chose possible ? Je vous le dirai en peu de mots : c'est qu'elle porte en elle-même le germe et le principe de sa destruction.

« Oui, pour nous, l'existence de la monarchie dans le pays n'est plus possible. La monarchie, je le répète, porte, selon nous, en elle-même, le germe et le principe de sa faiblesse et de sa destruction.

« Ce germe, ce principe, c'est celui-là même qui, pendant des siècles, a fait sa force, sa puissance. Ce qui rend la monarchie impossible en France maintenant, c'est que vous ne la séparerez jamais du principe et de l'intérêt dynastique. Certainement je n'entends pas calomnier ce principe, je n'entends pas calomnier sa puissance, calomnier les effets qu'il a pu produire ; mais je vous le dis encore, ce qui rend aujourd'hui la monarchie impossible, c'est que vous ne ferez jamais une monarchie qui ne porte pas avec elle ce principe, ce sentiment dynastique qui a fait autrefois sa force et qui fait sa faiblesse aujourd'hui.

« Mon Dieu ! messieurs, certainement, ce sentiment dynastique a des éléments de puissance. Nous le savons bien, nous sommes loin de le méconnaître : c'est ce sentiment qui soutenait les rois, et ceux-là mêmes que nous reconnaissons comme les plus illustres de la France ; c'est ce sentiment dynastique qui a soutenu Louis XI dans sa persévérance indomptable ; c'est ce sentiment-là qui poussa François Ier dans les exagérations chevaleresques ; c'est ce sentiment qui faisait dire à Henri IV que Paris valait bien une messe. Nous savons bien cela. Je ne connais qu'un seul roi qui ait pu se passer de la puissance de ce sentiment-là, c'est Louis XIV. Mais c'est qu'il avait une grande foi en lui-même...

« Un grand amour de lui-même ; mais les égoïstes de cette trempe sont rares.

« Je vais plus loin : le jour où ce sentiment-là n'a plus existé, à ce jour-là, la monarchie a cessé d'exister, et ce jour, c'est celui où Louis XV a pu dire : « Ceci durera bien autant que nous. » C'est de ce jour-là que datent, en France, l'impuissance et la perte de la monarchie.

« En 1789, à quoi se rattachait la monarchie, sur quoi s'appuyait-elle ? Sur elle-même. C'est un principe ; elle puisait son droit en elle-même.

« Elle demandait par conséquent sa force, non pas seulement au présent, cela ne lui suffisait pas, elle la demandait au passé, à l'avenir : au passé, dans ce sentiment qui portait chacun de nos rois à conserver, à défendre, à transmettre l'héritage qu'il avait reçu de ses pères : c'est le sentiment de la paternité. Elle avait aussi un élément de puissance dans le sentiment de filiation, dans cette puissante volonté que nous avons de transmettre à nos enfants l'héritage que nous avons reçu, de le transmettre agrandi, si nous le pouvons, ou pour le moins conservé.

« Voilà pourquoi, je le répète, le sentiment, l'intérêt dynastique, inséparable de la forme monarchique, a, pendant des siècles, fait la puissance de la monarchie. Mais savez-vous quel est le jour où a cessé cet effet utile pour elle ? C'est le jour où, en présence du sentiment et de l'intérêt dynastique, est venu se dresser ce grand principe de la souveraineté nationale ; ce jour-là, la monarchie a cessé d'être une chose possible en France. Vous ne pouvez plus l'admettre.

« Ainsi, d'un côté, était la monarchie qui avait perdu, abandonné, sans le vouloir, une partie de ses prérogatives, toujours prête à les redemander et à les ressaisir, et de l'autre, le principe de la souveraineté nationale, c'est-à-dire le sentiment que cette monarchie n'existait que parce que la nation le voulait bien, et qu'elle n'avait de pouvoir que ce que la nation avait voulu lui en abandonner.

« De là la lutte, et dans cette lutte la monarchie a succombé.

« Et, ne vous y trompez pas, ce n'est pas autre chose que ce fait qui explique tous les grands événements depuis soixante années : août 1792, juillet 1830, février 1848 ; ce sont trois batailles livrées par l'intérêt dynastique, et trois victoires remportées par la souveraineté nationale ; ce n'est pas autre chose.

« Eh bien, c'est pour cela que, quand nous interrogeons l'histoire, nous n'en tirons pas la même conclusion que vous avez tirée, vous, de ces événements : vous tirez cette conséquence qu'il faut revenir en arrière et tout recommencer ; nous disons, nous, qu'il faut que le passé nous apprenne, au moins, qu'il ne faut pas passer par ces épreuves, et, encore une fois, ce n'est que dans l'acceptation complète du principe de la souveraineté que vous serez dans la vérité.

« Messieurs, j'ai voulu répondre, par ce peu de mots, à ce qui a été dit par l'honorable M. de Falloux. Quant à la République de droit divin, dont on me déclare l'auteur et l'inventeur, j'ai quelques paroles à dire à l'Assemblée.

« D'abord je dois dire tout de suite une chose, ce mot de République de droit divin, n'est pas de mon invention, il a été inventé par nos adversaires ; ils savent très-bien qu'en France, en fait de politique, au moins, les choses de droit divin ont peu de faveur, et c'est pour cela que, fort habilement sans doute, ils ont eu soin d'appliquer à une idée juste, fondée, tout humaine, cette appellation de République de droit divin. A l'époque où ce reproche me fut adressé, qu'est-ce que j'avais dit à cette tribune ? J'avais dit une chose que je répète, c'est que tout gouvernement qui permettra qu'on discute son principe, est un gouvernement perdu.

« Remarquez bien, messieurs, que ce que je disais là n'est pas un principe, c'est un fait.

« Commençons par examiner celui-là. On se révolte contre cette déclaration. D'abord je demanderai à mes adversaires s'ils on bien droit de se montrer si sévères pour moi ; si ce reproche, comme cela vient d'arriver, partait du haut de ces bancs (la gauche), je le comprendrais ; mais de la droite, cela me paraît étrange.

« Il y a des gouvernements qui répondaient au sentiment des différentes fractions de cette majorité ; eh bien, est-ce qu'ils n'ont pas déclaré alors ce fait que je déclare aujourd'hui ?

« Commençons par le plus ancien. Je passe par ces détails pour prouver que je ne veux échapper à aucun des reproches qui m'ont été adressés.

« Ainsi, avant d'arriver au principe, je discute sur ce qui a été argumenté de la phrase que je rappelle.

« Eh bien, le gouvernement le plus ancien, celui de la Restauration, a-t-il permis qu'on discutât son principe? Non, que je sache; il s'est même montré plus sévère, car non-seulement il ne permettait pas qu'on contestât, qu'on discutât son principe, il ne voulait même pas qu'on lui adressât le plus léger et le plus mince reproche; il ne voulait même pas qu'on rappelât les simples faits de l'histoire, et l'enceinte voisine peut nous dire comment on traitait les membres de l'Assemblée qui, non pas contestaient le principe de la légitimité, mais seulement se permettaient de retracer les circonstances dans lesquelles elle avait reparu. Qu'est-ce qu'on leur faisait? On les expulsait du sein de l'Assemblée nationale.

« Je ne demande pas, moi, qu'on expulse de cette enceinte ceux qui feraient quelque chose d'analogue ou même de plus fort, mais seulement, je ne reconnais pas aux partisans de la monarchie légitime, je ne leur reconnais pas le droit de s'effrayer, de repousser comme audacieuse cette doctrine que je soutiens : que tout gouvernement assez imprudent pour permettre qu'on discute son principe, est un gouvernement qui ne sait pas, qui ne veut pas vivre.

« Messieurs, le gouvernement qui lui a succédé ne s'est pas montré plus tolérant. Quand je rappelle ces faits, ce n'est pas pour céder à la vaine satisfaction de rappeler les faits de l'histoire, c'est pour défendre mes idées, pour justifier les paroles que j'apporte à cette tribune. Je veux prouver à mes adversaires que cela au moins, ils n'ont pas le droit de me le reprocher.

« Le gouvernement qui a succédé à la Restauration ne s'est pas montré plus tolérant. Qu'est-ce qu'il faisait, ou du moins qu'est-ce qu'il voulait faire à l'égard de ceux de ses adversaires qui, cependant très-soumis à son principe, allaient à l'étranger porter un hommage que je croyais et que je crois encore fort innocent, à celui qui représentait leur principe ? Je ne dis pas qu'il les flétrissait, mais il voulait les flétrir.

« Eh bien, quand, les uns et les autres, on s'est montré si peu facile, quand on s'est montré si peu tolérant, quand on a, par des actes aussi significatifs, prouvé que l'on veut vivre et que l'on ne permet pas de discuter son principe, on est mal fondé à adresser des reproches à ceux qui viennent le dire à leur tour.

« Mais est-ce à dire que je n'appuie mon opinion que sur le fait matériel, sur cet instinct de la conservation? Non, messieurs; nous avons pour nous autre chose, nous avons pour nous le droit, nous avons pour nous le principe, et je vais vous le montrer.

. . . .

L'orateur, arguant de l'opinion émise par la commission

que c'est à une nouvelle Constituante et non à l'Assemblée actuelle qu'il appartiendrait de poser la question de la substitution de la Monarchie à la République, poursuit ainsi :

« Cela prouve une chose, c'est que vous et nous nous reconnaissons qu'il y a quelque chose au-dessus de la constitution du pays: ce quelque chose, vous l'appelez la toute-puissance nationale ; nous, nous lui donnons un nom plus véritable, plus réel, nous l'appelons la souveraineté nationale...

« La toute-puissance nationale ! De quelle toute-puissance veut-on parler ? De la toute-puissance de fait, du pouvoir, pour la nation, de faire tout ce qu'elle voudra ?

« Mais cela, nous ne l'avons jamais nié ; nous savons très-bien que le pays fera autant de révolutions qu'il voudra en faire ; nous savons très-bien qu'il détruira ce soir ce qu'il a fait ce matin, si bon lui semble ; nous savons très-bien qu'il est puissant, eh, mon Dieu ! qu'il peut se passer des caprices ; nous savons cela. Mais est-ce que c'est sur une doctrine pareille que l'on entendrait établir les bases de la société politique française, sur la toute-puissance du fait ?

« Eh bien, s'il en est ainsi, supposons, messieurs, qu'à la faveur de ce principe, à la faveur de ce fait plutôt, supposons que vous soyez arrivés à votre but, que la monarchie soit établie dans le pays, en vertu de ce principe que la nation a le droit de tout faire, est-ce que vous nous permettrez de venir le soutenir à notre tour ? est-ce que vous nous permettrez de venir dire à cette tribune, à l'exemple de ce que vous faites aujourd'hui, que ce que la nation a de mieux à faire, c'est de renvoyer la Monarchie et de proclamer la République ? Si vous me répondiez oui, je prendrais la liberté de vous dire que vous ne vous connaissez pas vous-mêmes. Et, dans tous les cas, je vous dis ceci : c'est que ce n'est pas là un principe, que ce n'est pas une idée, un parti ; que c'est un expédient, et pas autre chose.

« Mon Dieu ! messieurs, nous avons déjà eu occasion, dans le sein de la commission même, de voir élever et de combattre ce principe de la toute-puissance du fait. Avec ce principe-là, à quoi donc servent les lois ? La loi d'aujourd'hui sera-t-elle la loi de demain ? Avec la toute-puissance du fait, aujourd'hui élus par le peuple, représentant la pensée nationale, est-ce que vous serez bien sûrs de la représenter encore demain ? Et si l'on vient à vous dire que non ; si le 15 mai on vient à vous dire que le peuple ne veut plus de vous, qu'est-ce que vous ferez ? Il faudra en arriver à la résistance, à des coups de fusil, à un combat ; et si vous n'êtes pas les plus forts, vous aurez donc eu tort alors ! En vérité, je ne comprendrais pas des pensées de cette nature, et aussi je ne les attribue pas à mes honorables collègues. Mais elles ont été soutenues, soutenues contre nous, et j'avais besoin d'y répondre.

« Ainsi, messieurs, ce qu'on invoque, ce n'est pas la toute-puissance du fait, c'est le droit.

« Eh bien, le droit nous ne l'admettons pas plus que nous n'admettons la toute-puissance du fait, et nous disons à la nation résolûment qu'elle n'a pas le droit de tout faire, et vous êtes de notre avis. Je n'irai pas chercher le principe dans la constitution ; elle est en cause, elle est sur la sellette, vous n'en voudriez pas pour témoin ; mais tous les hommes éminents de chaque partie de cette Assemblée ont reconnu cette grande vérité, c'est qu'il y a des principes, des droits antérieurs et supérieurs aux lois humaines. Vous le reconnaissez comme nous ; cependant vous n'allez pas aussi loin que nous, vous n'êtes pas aussi logiques que nous, et c'est là ce que je vous reproche. Vous le reconnaissez avec nous dans l'ordre des idées religieuses : la liberté de conscience est pour vous un principe supérieur à la toute-puissance nationale ; vous ne reconnaîtriez pas à la nation le droit de vous priver de votre liberté de conscience.

« Il y a d'autres ordres d'idées où nous sommes encore du même avis : dans l'ordre des vérités morales, par exemple, il y a des vérités que vous ne reconnaîtriez pas à la nation le droit d'effacer.

« Dans l'ordre des idées sociales, nous sommes encore tous d'accord : nous reconnaissons comme étant au-dessus de la toute-puissance nationale le respect de ces saintes affections, de ces saints liens de la famille.

« Et pour continuer encore, dans l'ordre des idées économiques, si je puis m'exprimer ainsi, s'il m'est permis de rapetisser à ce point des questions aussi grandes, est-ce que nous ne sommes pas d'accord ? est-ce que nous ne regardons pas le grand principe de la propriété comme au-dessus de la toute-puissance nationale ? Cela me paraît incontestable.

« Il y a un certain jour où on a dit : « La propriété est le vol. » Je ne connais pas l'homme qui a dit cela ; mais je suis très-convaincu que cet homme, s'il avait entre les mains la charte de la propriété française, il y regarderait à deux fois avant de la déchirer. Supposons que ce principe prévale en France (nous, nous disions non ; vous, vous dites oui, car enfin, les lois que vous avez faites, vous les avez données comme le seul remède qui pût nous aider à résister à ce principe), supposons que, par impossible, ce principe triomphe, est-ce que vous reconnaîtrez, par hasard, ce pouvoir à la puissance nationale ? est-ce que vous reconnaîtriez à une assemblée élue par le suffrage universel le droit de vous ravir votre propriété ? Je ne le crois pas.

« Ainsi vous voyez que nous sommes d'accord sur beaucoup de

choses. Là où nous ne sommes plus d'accord, c'est que vous voulez vous arrêter en chemin. Nous disons, nous, que dans l'ordre des choses politiques, il y a des vérités aussi incontestables, aussi éternelles que dans l'ordre des idées que je viens de vous rappeler : nous disons que la société religieuse, que la société morale, que la société économique, toutes les sociétés ne vivent que sous la protection et à l'abri de la société politique ; nous vous disons qu'il n'est pas vrai, qu'il n'est pas possible que Dieu, qui savait ce qu'il faisait, je suppose, ait laissé l'ordre politique dépourvu de tout principe, ait refusé, si je puis ainsi dire, l'émanation de sa pensée dans l'ordre des choses politiques, là même où il plaçait la condition indispensable de toute société.

« C'est là votre grand tort, c'est de ne pas vouloir reconnaître que, dans l'ordre des choses politiques, il y a des vérités aussi incontestablement éternelles, aussi incontestablement immuables que dans tout autre ordre de choses.

« Maintenant, m'en demanderez-vous la nomenclature ? Je ne me charge pas de vous la donner ; mais ce que je puis vous dire, c'est qu'elle est inscrite au foyer de la conscience humaine, et que vous en retrouvez les traces dans l'histoire de la race humaine, et pas ailleurs ; c'est là qu'en est conservé le dépôt. Bien au-dessus de toutes ces vérités, avant elles, si j'osais le dire, se place le principe de la souveraineté nationale.

« Eh bien, est-ce qu'une génération peut prétendre que c'est une propriété qui est à elle ? La souveraineté nationale n'est pas la propriété d'une génération ; vous n'êtes qu'une génération ; vous êtes l'aînée, vivante, des générations successives ; vous avez la jouissance de cette souveraineté nationale ; mais ce grand principe-là, c'est le majorat de la race humaine ; vous pouvez en jouir, vous pouvez le faire fructifier, l'employer sagement, utilement au profit de votre bien-être, de votre prospérité, au développement des conditions de puissance et de richesse de la société à laquelle vous appartenez ; mais en disposer, non, vous ne le pouvez pas.

« Eh bien, ce principe de la souveraineté nationale, il veut dire quelque chose. Qu'on me parle d'une forme de gouvernement monarchique qui ne soit pas la négation, ou, au moins, l'abdication du principe de souveraineté nationale...

« Le jour où vous m'aurez montré une monarchie conçue de telle façon, organisée de telle manière qu'elle ne soit pas, quoi que vous en disiez, ou la négation de la souveraineté nationale, comme la monarchie légitime, ou l'abdication de cette souveraineté, comme la monarchie qui lui a succédé, ce jour-là je vous accorderai qu'on peut la mettre à côté de la forme républicaine et les discuter ensemble en plaçant au-dessus d'elles toutes le principe de la souveraineté nationale.

« Il faut choisir, messieurs : d'un côté, vous avez la négation de ce principe, qui est la monarchie ; de l'autre, vous avez le principe lui-même, avec la seule forme qui en soit l'expression ; car, enfin, qu'est-ce que la souveraineté nationale ? Est-ce que ce n'est pas le droit imprescriptible de constituer elle-même les grands pouvoirs qui la régissent ?

« Ah ! je le sais bien ! j'entends bien d'avance les arguments que vous nous apporterez. Vous nous parlerez de la souveraineté nationale de la charte de 1830, je m'y attends bien. De cette souveraineté nationale qu'on reconnaît un jour, qu'on reconnaît une heure, juste le temps nécessaire pour qu'elle se suicide.

« Celle-là, je dois le dire, à l'insu, j'en suis convaincu, de ceux qui la proclamèrent, n'est qu'une souveraineté menteuse ; ce n'est pas la véritable : la véritable est celle qui ne peut ni se nier ni s'abdiquer. Voilà celle dont nous parlons, voilà celle dont nous vous disons que la République est la seule et unique expression.

« Faites-y bien attention, si, selon vous, la souveraineté nationale est un fait, un accident, alors vous pouvez dire que la République est une forme ; mais le jour où vous déclarez, le jour où vous reconnaissez que la souveraineté nationale est un principe, ce jour-là je serai fondé à vous dire que la République est un droit et pas autre chose.

. . . . ,

L'orateur, abordant la question même de la révision, s'explique dans les termes suivants au sujet de quelques points déterminés :

« On dit que la constitution n'est pas l'expression des besoins de la civilisation de la société française. Et sur quoi se fonde-t-on pour dire cela ? Je sais bien qu'on a baptisé cette constitution successivement de noms d'hommes qui avaient rendu et qui rendent encore au pays de grands services ; je sais, dis-je, qu'espérant la rendre impopulaire, et si on y était parvenu on n'eût fourni que la preuve d'une grande ingratitude et d'un grand oubli, mais enfin je sais que par ce moyen, on a espéré dépopulariser la constitution de 1848. Eh bien, cela même n'est pas juste, car ces grands principes et ces grandes vérités que vous attaquez aujourd'hui, ils n'ont pas seulement été soutenus par nous, ils ont été soutenus par des hommes dont personne assurément n'oserait contester les lumières et la modération, par des hommes auxquels on reproche parfois de ne pas se mêler à l'agitation des partis, mais qu'à cause de cela on devrait reconnaître comme présentant de grandes garanties de sang-froid, de modération.

« Ainsi, lorsque vous arrivâtes, en 1849, en cette enceinte, rien ne donnait le droit de dire que cette constitution de 1848 n'était pas l'expression des besoins, des sentiments de la nation. Comment l'avez-vous appris depuis? Par l'expérience? Selon nous, il n'est pas juste de dire que vous avez fait l'expérience de la constitution de 1848.

« Lorsque l'on veut, dès le début, sincèrement expérimenter une loi, la première chose à faire de toutes, c'est de l'environner de son respect, de la couvrir par l'expression de sa confiance.

« Eh bien, messieurs, vous nous permettrez, au moins, de vous rappeler que ce n'est pas là ce qui a été fait dans cette enceinte; selon nous, l'expérimentation de la constitution n'a point été faite. Eh bien, alors, en faveur de la révision, quels arguments nous apportez-vous donc?

« Vous nous apportez précisément ce que vous nous apportiez en 1848, vos opinions, pas autre chose; eh bien, ces opinions, discutons-les.

« D'abord, savez-vous bien qu'en pensant à toutes les lois que cette constitution de 1848 vous a laissés faire, nous avons un peu le droit de nous inquiéter des lois que vous demanderiez à une constitution nouvelle, écrite de votre main?

« Dans la constitution de 1848 (je passerai très-promptement sur les différents points que vous attaquez), vous attaquez dans son ensemble le préambule. Mais est-ce que le préambule de la constitution vous a empêchés de faire la loi par laquelle vous avez réglementé le droit de réunion? Est-ce que le préambule vous a empêchés de faire une loi sévère, pas toujours impartialement appliquée, celle du colportage? Est-ce que le préambule ne vous a pas permis d'imposer à la presse les règles restrictives que vous croyiez bonnes et nécessaires? Encore une fois, si ces lois ne vous suffisent pas, quelles sont donc celles que vous voulez faire? Nous avons le droit de vous le demander.

« Vous dites que ce préambule conduit au socialisme. Cela n'est pas juste. Vous avez la mémoire bien courte, car aucune des précautions, aucune des restrictions, aucune des garanties que vous avez voulu y mettre n'a été refusée, et toutes les fois que, dans le sein de la Constituante, vous avez porté à cette tribune l'expression de vos craintes et de vos inquiétudes, il vous a été répondu par une majorité énorme qui ne vous laisse pas le droit de dire que le préambule de la constitution est un préambule socialiste.

« Mais nous sommes en dissentiment sur autre chose, nous ne sommes pas d'accord sur la définition, sur l'exercice du suffrage universel.

« On nous disait tout à l'heure qu'il faut réviser la constitution pour avoir le droit de réformer et de définir de nouveau le suffrage.

« Messieurs, quand je lis la loi du 31 mai, je me demande, en vérité, quelle est la loi sur le suffrage universel qu'il ne vous reste pas le droit de faire.

« Vous êtes convaincus que la loi du 31 mai est une loi constitutionnelle. Eh bien, je vous dis que, si cela est vrai, il vous est loisible d'imposer au suffrage universel telle mutilation nouvelle qu'il vous conviendra de lui faire subir.

« Si la constitution de 1848 n'est pas, n'a pu être pour nous une garantie suffisante pour l'intégrité du suffrage, je ne connais pas de texte humain qui puisse y parvenir.

« Ainsi, sous ce point de vue, la révision ne vous est pas nécessaire.

« On nous demande la révision, parce qu'on n'est pas satisfait d'une seule chambre ; on veut en créer une seconde. A cette occasion, je ne rentrerai pas dans la discussion déjà ouverte, il y a trois ans, ici, sur le principe de la pondération des pouvoirs, sur cet exemple de la république des États-Unis d'Amérique. Il y a pour nous, pour repousser la seconde chambre, une raison déterminante, capitale, souveraine.

« On nous dit : Prenez garde, vous avez tort de ne pas consentir à une seconde chambre. Dans toute société, il y a une aristocratie naturelle ; il y a l'aristocratie de l'intelligence, l'aristocratie du travail, l'aristocratie des services rendus ; il y a celle de l'expérience acquise.

« Cette considération est grave ; elle a déterminé nos pères ; c'est avec ce principe qu'ils ont fait la Constitution de l'an iii. Eh bien, assurément, ce n'était pas leur pensée ; mais ce jour-là ils ont compromis la liberté, ils ont préparé l'usurpation de l'an viii, vous le savez bien.

« Il faut, pour que nous consentions à une seconde chambre, nous débarrasser des prétentions royales ou impériales quelles qu'elles puissent être ; il faut nous ôter le spectacle bien tentant, bien séduisant des aristocraties européennes qui nous environnent ; il faut nous ôter le contact des monarchies européennes avec leurs sourdes hostilités, avec leurs méfiances..... Il faut nous garantir que sur ces bancs, que nous ouvririons à cette aristocartie naturelle dont vous parlez, ne viendront pas s'asseoir les représentants d'une autre aristocratie dont nous ne voulons pas. Jusque-là nous ne céderons pas, comme on le fit à une autre époque ; nous voulons que la conservation et la consolidation de la République restent confiées à l'énergie et à la puissance concentrées d'une seule et unique Assemblée.

« On nous demande encore pourquoi nous tenons à la conservation de l'art. 45 ; on nous dit : L'art. 45, c'est une violence faite à la souveraineté nationale.

« Messieurs, je me demande quel est l'article de notre Constitu tion qui n'est pas une règle, un frein que la nation s'impose à elle-même.

« Ce que vous dites de l'art. 45, est-ce que vous n'avez pas le droit de le dire des autres articles? Encore une fois, une Constitution n'est pas autre chose que le frein, que la règle que les nations s'imposent à elles-mêmes. Vous nous dites que les nations peuvent violer les règles, nous le savons bien. Mais ce que nous vous disons, c'est que les nations qui les respectent, ce sont des nations qui sont prudentes, sages ; que celles qui ne les respectent pas, sont des nations qui font des révolutions ; c'est précisément pour cela que les grands pouvoirs sont installés : c'est pour avertir les nations quand elles veulent s'écarter des règles qu'elles se sont faites à elles-mêmes, pour les avertir d'abord et pour leur résister ensuite, lorsque leurs conseils n'ont pas été écoutés.

« On nous cite, à propos de l'art. 45, l'exemple des États-Unis et de Washington.

« Messieurs, en 1848, nous n'avions pas de Washington à conserver ni à choisir ; depuis 1848, nous n'avons pas vu venir de Washington. Jusqu'à ce qu'il paraisse, jusqu'à ce qu'on nous défasse de ces justes préoccupations que nous inspirent les prétentions monarchiques de tous genres, nous conserverons l'art. 45 comme une garantie, nous le défendrons comme notre palladium et une sauvegarde. C'est une garantie que nous nous sommes donnée et à laquelle nous ne renoncerons pas.

« D'autres partisans de la révision trouvent que la durée des pouvoirs présidentiels est trop courte. On nous demande de prolonger cette durée, on nous demande cela au nom du principe de stabilité.

« Messieurs, la stabilité ! laquelle ? La stabilité du pouvoir ou la stabilité de ceux qui l'exercent ? La stabilité des choses ou la stabilité des hommes ?

« Puisqu'on nous dit que la révision est une révision républicaine, c'est la stabilité des choses, sans doute ; car, si c'est la stabilité des hommes, il faut être logique, il faut être sincère, allez à l'hérédité, allez à la monarchie ; demandez-la, vous serez conséquents, vous serez sincères.

« Ainsi donc, puisqu'il ne s'agit que de réformer la République, puisqu'il faut donner au pays une République qu'il puisse accepter, ne nous parlez pas de la stabilité des hommes. Il s'agit de la stabilité du pouvoir ; il s'agit de la stabilité de la société ; de ce qui fait qu'elle peut se livrer paisiblement, sans préoccupation, sans craintes, à son travail, à ses affaires.

« Mais, messieurs, cette stabilité-là nous la voulons comme vous. Vous n'avez pas le droit de nous dire que nous ne la voulons pas comme vous la voulez vous-même ; seulement ce que nous vous disons, c'est que vous la placez là où elle ne saurait être.

« Vous dites que la stabilité des choses, que la stabilité du pouvoir est le résultat d'une seule chose, de la stabilité des hommes. Eh bien, nous vous disons, nous, que l'histoire est pour nous ; nous vous disons que la stabilité des hommes a tué, depuis soixante ans, tous les gouvernements, et qu'elle tuera, en France, tous les gouvernements qui voudront se fonder sur ce principe.

« Oui, depuis soixante ans, toutes ces luttes, toutes ces agitations, toutes ces révolutions ne tiennent qu'à une seule chose, à ce sentiment que les institutions légitimaient, développaient, à ce sentiment de la stabilité, de la perpétuité des hommes. Encore une fois, et j'en reviendrai là, à cette idée par laquelle j'ai débuté, au sentiment dynastique ; car une fois que vous aurez posé le principe de la stabilité des hommes, vous arriverez logiquement au sentiment, au principe dynastique. Faites-y bien attention, nous nous plaçons à un point de vue autre que celui où vous vous placez. Pour nous, la durée des pouvoirs présidentiels est le maximum de stabilité que nous jugeons nécessaire à l'exercice de ces pouvoirs. Nous lui accordons la durée strictement nécessaire à la marche, à l'entretien des affaires du pays. Si vous sortez de cette considération du minimum, si vous ne restez pas sur ce terrain, encore une fois soyez sincères ou du moins soyez logiques, allez à l'hérédité, à la monarchie. Car, encore une fois, la stabilité des hommes, le jour où vous en aurez proclamé le principe, ouvre la porte à l'usurpation ; c'est comme cela qu'elles ont toutes procédé. D'abord un pouvoir temporaire, nous l'avons ; un pouvoir prolongé, on nous en menace ; le pouvoir à vie, je ne sais pas si on l'espère ; et puis, après cela, le pouvoir héréditaire ; et puis l'intérêt dynastique ; et puis les révolutions arrivent. Voilà, messieurs, l'histoire.... Voilà l'histoire de toutes les usurpations, et, je dois le dire, je crois à la sincérité, mais je crois aussi à la naïveté des hommes qui, dans l'intérêt de la République, dans l'intérêt de la conservation de la République, viennent nous demander la conservation des pouvoirs. C'est la première étape, souvent honteuse, hypocrite, vers l'usurpation. On commence par la prorogation, on finit par l'usurpation : c'est ce qui s'est toujours fait, c'est ce que nous ne voulons pas revoir encore.

« Voilà, messieurs, quelles étaient les considérations que je voulais soumettre en réponse aux hommes très-consciencieux qui viennent nous dire (et encore une fois c'est le grand nombre, il faut bien le constater) qu'il s'agit ici d'une révision républicaine

« Il y en a d'autres, et c'est le petit nombre, qui tiennent un autre langage, pour lesquels, je l'ai dit, la révision est un acte de représailles.

« De quoi se plaignent-ils donc ? Ils disent que la Constitution est une œuvre de méfiance. Nous entendons le chef du gouvernement dire qu'elle a été faite contre lui !

« En vérité, je trouverais le parti républicain bien simple de s'en défendre. Mais certainement que la Constitution est une œuvre de méfiance ; certainement que plus d'un de ses articles est dirigé, non pas assurément contre la personne de M. le Président de la République ni contre son caractère, mais contre les prétentions qu'on lui suppose ; mais nous serions véritablement bien craintifs de ne pas avouer ce sentiment et cette pensée.

« Certainement, la Constitution est une œuvre de méfiance ; et, en vérité, à qui la faute si, depuis cinquante ans ou depuis trente ans, l'on n'a eu à faire et l'on n'a fait autre chose que des lois de méfiance ? Et vous, messieurs, qui êtes à la tête du Gouvernement, à la tête de la majorité, est-ce que vous avez jamais fait autre chose ? Depuis trente ans vous n'avez demandé et fait que des lois de méfiance, et vous venez nous reprocher d'en faire ! Encore une fois, bien loin de l'en blâmer, je loue la Constitution de s'être montrée méfiante. Je n'ai pas oublié le passé : est-ce que nous n'avons pas entendu se produire des craintes sur les bancs de la majorité ?

« Oui, la Constitution est une œuvre de méfiance, elle a bien fait de se montrer méfiante, et elle fera bien de rester méfiante aussi longtemps qu'elle aura en face d'elle, non pas des adversaires, mais des ennemis.

« A ces quelques hommes je puis dire que la Constitution leur est mauvaise, non pas à cause de son texte et de ses articles, mais parce que c'est quelque chose : la Constitution est le premier jet de la pensée républicaine, c'est la première œuvre de la République, c'est pour cela qu'ils n'en veulent pas.

« Ils ne veulent rien de ce que la République a produit, rien de ce qu'elle produira. Ils n'acceptent d'elle qu'une seule chose, c'est son suicide, si elle était jamais assez imprudente et assez aveugle pour le leur accorder. Eh bien, la révision est le premier pas fait vers le suicide de la République ; c'est pour cela que nous la leur refusons.

« En deux mots, et en deux mots bien sincères, la Constitution nous est bonne parce qu'elle leur est mauvaise.

« Elle nous est bonne, parce qu'elle est un obstacle à la production des pensées et des projets contre-révolutionnaires.

« On nous demande si nous la trouvons parfaite. Nous avons déjà répondu non, cent fois non ; nous ne la trouvons pas parfaite. On nous demande quand nous consentirons à la reviser. Je vais vous le dire : c'est quand nous ne verrons plus derrière une entreprise de monarchie. »

Séance du 16 juillet.

M. COQUEREL. « Messieurs, je déplore avec une respectueuse sincérité la tâche que l'ordre de cette discussion m'appelle à remplir ; je déplore de rencontrer parmi mes adversaires l'honorable général Cavaignac, qui a terminé la séance hier, et de devoir le réfuter.

« J'ai entendu son discours, qu'il me soit permis de le dire, avec une véritable douleur. Quand on a écrit, comme l'illustre général, son nom d'une manière si glorieuse, à la pointe de son épée, dans l'histoire de France ; quand on a livré, au nom de la République, de la vraie liberté et de l'ordre, une bataille à l'anarchie telle qu'aucune monarchie n'aurait pu la donner ; quand on a rendu à la République de si illustres services que l'histoire de notre patrie n'oubliera pas, il est triste de vouloir la servir devant vous par des théories que la réflexion et l'expérience démentent de concert.

« Que nous a dit M. le général Cavaignac ?

« Il a d'abord soutenu qu'un gouvernement ne doit jamais laisser contester son principe, et que, s'il le permet, il se perd d'avance ; on peut d'avance prédire le jour de sa fin.

« La question est de savoir si cela est possible ; la question est de savoir si un gouvernement, quel qu'il soit, peut jamais empêcher que son principe soit livré à la discussion. On l'a tenté pendant la première restauration, et qu'arriva-t-il ? C'est qu'on demandait perpétuellement, d'un bout de la France à l'autre, si les peuples étaient faits pour les rois ou les rois pour les peuples ; ce qui mettait en question le droit divin. On l'a essayé sous le gouvernement de juillet.

« Je vous rappelais tout à l'heure une loi dont les premiers mots renfermaient l'interdiction de discuter les droits du monarque qui présidait alors aux destinées de la patrie. Qu'est-il arrivé ? On n'a pas discuté le droit de Louis-Philippe, on a laissé de côté sa personne ; on a laissé de côté ce qui lui semblait être et ce que la nation considérait comme son droit ; mais on a discuté ce qu'on appelait *l'idée du règne*, et nous savons tous ce que le gouvernement de Louis-Philippe y a gagné.

« Messieurs, il est vain de vouloir enchaîner dans des liens chimériques la pensée humaine, elle y échappe toujours ; elle examine toutes choses ; elle a commencé à examiner et elle continuera. Il n'y a aucun moyen de donner à des hommes, c'est-à-dire à des êtres pensants, un gouvernement dont ils ne discuteront pas le principe. Il suffit que ce gouvernement se fasse sentir, il suffit qu'il mérite le nom de gouvernement, il suffit que le gouvernement soit un gouvernement pour qu'on ne veuille lui obéir qu'après l'avoir raisonné, et, par conséquent, l'honorable général Cavaignac avait tort de vouloir appuyer la stabilité de la République sur l'interdiction de l'examen du principe républicain.

« Mais le général, messieurs, a été plus loin ; le général a voulu que le principe républicain fût au-dessus de toute discussion ; le général a soutenu que la souveraineté nationale ne pouvait abdiquer et engager l'avenir, et enfin le général a soutenu que l'on ne pouvait pas plus discuter le principe républicain que l'on ne pouvait discuter, par exemple, la liberté de conscience, la différence du bien et du mal, la propriété et la famille.

« Messieurs, il m'est impossible d'accepter aucune de ces idées. Je conçois que le droit divin ne permette pas pas qu'on le discute ; car, comment peut-on discuter si le ciel est le ciel ? comment peut-on discuter si une chose est céleste ou ne l'est pas ? comment peut-on discuter si la lumière est la lumière ? Messieurs, on ne met pas en question le soleil ; il brille, on le voit ; et si l'on est païen, on l'adore.

« Mais, encore une fois, je ne conçois pas que l'infaillibilité, quelle qu'elle soit, puisse jamais permettre qu'on examine si, par hasard, elle ne peut pas se tromper ; il est évident que souffrir l'examen, c'est simplement abdiquer. Mais la République ne tolérant pas qu'on examine le principe républicain, c'est la République qui se met alors en contradiction avec elle-même ; et il n'y a pas, dans l'histoire entière des nations, il n'y a pas un seul exemple de république qui n'ait permis, au contraire, la pleine et entière discussion de son principe même et de tous les principes de son gouvernement.

« Depuis les républiques anciennes, depuis la république d'Athènes, où il s'agissait toujours de savoir qui avait ou qui n'avait pas le droit de paraître dans l'Agora ; depuis la république de Rome, qui, malgré sa tyrannie du monde, a passé, en quelque sorte, son temps, dans ses longues querelles entre le patriciat et le tribunat, à mettre et remettre en question les principes mêmes de son gouvernement, jusqu'aux républiques modernes, jusqu'à la république helvétique, par exemple, où la question du gouvernement cantonal et unitaire n'a été autre chose que la question du gouvernement républicain ; jusqu'à la république hollandaise, où les longues querelles du stathoudérat et du républicanisme pur n'étaient encore que ces mêmes discussions, sous d'autres titres, partout et toujours, la république n'a pas craint la lumière ; elle n'a pas imposé silence ; elle a demandé, au contraire, qu'on discutât son principe.

« Il n'y a jamais eu une république de muets….. Je me trompe, il y en a eu une seule, et de celle-là certainement le général Cavaignac serait le dernier à en vouloir, comme il serait le premier à la combattre ; il y en a eu une seule, c'est la république de Venise, et quelques-unes des républiques du nord de l'Italie. Oui, la république de Venise n'a pas permis qu'on la discutât ; elle n'a réussi à empêcher la discussion qu'à l'aide de son abominable système de police, à l'aide de ses oubliettes, à l'aide de ses supplices, à l'aide de ce pont des Soupirs, du haut duquel on jetait, vous le savez, dans les lagunes, ceux qui murmuraient.

« L'orateur auquel je réponds soutenait aussi que la souveraineté nationale ne pouvait pas se déléguer ; et il en tirait cette conséquence, qu'elle ne peut pas non plus disposer de l'avenir. Il ne nous permettait pas à nous, qui vivons aujourd'hui, de devenir monarchiques et de former une monarchie ; et il ne nous permettait en quelque sorte, encore moins, d'en faire une pour la léguer à nos descendants.

« Messieurs, j'en demande pardon à notre illustre collègue, mais il m'est impossible de ne pas voir là, contre son intention, sans doute, une attaque à l'autorité paternelle. Car, enfin, si les pères de famille, si les chefs de maison sont parfaitement persuadés qu'ils ont tort d'être en république, et qu'il vaut mieux, pour leurs enfants, qu'ils leur transmettent une monarchie, n'auront-ils pas le droit, comme pères de famille, comme chefs de maison, n'auront-ils pas le droit de dire à leurs enfants : Nous nous sommes trompés autrefois en nous faisant république, et, pour votre bonheur, nous voulons que vous soyez monarchie.

« Messieurs, un argument plus sérieux de notre honorable collègue était celui qu'il tirait de ce que certains principes sont antérieurs à toutes les lois et ne pouvaient point être mis en discussion, et il nous citait les principes de morale, la liberté de conscience, la propriété, la famille.

« Messieurs, il avait grande raison ; ces principes-là ne peuvent pas être discutés. Pourquoi ? parce que ce sont des principes. Mais la République en est-elle un ? La République est une forme de gouvernement, et les formes peuvent être discutées toujours. Pour moi, je le déclare, et j'ai besoin de le dire avant d'aller plus loin et d'engager ma discussion sur un terrain encore plus délicat ; pour moi, je crois la forme républicaine la meilleure ; je crois que l'avenir lui est réservé en France et partout.

« Je le crois consciencieusement et religieusement, et c'est en 1847, bien avant que je pusse penser que j'aurais jamais l'honneur de parler devant vous, que j'écrivais dans un livre religieux ces mots qui sont pour moi une profession de foi :

« La meilleure forme de gouvernement est donnée par l'Évan
« gile ; il est évident que l'Évangile est profondément républicain. »

« Et c'est précisément, messieurs, parce que j'ai cette foi dans le principe républicain que je veux qu'on le discute, et que je ne comprends pas comment des républicains sincères, sûrs, comme je le suis, de l'avenir du principe, peuvent refuser la révision de la constitution, qui en serait, n'en doutez pas, la consécration nouvelle. Entre M. de Tocqueville et moi il y a cette différence, que M. de Tocqueville veut, il le semble du moins, la consécration de la constitution, et que moi je veux, avant tout, la consécration de la République ; et elle se trouvera de nouveau dans le suffrage universel. »

M. GRÉVY. L'orateur insiste d'abord sur l'impossibilité, suivant lui, d'aborder la question de la révision sous le régime des lois restrictives faites par l'Assemblée actuelle, relativement à la loi du 31 mai :

« Si, dit-il, cette loi n'est pas rapportée, si elle s'exécute (j'écarte un moment de mon esprit les sinistres éventualités de 1852), si, dis-je, cette loi néfaste est maintenue et appliquée, si, au jour de leur renouvellement, les grands pouvoirs de la République, le Président, l'Assemblée, sortent du suffrage restreint, ce sera incontestablement un grand malheur ; contestés, méconnus, sans force, sans prestige, ces pouvoirs nous entraîneront dans des difficultés et des périls incalculables. Mais qu'arriverait-il, messieurs, si c'était, non des pouvoirs éphémères, mais la loi fondamentale elle-même qui fût entachée de ce vice originaire ; si à la Constitution qui tire du suffrage universel une solidité inébranlable, vous l'avez bien vu depuis deux ans, était substituée une Constitution produit d'une souveraineté mutilée? Attaquée dans sa légitimité, non-seulement par ceux qui sont exclus, mais encore par ceux qui, quoique enrôlés parmi les privilégiés de la loi du 31 mai, n'en restent pas moins les soldats du suffrage universel, cette Constitution sans force morale, sans appui, sans racine, s'écroulerait au premier choc et nous entraînerait en tombant dans des révolutions dont personne ne peut ni prévoir le caractère, ni calculer le terme.

« J'appelle, sur cette dernière considération, si puissante à mes yeux, la méditation de tous les esprits que la passion politique ne subjugue pas au point de leur ôter toute liberté et toute réflexion. Vous pouvez, messieurs, n'être pas touchés autant que nous le sommes des droits du peuple et des atteintes portées à sa souveraineté ; mais vous qui êtes des hommes d'autorité, vous qui vous préoccupez presque exclusivement de la stabilité du pouvoir et de la force du gouvernement, comment pouvez-vous songer à mettre à la place d'une Constitution fondée sur les larges assises du suffrage universel des institutions élevées sur la base étroite et chancelante de la restriction et du privilége? Ne voyez-vous pas que les anciens fondements du pouvoir sont détruits, que les vieilles croyances politiques ont fait place à la notion du droit, l'esprit de subordination au sentiment indomptable de l'égalité? Et lorsque, au milieu de cet ébranlement social, la fortune des révolutions a reconstitué l'autorité sur la raison commune, en lui donnant pour base le suffrage universel ; lorsque, dans son naufrage, le flot révolutionnaire l'a portée sur ce roc inébranlable, unique et dernier fondement qui lui reste, vous vous efforcez de l'en arracher, pour la confier de nouveau aux débris submergés des vieilles institutions tombées avec elle !

« Voilà, messieurs, la première raison qui nous défend d'entendre à aucune demande de révision. Il en est une seconde sur laquelle je vous demande la permission de m'arrêter encore un instant. Elle se tire des autres lois politiques que vous avez rendues, de l'état présent des droits et des libertés publiques, de la situation que la combinaison de ces lois fait aux concitoyens en général et aux républicains en particulier.

« Dans un état démocratique, toutes les libertés, tous les droits sont solidaires ; ils se combinent, ils se complètent les uns les autres, ils se soutiennent dans un enchaînement nécessaire. Il est impossible de toucher à l'une sans porter atteinte à l'autre. Supprimez, par exemple, le droit pour les citoyens de se communiquer publiquement leurs pensées, que devient entre leurs mains le droit de voter ? un instrument aveugle et dangereux.

« Je ne crains donc pas de rencontrer sur ces bancs un seul contradicteur, quand je dirai que le droit de s'éclairer, de se concerter est aussi important, aussi sacré que le droit de voter, qu'il est la condition indispensable du suffrage universel, le flambeau qui l'éclaire et qui le dirige.

« Or, de ce droit qui n'est autre que celui d'exprimer sa pensée, de ce droit primordial que toutes les constitutions consacrent, et qui, avant d'être écrit dans les constitutions, a été gravé dans la conscience humaine, à l'heure où je parle, il n'en reste plus vestige. Ce droit de s'adresser à ses concitoyens, de leur écrire, de leur parler, de les consulter, de les conseiller, de s'entendre avec eux, vous l'avez frappé dans toutes ses manifestations et détruit dans toutes ses formes. Et, pour en rester convaincu, il n'est pas besoin d'un grand travail d'esprit, il suffit que chacun de nous regarde la situation que vous lui avez faite, et dresse en quelque sorte l'inventaire des libertés dont vous lui avez laissé l'usage.

« Voulez-vous me permettre de faire devant vous ce travail sur moi-même et de me prendre pour sujet de ma démonstration.

« Je suis citoyen et je suis représentant du peuple. Si je veux, comme citoyen, m'adresser au public, entrer en communication avec mes concitoyens, avec les électeurs du département dans lequel je vote ; si je veux, au moment des élections, leur faire connaître ma pensée, discuter avec eux les questions qui s'agitent ou les candidatures qui se posent; si je veux, comme représentant du peuple, me mettre en rapport avec les électeurs qui m'ont envoyé ici, leur rendre compte de mon mandat; si je veux leur communiquer mon sentiment ou interroger le leur sur telle question, sur tel événement, vous m'en avez ôté tous les moyens, vous m'avez mis dans l'impossibilité absolue de le faire.

« Il n'existe en effet que deux moyens d'exprimer sa pensée : la parole et l'écriture.

« Pour que je puisse communiquer avec mes concitoyens, il faut donc ou que je puisse leur parler ou que je puisse leur écrire. Je ne peux pas leur parler; car, pour leur parler, il faudrait les réunir, et vous avez supprimé le droit de réunion. La loi du 19 juin 1849 avait, par un reste de scrupule, excepté de l'interdiction les réunions électorales; c'était comme une fissure à travers laquelle le droit de réunion respirait encore; mais, dès l'année suivante, vous avez achevé de l'étouffer en assimilant les réunions électorales à toutes les autres et en les confondant toutes dans la même interdiction; aujourd'hui, le droit de réunion est anéanti. Ainsi, des deux moyens d'exprimer sa pensée, d'entrer en communication avec le public, le premier m'est interdit : je ne puis, ni comme citoyen, ni comme représentant du peuple, en aucun temps, pour aucune cause, réunir mes concitoyens ni mes électeurs pour leur parler en commun.

« M'avez-vous au moins laissé le moyen de leur écrire? Pas davantage. Je peux bien consigner sur le papier ce que j'ai à leur dire, je peux même le faire imprimer, mais je n'ai aucun moyen de le faire parvenir jusqu'à eux. Il en existait deux; je pouvais ou faire placarder mon écrit ou le faire distribuer; vous avez interdit l'affichage et la distribution. Il me reste, il est vrai, la voie de la poste; mais, sans parler de ce qu'elle a de coûteux, elle ne peut pas remplacer les autres; la poste n'est pas un moyen de communiquer avec le public; je ne puis, par la poste, envoyer mes écrits qu'à mes amis, qu'à mes connaissances, qu'à ceux dont je connais le nom et la demeure; la poste est un moyen d'arriver à quelques personnes; ce n'est pas un moyen de s'adresser à tout le monde. Si donc je veux répandre mon écrit parmi mes concitoyens, parmi mes électeurs, vous m'en avez ôté les moyens.

« Il y a, à la vérité, la presse périodique; mais, outre que la distribution des journaux est interdite comme celle des écrits non périodiques, et, sans parler de toutes les autres entraves dont la presse périodique est enlacée, n'a pas qui veut un journal à sa disposition. La gérance, le cautionnement, le timbre et les nécessités financières de ces sortes de publications en font des entreprises industrielles, des professions; elles ne sont pas à l'usage de la généralité des citoyens. Les journaux ne sont un moyen de communiquer avec le public que pour quelques-uns, pour les journalistes, pour leurs amis ; ils ne sont pas un moyen à la portée des citoyens en général. Pour ceux-ci, il n'existe que l'écrit non périodique, et vous l'avez interdit.

« C'est pourtant dans l'écrit non périodique que réside le droit des citoyens. Les journaux, sous certains rapports, sont une industrie. L'écrit non périodique dont je parle est entièrement étranger à toute spéculation ; c'est purement l'exercice du droit des citoyens, et vous l'avez supprimé.

« Ainsi, la parole, vous me l'avez interdite par l'interdiction de la réunion. L'écrit, vous me l'avez interdit par l'interdiction de l'affichage et de la distribution. Entre mes concitoyens et moi, entre mes électeurs et moi, entre leur pensée elle-même, je trouve toujours vos lois et la main de la police.

« Il ne reste que la voie de la poste, par laquelle on n'arrive pas au public, et la presse périodique, qui est le privilége du petit nombre. Pour la généralité, pour la presque universalité des citoyens, aucun moyen de communiquer entre eux publiquement, pour s'éclairer et s'entendre sur les affaires publiques.

« Voilà le bilan de la première de nos libertés : le droit, pour les citoyens, d'exprimer la pensée par la parole et l'écriture, vous l'avez supprimé.

« Que dis-je, supprimé ! vous avez fait pis, vous l'avez remis à l'arbitraire et à la discrétion du gouvernement, qui, avec cet esprit d'équité dont tous ses actes sont marqués, l'interdit systématiquement à ses adversaires, et en réserve le monopole à ses amis[1]. »

M. MICHEL (DE BOURGES)..... « Hier, j'ai eu un tort que je confesse : j'ai interrompu un honorable général qui parlait à cette tribune pour la République. Il faisait du droit antique et du droit des monarchies. Il prétendait que notre principe était compromis si nous le laissions discuter. C'est le langage monarchique, c'est l'histoire de nos trente dernières années. J'ai là, messieurs, sous la main les monuments de votre intolérance ; vous avez tous, dans des circonstances diverses, soutenu la même maxime que jamais un gouvernement ne peut se laisser discuter. Vous l'avez soutenue, vous qui nous présidez aujourd'hui, vous qui présidez la commission et qui avez présenté le projet de révision ; tous, comme cela a eu lieu dans tous les temps et dans tous les pays, et dans les républiques antiques, il faut le reconnaître aussi, tous, vous n'avez pas eu foi dans votre principe ; vous n'y avez pas cru ; vous

[1] L'orateur s'étant trouvé indisposé n'a pas pu poursuivre son discours, qui n'a pas été repris.

n'avez pas permis qu'on le discutât. Nous républicains d'aujour·
d'hui, de notre temps, de notre société, nous voulons qu'on nous
discute.

« Nous provoquons, nous si faibles, nous si peu habiles, nous
si peu hommes d'État, nous permettons, nous sollicitons qu'on nous
discute ; nous avons la prétention d'être la raison même.

« Lorsque vous punissiez de la déportation et de la peine de
mort ceux qui vous contestaient, est-ce que, par hasard, vous n'a·
viez pas la prétention au moins d'avoir la raison pour vous ?

« Prenez-y garde, si nous ne sommes pas discutables, nous ne
sommes pas vrais. Nous sommes, nous, les enfants du doute ; nous
ne pouvons pas renier notre mère, le libre examen ; c'est la source
d'où nous venons et à laquelle nous voulons toujours remonter.

« Je commence à croire, messieurs, que vous aimeriez mieux
une loi, comme en 1793, qui sous peine de mort vous défendît de
nous discuter. Oui ! oui ! vous l'aimeriez mieux.

« Eh bien, nous n'en voulons pas. Messieurs, la minorité d'hier,
devenue majorité de circonstance, a écouté vos orateurs. Je ne
veux pas vous blesser ; je n'ai pas intérêt à vous blesser ; je veux
vous réconcilier avec la République. Je n'aurai pas beaucoup à faire
pour quelques-uns ; je ne ferai jamais assez pour les autres.

« Eh bien, voici ma thèse ; tout étroite qu'elle est, je viens
vous la soumettre. Je regrette qu'un discours si bien commencé,
où la réserve du langage, la modération des formes s'alliaient si
merveilleusement avec la raison froide, n'ait pas été achevé : il le
sera. Permettez-moi, en attendant, de vous offrir un faible essai,
qui n'avait de valeur et n'était en situation qu'après le discours que
vous n'avez pas entendu, et que, pour ma part, je ne puis pas reproduire. Mon ami Grévy vous aurait démontré, il était en bon
chemin, et il vous démontrera, j'en suis sûr, que la révision est une
mauvaise chose en soi ; qu'elle n'implique pas un très-grand respect
pour la Constitution elle même, au moins dans son esprit. Eh bien,
je veux aller un peu plus loin ; et, mettant de côté la forme, qui,
après tout, n'a pas beaucoup de puissance, pour arriver au fond,
je veux vous prouver que ce qui est mauvais selon les lois communes, est folie suivant les prescriptions de la raison politique.
Vous luttez contre plus fort que vous ; vous croyez n'attaquer que la
République, et vous attaquez la société qui est républicaine.

« Toute la thèse que je veux établir devant vous, c'est que vous
êtes républicains vous mêmes sans le savoir, et probablement sans
le vouloir.

« Eh bien, pour arriver à cette démonstration, qu'est-ce qu'il
faut ? il faut établir devant vous le fait même de l'existence de la
République, en rechercher la cause, dire pourquoi elle existe, pourquoi, à l'heure qu'il est, vous la conservez sans l'aimer. Et si nous

vous prouvions par hasard que cette République répond aux besoins du moment, aux nécessités sociales nées d'une autre révolution, sans violation d'aucun des principes essentiels de la société, qu'auriez-vous à répondre?

« Voilà ce que je veux établir devant vous.

« Je le ferai rapidement, sommairement ; l'heure me commande d'être bref.

« La République existe-t-elle? Oui. D'où vient-elle? Vous l'avez dit souvent. J'évite les mots qui pourraient blesser. Je ne parle ni de catastrophe, ni d'événement fâcheux ; je parle de mots presque consacrés : elle est arrivée par surprise. Tant mieux. Si elle n'a pas été préconçue, si elle n'a pas été amenée par un complot, par une conspiration, il faut nous dire d'où elle vient. Eh, mon Dieu! elle vient tout simplement des entrailles de la société, du peuple ; elle a été acclamée par le peuple...

« Elle a été acceptée par le peuple... Elle a été acceptée par vous.

« Il se pourrait que sur ces bancs il se rencontrât des citoyens qui n'eussent jamais adhéré formellement à la République, ni même virtuellement ; mais je parle ici du grand nombre, je ne m'attache pas aux exceptions ; je cherche des faits sociaux, des faits qui touchent, qui soient des arguments par leur généralité, par leur universalité ; l'exception confirmera la règle.

« C'est un fait qui honore le pays ; ce fait, je le constate, je ne le juge pas ; je recherche avec vous si la République est sociale ; et je ne dis pas la république démocratique et sociale, vous entendez bien ; je dis qu'elle est sociale, qu'elle est née de vous, avec vous, parmi vous, et qu'elle vivra avec vous, parmi vous, vous aidant, vous la voulant.

« Comment, vous, hommes politiques, vous, penseurs politiques, vous ne vous demandez pas compte de ce grand fait qui me préoccupe! Je n'admets pas la fatalité, dont parlait tout à l'heure un éloquent orateur, chez qui cependant ces idées, je le pense, n'ont pas de cours ; j'admets la Providence. Lorsqu'un fait arrive ici-bas, il a sa loi ; je cherche cette loi ; si je ne la trouve pas, si je me trompe, redressez-moi ; et si je la trouve, si je vous la montre, si je vous la fais toucher du doigt, dites que la loi existe. Oui, la République a été acclamée *nemine obstante*, comme l'a dit le commentateur de notre Constitution, dont le commentaire se développera avec le temps, je l'espère ; oui, il n'y a pas eu d'obstacle, et cela me suffit, car vous étiez tout-puissants. Prenez-y garde, je n'oublie pas ce que vous étiez hier ; ce que vous êtes aujourd'hui, vous l'étiez hier ; vous aviez un pouvoir dont vous vouliez, dont vous pouviez disposer ; aujourd'hui vous avez un pouvoir, que vous maintenez sans trop vous inquiéter de le faire valoir.

« Comment se fait-il que, dans les trois opinions qui me combattent (j'aurais dû parler de deux seulement, il n'y en avait que deux alors), que parmi ces hommes d'épée, ces hommes de tribune, ces grands hommes d'État, il ne se soit pas rencontré quelqu'un pour proposer à ce peuple, que l'on conduit comme on veut, dit-on, pour lui proposer ou bien un membre de la famille d'Orléans, le comte de Paris, par exemple, ou bien Henri V ? En aviez-vous le droit ? Oui ; tout était dans le néant, tout était dans le chaos ; nous étions en pleine révolution ; chacun avait le droit de dire et presque de faire ce qu'il voulait... Et le peuple a fait la République !

« Eh bien, vous, vous ne lui avez pas proposé de faire autre chose. C'est peu de ne pas lui offrir autre chose, car aujourd'hui le peuple vous dit : Vous êtes mes guides, vous êtes mes pasteurs ; vous faites mon opinion quand il vous plaît ; je lis quand vous voulez, quand vous ne voulez plus je ne lis plus... ; vous me faites les livres dans lesquels je dois lire, et puis, dans les grands jours de révolution, vous vous effacez, non pas par peur, mot qui n'est pas français.....

« Pour moi, je tiens que dans tous les partis, et dans les partis vaincus comme dans tous les autres, il y a des hommes de cœur et de grand courage... ; dans tous les partis on est Français, et la France, c'est le vieux sang romain, c'est le vieux sang gaulois, c'est le vieux sang des Francs : tout cela n'engendre pas la lâcheté et la faiblesse.

« Je voudrais marcher vite ; mais enfin je ne puis aller que suivant l'ordre de mes idées. Vous avez de la bienveillance pour la jeunesse, il faut en avoir pour ceux qui ne sont plus jeunes. Je me recommande à vous par la modération... ; respectez ma modération, vous verrez que j'arrive à des conclusions qui vous satisferont tous.

« Eh bien, oui, acclamation de la République en février 1848 par le peuple. Nulle autre forme de gouvernement n'est offerte à ce peuple ; aucun homme ne se présente, je ne dis pas, comme chez les anciens, la corde au cou, pour se vouer à la mort, non, je veux dire que, par une explosion naïve et spontanée de sentiment national, nul ne se présente pour dire au peuple : Pourquoi rendez-vous les enfants responsables des fautes des pères ?

« Il y a plus, vous ne vous êtes pas bornés à cette attitude négative, ce désarmement qui n'est ni dans vos habitudes, ni dans vos goûts ; vous avez adhéré, entendez-vous, mes chers collègues, vous avez adhéré explicitement à la forme républicaine ; vous avez eu foi en elle.

« Je sais tout ce que vous répondez de raisons et de protestations aujourd'hui ; vous dites : Nous l'ignorions, nous ne la savions pas ; nous la croyions plus belle... C'est tout ce qu'il me faut ; vous l'avez crue belle un instant, vous la croirez telle toujours quand elle se sera produite.

« Voilà les trois points qui n'ont pas besoin de plus de développements. Dans ce pays de France, dans ce pays de raison, dans ce pays d'audace, dans ce pays de révolutions, il a été un instant où, grands et petits, riches et pauvres, vainqueurs et vaincus, s'il peut y avoir des vainqueurs et des vaincus parmi nous, tous ont voulu la République.

« Je pourrais examiner avec la raison de la politique vulgaire pourquoi la République a vécu, bien que vous la déclariez antipathique au pays, pourquoi elle a vécu malgré les fautes de ses amis ; car, je le confesse, ils ont commis des fautes, et beaucoup de fautes, et des fautes de plus d'un genre ; tandis que vous, vous n'en avez pas commis, de fautes, je vous en félicite ; vous avez été parfaitement habiles. En effet, vous avez trouvé la division au sein du gouvernement provisoire ; vous l'avez fécondée et développée. Ensuite le gouvernement provisoire vous a déplu, vous l'avez remplacé par une commission exécutive, où le parti populaire était à peine représenté. Puis vous avez mis le pouvoir dans les mains d'un homme qui, avez-vous dit souvent, avait sauvé la société ; enfin, quand il a fallu le couronner, lui rendre hommage, vous mettre en harmonie avec vous-mêmes, vous l'avez recommandé au peuple pendant je ne sais combien de mois, et huit jours ont suffi pour faire volte-face ; vous l'avez abandonné à l'ingratitude de la société qu'il avait sauvée, et vous savez où vous avez porté votre hommage !

« Messieurs, vous avez fait plus : à force d'habileté, exploitant aussi, je le reconnais, les fautes du parti républicain et les fautes du peuple, car pourquoi ne dirions-nous pas la vérité au peuple ? vous vous êtes emparés du pouvoir ; vous vous êtes faits petits tout d'abord ; vous avez voulu vous insinuer dans les conseils du peuple, vous y avez réussi. Et puis sous une République, les destinées de la République ont été confiées aux mains d'un prétendant, et le gouvernement aux mains des monarchistes. Aucune conscience ne peut me contredire sur ces faits.

« Eh bien, je me demande alors avec une nouvelle sollicitude, pour éclairer mon esprit, pour raffermir ma conscience, je me demande pourquoi la République vit. Je demandais pourquoi elle a été acclamée, je demandais pourquoi vous l'avez acceptée un instant ; je me demande maintenant pourquoi vous ne nous la retirez point. Nous sommes 200, vous êtes 500 ; vous avez 4 à 500,000 hommes à votre disposition ; un budget d'un milliard et demi ; 500,000 fonctionnaires, tout ce qui vit, tout ce qui pense gouvernementalement, est à vous ; jetez dans une urne le nom de tous les fonctionnaires publics, vous n'en tirerez pas un qui soit républicain ! Et la République vit ! voilà mes joies, voilà mes espérances.

« Je supplie les orateurs que vous avez choisis et que leur immense talent recommande, je les supplie de porter leur attention
sur ces considérations ; j'y attache quelque prix, et je crois que le
pays lui-même ne dédaignera pas une réponse péremptoire.

« Eh bien, le fait ne m'a jamais beaucoup touché ; j'ai toujours
vécu dans le droit, trop peut-être ! car j'aurais dû, sous la monarchie précédente, suivre l'exemple que des hommes de cœur m'ont
donné, exemple dont je les remercie. Ils ont dit loyalement et sincèrement à la République, il n'y a pas longtemps, il y a deux jours :
« Nous voulons subir l'épreuve de la République ! » Je n'ai jamais
eu ce courage ou plutôt ce patriotisme, ce dévouement ; car pour
son pays il faut tout immoler, même ses affections, même son intelligence.

« Eh bien, oui, je cherche la cause de ces trois grands faits, et
je la trouve dans les concessions qui m'ont été faites hier par l'un
des éloquents défenseurs de l'ancien régime ; passez moi le mot.

« Hier, à mon grand étonnement, je dois le dire, j'ai entendu
accepter la révolution de 1789. Si cette acceptation est sincère,
vous êtes étouffés par la logique.

« Et vous allez voir bientôt que la raison que je cherche m'apparaît tout-à-coup ; elle m'est fournie par vous. Il n'y a pas de
mystère dans la science politique : c'est le bon sens appliqué aux
choses de ce monde. Eh bien, la voilà, la cause. Oui, 1789 est un
fait immortel ; mais ce n'est pas parce qu'il est couché dans je ne
sais quelle page de l'histoire, qu'il est immortel ; c'est parce qu'il
s'est développé dans le temps et dans l'espace. Oui, il a parlé ; oui,
il s'est fait verbe ; il s'est étendu, il s'est développé ; il marche, il se
déploie, il se développe toujours ; et la preuve, c'est qu'hier, ici,
vous rendiez hommage, vous, éloquent orateur, vous de la jeunesse
nouvelle, vous rendiez hommage à ce grand fait, vous l'acceptiez.

« Eh bien, est-il vrai, messieurs, que, de 1789 à 1848, il se soit
passé de grandes choses ? Est-il vrai que 1789 ait détruit l'ancien
régime ? Où sont-ils, les défenseurs de l'ancien régime ? Il n'y en
a plus. Il y a donc un fait nouveau. Vous êtes donc les enfants d'un
ordre de choses nouveau ; je le savais bien : vous êtes les enfants
de 1789 ; ne perdez pas cela de vue, ...

« Eh bien, maintenant je conclus pour ne pas vous tenir en sus-
pens, je conclus que les deux monarchies, non pas dans le même
degré, je veux les distinguer, la justice le veut, mais que les deux
monarchies ne peuvent pas satisfaire aux besoins nés de cette
double révolution dans l'ordre politique et dans l'ordre social...

« La République seule les embrasse. ces deux aspects, dans ses
vastes flancs ; seule elle y satisfait, seule elle ne blesse personne,
seule elle peut respecter le passé et s'ancrer dans l'avenir.

« Voilà pourquoi, je le disais en commençant et je le répéterai toujours pour le bonheur de ma patrie, vous êtes des républicains, car vous êtes des hommes nouveaux, car vous avez tous accepté, à des degrés divers, vous avez accepté, plus ou moins, l'ordre politique et l'ordre social nouveau. »

L'orateur se livre à l'examen des actes politiques les plus importants des deux régimes monarchiques de 1814 et de 1830.

Séance du 17 juillet.

M. MICHEL (DE BOURGES). « Messieurs, je reprends mon discours où je l'ai laissé hier.

« Je veux tenir mes engagements. J'ai promis de vous réconcilier avec la République : je veux vous la montrer dans l'avenir telle que vous l'avez conçue au jour de sa naissance ; je veux prouver qu'elle seule satisfait aux nécessités de l'état présent engendré par la révolution de 1789, que vous acceptez tous.

« J'ai examiné l'état politique ; cette question était la plus difficile. Il est très-difficile, en effet, même à l'orateur le plus modéré, de ne pas attaquer, de ne pas blesser, sans le vouloir, quelques-uns des sentiments qui animent des auditeurs venus de tant de points divers et appartenant à tant de nuances..........

« Après l'état politique vient l'état social. La liberté, c'est l'état politique ; l'égalité c'est l'état social.

« Je maintiens, à mon point de vue, qu'aucune monarchie, à l'heure qu'il est, ne peut satisfaire au besoin d'égalité né de la révolution de 1789. Je le maintiens avec l'histoire, non pas des vieux temps, j'en parlerai si vous me le permettez, mais pour le besoin de mon argument ; je le maintiens avec le présent.

« C'est le présent qui nous enseigne. Vous avez assez vécu, moi, du moins, malheureusement, j'ai assez vécu pour apprendre la politique dans les faits ; j'ai vécu dans les livres autant que ceux d'entre vous qui y ont le plus vécu. Oui, c'est un privilége de ceux qui ont vieilli dans la carrière studieuse..... Et j'ajoute que ce que la politique des livres m'avait appris, la politique des faits est venue le confirmer : vous allez voir !

« Qu'est-ce donc que l'égalité ? C'est une aspiration de l'humanité. Nous y marchons sans cesse et nous n'y arrivons jamais : c'est la perfection ! Ceux qui savent une meilleure définition nous en feront part à cette tribune. Moi, je dis que l'humanité marche vers l'égalité ; elle y a toujours marché ; mais souvent elle y a marché

par de mauvais sentiers; nous voulons lui tracer un sentier nouveau; il sera meilleur, croyez-le!

« Eh bien, où est la lutte? Où est l'obstacle? Le voici. Je marche
sur des charbons ardents; mais j'y marche sans crainte; je marche,
je le crois, vers la vérité.

« La lutte actuelle, la voici : elle est entre le capital ou la richesse,
c'est la même chose, et le travail ou ce qui produit la richesse.

« Lisez tout ce qui a été écrit dans ce temps; parcourez tous les
journaux, si vous le pouvez, tous les écrits, si vous l'osez, vous verrez que tout se réduit à ceci : des riches et des pauvres, des capitalistes et des travailleurs.

« Cela est vieux comme le monde, dites-vous, je le crois bien,
c'est le monde lui-même, c'est l'humanité.

« Eh bien! le remède à ce mal, les moyens de faire cesser cette
lutte, où sont-ils?

« Ils sont dans l'arbitrage. La lutte, remarquez-le bien, elle est
naturelle, et de cette lutte doit naître la conciliation.

« La lutte et la conciliation, il semble que ce soient des choses qui
ne peuvent pas marcher ensemble. Cependant c'est le problème
que l'humanité doit résoudre.

« Le capital naît du travail; voilà la gloire de ce siècle. Lorsque
dans ces derniers temps vous avez chargé vos grands écrivains, vos
penseurs habiles, de chercher l'origine du capital, cette origine qui
a failli nous coûter si cher à Montmartre parce qu'on ne nous avait
pas compris. Qu'ont-ils produit? Ils ont honoré le siècle des
lumières. MM. Troplong et Thiers ont l'un et l'autre (l'un d'eux
pourrait me démentir, et je le supplierais de le faire si je me
trompais), tous deux ont placé la racine de la propriété, du capital, dans le travail.

« C'est une curieuse recherche que celle de savoir comment le
capital, sorti du travail, fait la guerre à sa source; et cependant
rien n'est plus vrai.

« Il y a plus : si vous laissez le capital tout seul se mouvoir, se
nourrir, savez-vous ce qu'il fera? Ce que fait l'enfant qui sort des
entrailles de sa mère : il en suce le lait jusqu'à flétrir et épuiser la
mamelle qui doit le nourrir; il faut le modérer, le contenir.

« Et vous l'avez fait et vous le faites tous les jours; et pour ne
parler que d'une loi vulgaire, rappelez-vous ce que vous avez fait
sur la loi de l'usure. Je vous défie de mettre l'économie en concordance, dans la science positive et abstraite, avec les lois sur l'usure;
et, cependant, ce sont les lois sur l'usure qui l'emportent toujours :
tant il y a dans l'instinct du peuple quelque chose qui n'est que
l'avant-coureur d'une science qui doit se déployer!

« Oui, avant le temps, contre la science, vous protestez tous les
jours contre l'épanouissement excessif du capital.

« Quant à la guerre du capital contre le travail, je la proclame parricide : elle est impie, elle ne se comprend pas. Le travail et le capital doivent se concilier, c'est l'humanité. Cela n'est pas contestable, nul n'osera le contester.

« Eh bien ! je cherche cet arbitre dans la sincérité de ma conscience, et je ne le cherche pas comme un rêveur, prenez garde, je partage beaucoup de vos craintes, quoique vous ne partagiez pas beaucoup de mes espérances. C'est qu'en effet je vois très-distinctement le point culminant et le point menaçant.

« Lorsque M. de Falloux, qu'il me permette de revenir à lui pour les bonnes choses, lorsqu'il nous parlait de ses craintes de l'avenir, il enveloppait tout cela d'un mot. Mais j'allais, moi, au fond des choses ; je voyais aux prises le travail et le capital, le travail se développant successivement, ayant dominé le monde physique, l'ayant assoupli à ses volontés, à sa puissance, à son labeur incessant, à son envahissement irrésistible, et le capital se faisant petit, mais ne voulant pas céder pourtant, et se défendant avec raison, car il ne peut pas permettre que le travail, à qui il est nécessaire, l'absorbe et le tue. Non !

« Je ne sais si je me ferai pardonner ce développement ; j'essaie pourtant d'être le plus court possible ; mais enfin, trop court, je suis obscur ; il vaut mieux que je m'expose à vous ennuyer que de m'exposer à ce que vous vous trompiez sur mes sentiments.

« Eh bien, voilà ce que je cherche dans l'intimité de ma conscience, croyez-le. Je m'adresse ici à mes adversaires politiques et point à mes amis, Ils s'exagèrent la situation, moi je la pèse dans la balance, j'ose dire de la justice. Je suis un enfant du travail, mais j'ai acquis le capital ; voilà pourquoi je veux les concilier.

« Vous qui êtes possesseurs du capital, qui le détenez, vous avez le même intérêt que moi.

« Je défie qu'ici, sur ces bancs, il se trouve un homme qui ne pense pas comme moi sur ce point initial, à moins qu'il n'y ait ici un apologiste de l'oisiveté.

« Laissez-moi vous parler dans la sincérité de mon âme. Je verse ici le peu que je sais ; c'est à vous à le prendre, à le tamiser, à le rejeter si cela ne vaut rien ; si cela vaut quelque chose, prenez-le ; car Plutarque a fait un chapitre sur le profit qu'on tire de ses ennemis.

« Je cherche la conciliation. Si je l'avais trouvée dans la monarchie, je m'y serais arrêté, pas aux jours de ma jeunesse. Lorsqu'il y a vingt ans, par une belle nuit d'été, au sein de ma chère Argos, je prêtais serment de fidélité à la République, je l'aimais sans la connaître ; et lorsque plus tard, dans l'âge viril, engagé dans les partis, je faisais la guerre à la royauté constitutionnelle, peut-être sans bien la connaître, je me vouais à la République, peut-être en la sentant trop, j'étais engagé comme un homme de parti. Aujourd'hui, je cherche la vérité, et je l'apporte comme je la sens.

« Je veux concilier, je veux que la société marche dans la conciliation ; je crois cela possible. Vous aussi vous le croyez possible ; vous donnez votre remède, j'apporte le mien ; car c'est un mal que la guerre entre le capital et le travail. Il faut une lutte, il ne faut pas de guerre ; il faut des athlètes qui, sans cesse usant de leurs forces, se poussent, reculent, avancent, et, éternellement vainqueurs l'un et l'autre, proclament toujours leur victoire aux yeux de l'humanité, dans l'intérêt de sa gloire. Messieurs, si le capital seul était arbitre dans cette lutte, y aurait-il là de la justice ? Est-ce qu'on peut être juge dans sa propre cause ? Si le travail, à son tour, voulait être juge, est-ce qu'il y aurait plus de justice ? C'est une question que j'adresse, non plus à l'esprit, mais à la conscience. Non ! l'humanité le proclame : nul ne peut être bon juge dans sa propre cause. Voilà pourquoi vous allez chercher un arbitre en dehors des parties intéressées.

« Vous vous êtes arrêtés à la monarchie : j'y touche ; c'est là que j'examine votre insuffisance ; je la trouve constatée dans des faits normaux, toujours en dehors des excès. 1789 vous donne deux choses : la richesse et le travail à concilier. Que faites-vous, vous royauté, royauté de droit divin ? ou, si le mot vous blesse... royauté traditionnelle, nationale.

« Je n'attache aucune mauvaise pensée à tout ce que vous dites ; je ne veux rien envenimer, je prends tout en bonne part, je conçois toutes les idées, et j'accepte et je respecte tous les sentiments. Eh bien, oui, vous avez voulu concilier, vous avez eu raison, nous sommes d'accord sur ce terrain, concilier les deux choses qui vivent.

« Ceux qui font la guerre au capital sont des insensés ; le capital vivra, et longtemps après que leurs noms seront tombés dans l'oubli. Et ceux qui voudront substituer le travail au capital, et, au lieu de les agencer, de les faire marcher dans un parallélisme utile, voudront les absorber l'un par l'autre, ceux-là périront également.

« C'est la conciliation qu'il nous faut à tout prix. Je n'aime la République que parce qu'elle me promet cette conciliation ; si elle manque à son engagement, je l'abandonne à sa destinée.

« Je fais sortir l'impossibilité pour la monarchie de concilier ces deux grands éléments sociaux d'un fait matériel incontestable.

« La monarchie s'est toujours placée, et elle ne peut se placer ailleurs, du côté des riches, du côté du capital. Vous allez le voir, je vous le montrerai sans passion.

« Elle a bien compris qu'elle ne pouvait pas vivre seule depuis 1789, car auparavant elle ne comprenait pas cela. Le règne du bon plaisir rendait sacrés à la fois et la personne et les actes. Depuis, on a retranché les actes pour arriver à sacrer la personne. C'est le mot fameux : *Le roi règne et ne gouverne pas.*

« Ce jour-là la royauté a été tuée, car dire qu'un homme règne et ne gouverne pas, c'est dire qu'il ne peut plus avoir la responsabilité de la personne, c'est un porc à l'engrais, c'est la mort de la royauté.

« Je dis plus ; je veux achever ma pensée, et c'est en cela que je disais l'autre jour à un homme illustre (il me permettra de l'appeler de ce mot sans flatterie), à un illustre compatriote : vous avez fait un grand bien à la révolution, moins encore par votre histoire que par votre maxime politique. Voyez la gradation des idées : la royauté nationale, la nation ne pouvait plus la supporter ; nous sommes tous d'accord sur ce point, je le suppose, du moins.....

« Je dis que, pour nous, enfants de la révolution de 1789, la monarchie, la royauté dégagée de toute responsabilité, obligée, pour conserver cette irresponsabilité, il faut le dire, surhumaine, car il n'y a pas d'acte sans responsabilité en dehors de la conscience humaine, qui veut invinciblement la responsabilité des actes, je dis que la royauté, conservant cette irresponsabilité en abdiquant son intelligence, c'est la mort de la royauté, c'est l'avénement de la République.

« Eh bien, pour la branche aînée, qu'est-ce que je trouve ? Vous allez croire, messieurs, que je vous parle d'il y a trois siècles ! Eh non, je vous parle d'il y a deux jours. Je trouve que, pour faire la loi, il faut payer 1,000 fr. de cens et avoir quarante ans d'âge. Pour nommer celui qui doit faire la loi, il faut payer 300 fr. et avoir trente ans d'âge.

« Je descends à la branche cadette, et le principe ici est le même, mais l'application l'atténue. A 1,000 fr. nous substituons 500 fr., à quarante ans nous substituons trente, et tout est fait ; oui, le capital est représenté, car le cens, c'est le signe éminent du capital ; vons le savez bien ; mais le travail, par qui était-il représenté ? Voulez-vous m'indiquer à part quelques patentés... qu'on a eu le soin, par des mesures purement fiscales... je n'affirme rien ; mais on m'a dit, c'est l'investigateur intrépide de la question électorale, M. Rigal, enfin, il me permettra de l'appeler par son nom, m'a affirmé que le nombre des patentés par les mesures purement fiscales, loin d'augmenter, avait diminué. Voilà tout le problème ; le travail se plaint de ce qu'il n'a pas été représenté, de ce que vous avez fait des lois où il est intéressé au moins pour moitié, je n'exagère rien, je veux le mettre sur la même ligne, sans qu'il ait été appelé au conseil.

« Toutes les lois, messieurs, ne tendent qu'à ceci : Modifier la richesse, l'augmenter, la changer de place ; c'est l'humanité. Je vous défie de m'apporter la loi la plus éloignée, en apparence, de la question économique, sans qu'à l'instant je vous fasse voir l'influence qu'elle exerce sur les résultats économiques.

« Eh bien, le travail a eu beau se plaindre, il n'a pas été écouté.

. . . .

« Eh bien, maintenant, nous vous proposons, nous, ne pouvant pas trouver un arbitre hors des deux parties, de les faire toutes deux arbitres. Voilà tout le mystère de mon système, si j'ose appeler cela de ce nom trop ambitieux. Je veux, je n'ai pas beaucoup d'ambition, c'est la Constitution qui le veut, et vous voyez que je touche à la révision, je veux que dorénavant, dans ma patrie, le travail et le capital se donnent la main, ne soient plus ennemis, et, pour cela, je veux qu'ils concourent tous les deux à faire les lois, à nommer ceux qui doivent les faire.

« C'est la Constitution, c'est le suffrage universel, c'est la République, ce sont tout autant de mots exprimant la même chose ; et quand je vois de beaux esprits, quand je vois de grands génies se tuer à faire voir les différences de ces choses-là, eh ! messieurs, je m'humilie, et moi je ne comprends pas cela. Le suffrage universel, c'est la République ; la République, c'est le suffrage universel ! où tous sont souverains, où tous ont le pouvoir, et il n'y a pas de pouvoir à redouter là où le pouvoir est partout.

« Je ne dis rien de mon système ; il ne m'appartient nullement de le louer ; mais, et voyez comment tout se tient dans mon argumentation, si humble qu'elle soit, je me retrouve en 1848, je me retrouve au mois de février, en harmonie parfaite avec cet instinct du peuple dont je vous parlais, et qu'il ne faut jamais négliger. La science, dans ses développements, trouve son germe dans l'instinct du peuple ; la Providence l'a voulu ; et si le peuple ne marchait pas avec vous, s'il ne vous comprenait pas, vous ne seriez pas dans les voies de la Providence.

« Voilà le suffrage universel comme je le conçois, comme le grand conciliateur, et voici pourquoi je veux la République.

« Mais cela ne suffit pas, je le reconnais ; avec les préoccupations, avec les préjugés qui pèsent sur notre République, avec le gouvernement révolutionnaire de 1793, éternellement confondu avec le gouvernement normal et régulier de la République, il ne suffit pas de vouloir la République, il faut dire la République qu'on veut. C'est ce que je vais essayer de faire.

« Je procède par voie d'exclusion. Nous ne voulons pas, je ne veux pas, quant à moi, des républiques antiques. Je veux en dire la raison brièvement, mais je veux la dire, elle est dans mon sujet : c'est que les républiques antiques, c'est le brigandage organisé, c'est la lutte pour la richesse mal acquise entre les voleurs.

« Je n'ai pas besoin d'autorité ; cela romprait le mouvement du discours, et ce sont des faits que vous pouvez vérifier, si vous ne les saviez pas avant moi.

« Les deux républiques qui sont immortelles, et que dans notre éducation de collége on nous signale comme la source de notre existence, Athènes et Rome, Rome et Athènes !... vous ne savez que cela ! Vous vous étonnez que vos enfants aiment la République ; vous la leur glissez dans la tête ; elle descend au cœur.

« Pour moi, je m'inscris contre toute république de cette nature, qui non-seulement n'accepte pas le travail (je n'en suis pas arrivé aux temps modernes, je suis aux temps anciens), qui non-seulement ne l'accepte pas comme le producteur de la richesse, lui qui la produit toute, lui qui la produit seul, mais qui humilie le travail et l'avilit. Demandez au traducteur d'Aristote, qui est là (les regards se tournent vers M. Barthélemy Saint-Hilaire), il vous dira comment le plus grand penseur politique des temps passés et des temps modernes, j'ose le dire sans être démenti, comment Aristote se tue, tue son beau génie, le plus grand génie analyste de ce temps-là et des temps modernes, l'inventeur du syllogisme, comment il se tue, comment il analyse cent cinquante constitutions pour trouver la raison, le ressort, ce principe que notre Montesquieu aussi a cherché sans le trouver: et il n'en vient pas à bout ! il invente, savez-vous quoi? Le *un*, le *plusieurs*, le *tous*, la monarchie, l'aristocratie, la démocratie ; tout cela, il en trouve la raison dans l'ignorance : ici le *un*, là le *plusieurs*, là le *tous*. Ce n'est pas la question, un, ou plusieurs, ou tous; la question est de savoir si ce que vous possédez, si ce que vous faites vôtre est à vous; oui, c'est à vous si le travail le produit; non, ce n'est pas à vous si vous le volez par la conquête, ou si vous l'extorquez à l'humanité par le travail. Quel mot j'ai dit là?

« Je descends à la République de Venise.

« On l'a déjà flétrie ici. Il lui arriva un jour de se suicider, et cependant, par cela seul qu'elle fut une République, elle vécut assez longtemps pour arriver jusqu'à nos jours ; et, si je ne me trompe, c'est sur sa médiation qu'un des plus grands traités de paix modernes a été fait. Mais, un jour, elle se sépare en deux ; on tire le voile : le peuple, d'un côté, est laissé dans la rue ; et les riches, les puissants, l'aristocratie, se firent rois. Vous savez ce que leur a coûté cette royauté. Au besoin, consultez dans l'ouvrage du père de l'une de nos illustrations, consultez ce que c'était que le conseil des Dix, et ses institutions et ses règlements.

« Je ne parle pas de la Suisse. Mais enfin j'ai devant moi le nouveau monde. Que voulez-vous ! je ne le crée pas, celui-là, c'est Dieu qui l'a créé, et qui l'agrandit tous les jours pour votre instruction et pour la nôtre. L'Amérique ! Eh bien, l'Amérique, plus l'unité que l'Europe nous commande, moins la servitude, l'esclavage que l'humanité, la religion et la philosophie proscrivent en France, voilà notre République, la République du travail et du capital, du capital et du travail. Retournez-vous comme vous le voudrez; mettez ensemble toutes vos lumières, tous vos instincts pratiques, toute votre raison, toute votre expérience; réunissez ici dans un grand conseil tous les sages que possède cette Assemblée, appelez à votre aide la logique, vous n'inventerez rien qui soit plus grand et plus beau, plus digne des desseins de la Providence. C'est que là est l'avenir du monde, c'est que là est le doigt de Dieu !

. . . .

« Je dis donc que notre République est toute trouvée, à une condition : c'est de ne pas transformer la dictature de 1793 en l'état normal de ce pays. Non, c'est impossible!

« Je dis qu'il y a des moments, et cette pensée m'est fournie par le commentateur de Montesquieu, qui est représenté ici aussi (le nom de M. Destutt de Tracy est répété sur les bancs de l'Assemblée), car toute la science est représentée dans cette Assemblée, et je pourrais dire tout le travail, le travail de l'intelligence, le travail du cœur et le travail de la main; vous êtes ici une image de la République. Oui, il y a des moments où les peuples ne savent plus rien supporter, parce qu'ils ont trop souffert; cela est vrai. Si je vous rappelais, pour passionner le débat, tout ce qu'on a dit et écrit contre ces hommes que vous appelez tous restaurateurs de la société, vous croiriez que je veux vous diviser. Eh! non, je veux vous réunir; mais c'est qu'en vérité, l'irritation née des douleurs antérieures enlève jusqu'au jugement, jusqu'au sentiment de la conservation. Oui, il y a des moments où vous ferez accepter à un peuple qui sort de l'anarchie le despotisme. Eh bien, à l'heure qu'il est, en ce moment-ci, où sont les manifestations de 1793, où sont-elles?

« Vous avez trois faits immenses dans la révolution qui signalent son avénement, qui l'ont, il faut le dire, consacrée. Quels sont ces faits?

« Le premier est celui-ci : Nous ne vous demandons plus de serment. N'est ce pas là le respect profond de la conscience? N'est-ce pas là une immense conquête que 1789 n'a pas pu vous donner, que nous seuls pouvons vous donner? Oui; et ce que nous pouvons nous donner, nous vous le donnerons toujours et nous combattrons pour qu'on vous le donne toujours.......

« L'écrivain de la révolution avait signalé ceci comme une tactique des partis, comme une humiliation des vaincus; il l'avait dit dans la première histoire de la révolution.

« Malheureusement il n'a pas pu s'en souvenir sous la monarchie de Juillet. Et rappelez-vous les combats et les luttes qui eurent lieu ici lorsque d'Argenson voulut prêter serment à cette tribune , et notre honorable président qui a passé sa vie dans les lois, qui s'est même exagéré (pour un magistrat c'est un éloge !), qui s'est même exagéré l'influence des lois, si on pouvait jamais se l'exagérer. Que disait d'Argenson? Il a encore ici des représentants : « Oui, laissez-moi prêter serment ; je veux me soumettre, mais enfin j'ai une conscience ; laissez-moi vous dire que je prête serment à la monarchie, sous la réserve du progrès. » C'était bien humble ; on ne l'a jamais voulu, on ne l'a jamais souffert.

« Eh bien, ce ne sont pas des réserves que nous vous permettons ; ce n'est pas sous la réserve du progrès ; c'est sous une réserve de tous les jours, de tous les instants. Oui, la République, quand elle ne fera pas son devoir, quand elle ne répondra pas à sa destination, quand elle accomplira encore plus mal que vous ce pourquoi nous l'avons créé, répudiez-la, ne la discutez pas, chassez-la, c'est votre droit.

« Que voulons-nous? Ce que la justice commande, ce que la raison prescrit, ce que l'humanité veut invinciblement : la liberté de tous et le bien-être de tous.

« Je dis aux possesseurs, aux riches, aux capitalistes : Admettez le travailleur à faire la loi ; il y a autant et plus d'intérêt que vous, et vous tuez les révolutions. Les révolutions, qui est-ce qui a intérêt à les empêcher? C'est le peuple. Nous, capitalistes, nous perdons une portion de notre capital ; il nous en reste encore assez. Mais le peuple perd toute sa richesse : le travail. La logique le convie donc à être pacifique ; ce sont les passions qui l'en détournent. Mais devant l'iniquité la passion s'éveille ; elle agite les meilleures consciences ; elle enlève le sentiment de la conservation elle-même. Oui, alors même qu'un peuple comme le nôtre saurait qu'au lendemain d'une révolution il serait plus malheureux que la veille, il fera encore la révolution, parce que, avant tout, il veut la justice.

« Messieurs, j'allais finir, mais on me dit que je fais un oubli. Non, je n'ai pas fait un oubli. On me dit que j'ai oublié de parler de la peine de mort abolie. Mais cela va de soi. Vous voulez que le peuple se tue lui-même ; vous voulez, quand vous avez dit à des hommes de cœur : Suivez l'inspiration de votre conscience, plus de serment, allez, marchez, nous nous en rapportons à votre loyauté. Si un jour, séduit par une illusion de l'esprit et par le cri de la conscience, cet homme s'égare, vous voulez qu'on le tue ! Oh ! non. Les royautés tuent parce qu'elles ne sont pas le vrai, la République pardonne parce qu'elle est la justice et la commisération. »

M. BERRYER. «Je n'ai pas la prétention de répondre à tout ce qui a été dit devant nous aujourd'hui et dans la séance d'hier par l'orateur qui vient de descendre de la tribune, mes forces physiques et les facultés de mon intelligence n'y pourraient suffire ; mais, embrassant d'un coup d'œil, dans un résumé saisissant pour mon

13

intelligence tout ce grand parcours sur toutes les questions dont l'humanité peut être occupée, je vois une grande, une violente accusation, au fond des choses, élevée contre tout le passé. Si nous attachons à chaque partie de ce discours l'importance qu'il mérite, si nous pesons bien la gravité des questions qu'il a soulevées, la portée des émotions qu'il peut faire naître dans les esprits, dans les cœurs des hommes auxquels il parviendra, il est évident que cette grande civilisation française qui dure depuis tant de siècles, qui a tant progressé à la gloire de l'esprit humain, n'aurait été qu'une lutte continue, perpétuelle contre les principes naturels, contre les droits éternels, contre les droits fondamentaux de toute société humaine; tyrannie aveugle, implacable, tyrannie contre les grandes masses d'un peuple : c'est là l'histoire du passé de la France !

« Que M. Michel (de Bourges) me permette de ne toucher aux différentes parties de son discours que dans les points qui répondent, selon moi, plus directement à la grande question qui est soumise à vos délibérations, et dans la discussion même de cette question seule, je ne veux pas m'égarer.

« Je sais, et je ne saurais oublier que l'Assemblée législative n'a pas le droit, qu'il ne lui appartient pas de déterminer et de proclamer quels changements peuvent ou doivent être apportés aux institutions politiques qui nous régissent aujourd'hui.

« L'Assemblée n'a qu'un vœu à émettre, et je dois dire tout d'abord quelle part nous avons prise, mes amis et moi, dans la préparation de ce débat ; nous n'avons pas même demandé que ce vœu de révision soit émis ; aucune proposition tendant à la révision n'est venue de nos mains se poser sur la tribune ; mais quand ce mot a retenti, quand on en a parlé, pouvions-nous méconnaître que ceux qui demandaient la révision répondaient à un sentiment, qu'à moins de fermer les yeux à la lumière, on voit dominer le pays ? Pouvions-nous méconnaître qu'il y a un besoin, qu'il y a un désir de changement, que cette révision est véritablement appelée à satisfaire ? Je ne m'arrête pas à des pétitions sollicitées d'une façon plus ou moins régulière ou irrégulière ; je dis que devant le pays, qu'en présence et en souvenir des luttes qui nous divisent, qui nous agitent depuis trois ans, il est impossible de méconnaître que la demande d'une révision est la réponse à un besoin plus ou moins éclairé, mais à un besoin manifeste du pays. Et certes, cette manifestation était imposante pour nous, quand 233 membres de l'Assemblée avaient signé la proposition.

« Que devions-nous faire et qu'avons-nous fait ?

« Nous qui sommes profondément convaincus et des vices et des dangers des institutions actuelles ; nous que tout le monde sait être sincèrement, persévéramment attachés à des principes tout contraires, quand la révision était demandée, pouvions-nous nous refuser à cet appel? Pouvions-nous ne pas adhérer ? Que seraient devenus l'honneur, la loyauté, la sincérité des royalistes, si, quand on demandait d'appeler le pays à revoir la constitution républicaine, ils s'étaient refusés à cet appel?

« Oui, nous avons demandé la révision ; mais ce n'est pas seulement pour satisfaire à des opinions politiques qui nous sont propres : ce n'est pas pour satisfaire à nos pensées même sur le meilleur avenir du pays ; bien moins encore pour satisfaire à des affections, à des instincts ou à des vues de parti, je vous supplie de le croire ; mais c'est que nous avons jeté un coup d'œil sur la situation présente de la France.

« Deux dangers immenses nous paraissent menacer ce pays. Messieurs, il y a trois ans que nous avons vu des hommes, poussés par le flot des événements sur les ruines et des gouvernements et des lois, acclamer la République comme une digue élevée à la hâte pour arrêter le torrent de l'anarchie.

« Cette République, nous n'en avons pas repoussé la proposition ; nous n'avons pas réclamé contre ces efforts qui étaient tentés dans un moment de péril, contre cette déclaration, qu'on saisissait, d'une forme instantanée, inattendue, imprévue de gouvernement, pour empêcher le pays d'être emporté dans le désordre. Nous n'avons pas protesté ; nous nous sommes unis, sous toutes les formes et avec tous les hommes qui ont montré cette résolution d'empêcher que le pays ne fût emporté dans la tempête. Nous avons constamment, loyalement prêté notre secours ; mais nous ne pouvons pas méconnaître que, dans ce laborieux effort de trois années, la réunion de toutes les forces conservatrices n'a pas été trop puissante ; nous ne pouvons pas méconnaître qu'il faut être à la tâche, depuis trois ans, tous les jours et à toute heure.

. . . .

« Je le répète, ce n'est pas par la seule préoccupation de leur principe monarchique, c'est en vue de cette double situation périlleuse du pays que je viens de caractériser, qu'ils (les royalistes) ont pensé, que nous avons pensé que la convocation d'une assemblée de révision, que la réunion d'une assemblée ayant en elle tous les pouvoirs de la société, était peut-être la force indispensable dont il fallait s'armer à l'avance.

« La révision demandée, il suffirait, ce semble, d'en donner les motifs généraux ; mais on va plus loin : on veut en prévoir les résultats, et c'est ici que les principes se sont mis en présence les uns des autres.

« M. Michel (de Bourges) a développé les siens à travers des théories qu'il me permettra, et je m'en humilie, de lui dire n'avoir pas été parfaitement saisissables pour mon esprit ; à travers ces théories, il nous fait entrevoir les conséquences de ses principes avec une grande autorité de parole, de langage, et, je veux dire, de raison ; il nous a rappelé comment les conséquences se lient étroitement aux principes ; il nous a dit suffisamment combien est implacable la logique qui entraîne et qui appelle les conséquences. Nous n'avions pas besoin d'être avertis par lui de cet enchaînement invincible des principes et des conséquences. Nous n'avions pas besoin des paroles ; les faits, et des faits bien récents nous l'ont montré.

« Je ne veux pas dresser des accusations. Je ne veux pas exploiter ce qu'il appelait tout à l'heure des arguments sans valeur ; mais quand on garde des principes et qu'on lutte avec eux contre des principes contraires, qu'il soit permis au moins de montrer dans des faits immenses, dans des faits récents, quelles conséquences les principes que nous combattons ont jetées dans l'esprit des masses, ont amenées au fond des intelligences.

« Ces conséquences des principes que vous défendez, nous les avons vues ici, dans cette enceinte ; ces principes, ils ont reçu leur interprétation le 15 mai, quand l'enceinte des lois était violée ; ces principes, ils ont reçu leurs conséquences dans ces terribles journées de Juin, dont je ne veux pas faire la peinture, qui nous ont tant coûté, dont l'effroi est encore si puissant sur tous les esprits. Et vous-même, voyez ! malgré la séparation que vous avez voulu faire aujourd'hui, et de l'avenir et du passé, voyez où peut aller la logique dans ce lien étroit des principes et de leurs conséquences ; voyez quelles conséquences du principe que vous exaltez vous avez acceptées vous-mêmes ! Nous vous avons entendu accorder, et en quels termes, un hommage aux souvenirs les plus détestables des plus mauvais jours, à des hommes dont le nom est attaché à des temps, à une époque que le sens moral de l'humanité tout entière a maudits. Je ne crains pas d'exagérer le sentiment des hommes de bien, de vous-même, car à travers la défense de la doctrine et de la théorie que vous présentiez, vous en montriez la répulsion ; mais je peut dire que ces hommes, que vous avez appelés des hommes superbes, ont commis en quatorze mois, dans cette malheureuse France, plus de crimes que toutes les passions, toutes les ignorances, toutes les ambitions, toutes les perversités humaines n'en ont peut-être fait compter pendant quatorze siècles.

« Eh ! mon Dieu ! que vous repoussiez pour l'avenir ces abominables chances pour notre patrie, ah ! je le comprends ! Mais vous nous accordez bien peu quand vous dites que ce ne sera pas là son état normal.

« Et enfin, avec votre grande et vive imagination, vous qui êtes si puissamment, si profondément, si nerveusement impressionné, avez-vous songé aux autres ? Avez-vous pensé qu'il y avait ici des fils, des neveux, des proches des victimes ? Avez-vous songé que c'était à la nation la plus impétueuse sans doute de la terre, mais aussi, quand elle est dans le calme de sa vraie nature, la plus humaine, la plus loyale, la plus généreuse....., avez-vous songé que c'est à cette nation que vous avez dit en parlant de ces temps horribles : Peuple, voilà ton Iliade !

« Vous êtes du peuple, dites-vous; vous êtes le fils de vos œuvres. Je le suis des miennes ; je suis plébéien comme vous ; je suis mêlé au peuple comme vous; je l'approche, je le secours, je le plains autant que vous ! Je le connais, ce peuple, il ne cédera pas à des excitations funestes; il recueillera ses souvenirs (il en a de récents !) ; il interrogera les souvenirs de ses pères ; il comptera ce qu'il a eu de misères, ce qu'il a eu de souffrances. ce qu'il a eu d'égarements, de honte, quand vous avez été ses maîtres, quand il a obéi à la voix de ces enfants du doute qui prétendent être la raison elle-même...

« Et nous ! nous ! mes amis, nous ! il serait vrai de dire que, nous aussi, inévitablement emportés sous le joug impérieux de ces principes et de leurs conséquences, malgré nous, sans le vouloir, sans le savoir, nous dit-on, nous serions pareils à vous !... Et pourquoi ? Parce que nous ne sommes pas des insensés ! parce que nous reconnaissons le travail des temps, les progrès, les changements, les modifications inévitables d'une société qui marche, qui se développe par son industrie, par ses travaux, par ses richesses, par son intelligence ; parce que nous reconnaissons ces transformations de la société; parce que nous revendiquons les grandes réformes de 1789; parce que, à la suite de quatorze siècles, nous voulons et nous réclamons les institutions politiques, les libertés publiques dont le principe fut alors consacré. Nous sommes entraînés, dites-vous ; la monarchie est incompatible avec ces principes : nous sommes républicains, car il n'y a que la République qui puisse réaliser tous ces progrès.

« Ah ! quel souvenir avez-vous donc d'une histoire bien récente, et quel orgueil vous anime de venir confondre ces années que vous groupez, que vous embrassez dans une même pensée, comme dans une sorte de lien de conséquences naturelles, la République et 1789 ! Mais la République a brisé les principes des institutions de 1789 ! Mais la République a égorgé les plus nobles fondateurs de la liberté de 1789 !...

« Mais vos amis, et Thouret, et Bailly et Chapelier, et tant d'autres que je pourrais citer, qui ont fondé les institutions de 1789, ils sont tombés sur les échafauds de la République !

« Ah ! il y a une distance immense entre vous et 1789, ses principes, ses grandes réformes que nous revendiquons pour notre pays, que nous saurons y maintenir, auxquels nous avons engagé notre vie. Ce n'est pas d'aujourd'hui que vous me connaissez, vous, en particulier (s'adressant à M. Michel de Bourges) : nous avons suivi la même carrière, vous me connaissez depuis les premiers jours de la Restauration, vous savez si j'ai été infidèle aux principes de 1789; mais amis ne le sont pas plus que moi.

« Mes amis veulent les défendre, ces principes; ils les appellent pour le gouvernement de la société française; et, prenez-y garde, quand vous dites que la monarchie est antipathique avec eux, vous oubliez que la grande œuvre de 1789, provoquée par le plus vertueux des rois, provoquée par le grand martyr, Louis XVI; que cette grande œuvre de 1789 était fondée sur le principe de l'hérédité de la souveraineté publique. Où allez-vous donc chercher vos incompatibilités?

« Eh! mon Dieu, je ne veux pas dire que la République n'a laissé que des ruines; qu'elle a laissé des libertés outrageusement violées. Vous me parliez du jury, je ne sais plus à propos de quoi : était-ce les vingt-quatre stipendiés du tribunal révolutionnaire qui étaient le jury de la constituante? La République, elle a laissé des souffrances, des libertés, je le répète, violées, conspuées par elle-même, et elle les a livrées au despotisme, ces libertés, et malheureusement beaucoup des hommes dont l'honneur eût été de demeurer parfaitement fidèles aux principes d'indépendance et de fierté qui les leur avait fait proclamer. Tout cela a été livré au despotisme.

« L'incompatibilité de la monarchie avec les principes de 1789! Mais, permettez-moi de vous le dire, qui est-ce qui a ramené le gouvernement représentatif? qui est-ce qui a rendu à la France les principes de liberté de 1789? qui est-ce qui les a remis en honneur et en pratique dans notre pays? De quels actes émane la jouissance que nous en avons eue pendant trente années? De la royauté.

« Ah! la royauté, avez-vous dit, a pu proclamer ces principes; elle a eu de bons commencements, mais elle était antipathique; elle ne satisfait pas aux besoins naturels du peuple; elle a été antipathique, vous nous l'avez dit tout à l'heure, par un système d'élection trop restreint. Je dirai que les plus ardents royalistes, aux premiers jours de la Restauration, voulaient faire descendre le cens je ne sais plus à quel chiffre extrêmement infime, mais peu importe; quoi qu'il en soit, selon vous, la royauté a voulu avoir le capital représenté, et le travail non représenté.

« Le travail est immolé par la royauté !....

« Eh bien, la concurrence, les droits égaux du travail et du capital ont été fondés en 1789; et la royauté leur est antipathique !

« En vérité, mon esprit s'égare, il se confond. Mais je croyais que, dans les grandes réformes de 1789, la coexistence, la concurrence, l'action réciproque, transactionnelle du travail et du capital n'étaient pas l'œuvre d'un jour; je crois que cela date du premier jour du monde, et non pas de l'année 1789 : capital et travail n'ont pas cessé d'être en présence.

« Que vous disiez à celui qui, péniblement, ramasse chaque jour le salaire tant arrosé de ses sueurs, que vous lui disiez, pour lui troubler l'âme, pour lui égarer la raison : Le capital est un despote monarchique qui t'écrase, qui te pressure, qui flétrit la mamelle où il s'alimente ; que vous égariez sa raison et passionniez son esprit dans les douleurs, dans les privations, au milieu de sa famille; ah! n'en avez-vous pas quelque généreux effroi; Et pourquoi dire, pourquoi énoncer sous ces formes trompeuses ce qu'il y a de plus banal, ce qu'il y a de plus trivial, ce qu'il y a de plus vulgaire, ce qui ne touche en rien à la question de telle ou telle forme de gouvernement, ce qui n'est qu'une question de bien ou de mal gouverner, de bonne ou de mauvaise administration, ce qui est, au monde, le plus étranger à la forme du gouvernement, c'est-à-dire l'administration habile, sage, paternelle, qui sait imprimer un mouvement qui, donnant au capital la confiance, le fait se répandre, imprime au travail son activité et lui assure sa participation au capital.

« Oui, c'est là une question de bon gouvernement, une question de bonne administration, le résultat de sages lois, mais cela ne touche pas la question de la forme du gouvernement ; la situation du capital et du travail n'est pas différente parce qu'on sera en monarchie. Que la République inquiète, que la République trouble, que la République menace d'un avenir trop court, et peut-être d'un avenir orageux, aussitôt elle tue les rapports du capital, elle tue le travail, elle paralyse cet écoulement naturel de l'argent pour le salaire, du travail vers l'argent pour en recevoir le prix.

« Voilà ce que les gouvernements faibles, les gouvernements oscillants, les gouvernements soumis à des transformations quotidiennes, journalières, suivant des caprices de la place publique, font de mal. Je pourrais aussi abuser des exemples. Mon Dieu ! quand on accuse dans le passé, on a un grand avantage. La monarchie, à travers toutes les erreurs, toutes les faiblesses, tous les vices qui sont attachés à l'humanité, elle a duré quatorze siècles; on a un long espace à parcourir pour y saisir des fautes, des jours mauvais, et les lui reprocher, comme si c'était la conséquence même de son principe. La République, cette République qui doit être éternelle, cette République qui est, selon vous, la grande condition de l'avenir, nous ne l'avons connue qu'un jour. Elle s'est défendue, dites-vous; mais le système de défense nous a fait horreur; mais les misères qui en sont résultées ont pesé pendant vingt années sur la nation française ! Je ne veux pas abuser de ce que vous avez duré trop peu, n'abusez pas de ce que nous avons duré beaucoup. »

L'orateur, après avoir examiné les actes divers des deux régimes monarchiques, poursuit ainsi :

« Mais, encore une fois, dans des temps de révolution, lorsque les esprits sont emportés, comme on peut l'être sous des paroles telles que les vôtres, lorsqu'il y a des luttes, et que ces libertés n'existent pas selon toute la plénitude de la volonté, qu'on y apporte des restrictions, hélas ! inévitables, cela ne fait pas que, comme vous l'avez dit, la royauté soit antipathique au principe de liberté, aux institutions constitutionnelles, aux grandes libertés politiques que 1789 a créées, que nous réclamons, que nous vengerons, que nous maintiendrons, et que nous appellerons au secours de l'avenir.

« Ici permettez-moi de répondre enfin à un mot que vous avez retiré tout à l'heure à peu près, mais que vous avez prononcé hier, et qui ne devrait jamais sortir de la bouche des hommes sérieux : La royauté est antipathique à la France, et surtout celle qui prétend être le droit divin.

« Entendons-nous !

« Jamais expression, jamais pensée plus fausse n'a été produite dans le monde. Il n'y a qu'un droit divin, il n'y a qu'une loi divine, c'est la loi même de la création de l'homme ; il faut vivre en société, il est fait pour vivre en société. L'existence de la société, l'être de la société dans ses conditions essentielles, voilà la loi divine, voilà le droit divin ; il n'y en a pas d'autre. Point de société sans religion ; point de société sans famille ; point de société sans droit de propriété. Et remarquez-le bien, quand vous dites à la royauté dont je vais parler tout à l'heure qu'elle est incompatible parce qu'elle se prétend de droit divin, vous, vous menacez ce qui est vraiment le droit divin, ce qui seul est le droit divin ; vous menacez les conditions essentielles de la société, les conditions sans lesquelles aucune société ne peut demeurer dans le monde.

« Allons au delà des paroles, au delà du cercle habile dans lequel vous avez enfermé cette longue lutte du capital et du travail ; pénétrons au fond de la pensée. Le droit de propriété, le droit de transmettre la propriété, ce droit qui est le lien de la société humaine, le respectez-vous ? Non ; vous le menacez au moins.

« Ainsi, il n'y a qu'une chose divine au monde ; il n'y a qu'une loi divine, il n'y a qu'un établissement divin, c'est la vie de l'homme en société. Mais la forme sous laquelle telle ou telle société se conduit, cette forme est une institution humaine. Dieu n'est pas venu dire à un tel : Tu seras roi ! Les sociétés peuvent vivre en république, en monarchie héréditaire, en monarchie élective. Mais toujours les sociétés, dans leurs conditions divines de religion, de famille, de propriété, peuvent subsister sous toutes les formes de gouvernement.

« Je ne vous dis pas qu'une société ne peut pas vivre en république ; ne me dites pas qu'une société ne peut pas vivre en monarchie. Oui, à cela près que la monarchie, dans son gouvernement nécessairement paternel, protége toujours les conditions essentielles de la société ; à cela près que dans vos idées, dans vos spéculations, dans vos téméraires théories, vous menacez ces conditions essentielles et divines, je vous accorde et je répète qu'une société peut être aussi bien en république qu'en monarchie. C'est là la forme qui est d'institution humaine ; c'est là la forme qui est éternellement discutable ; c'est là ce qui est livré aux passions, aux jugements, aux volontés des hommes.

« Sans doute la République laissera sur la discussion, quant à la forme du gouvernement, auprès de ceux qui, comme vous, l'envisagent sous les formes peu sociales, une grande liberté de discussion, vous en avez besoin ; je comprends aussi que l'honorable général Cavaignac, qui a été capable, qui a été digne d'exercer un grand pouvoir public en France, qui a défendu l'ordre d'accord avec la majorité dont il est aujourd'hui si malheureusement séparé...

« Je comprends que l'honorable général Cavaignac ait pu dire qu'un gouvernement était perdu quand il laissait discuter son principe. Cela est vrai ! Pourquoi un gouvernement est-il perdu, si la discussion de son principe est livrée aux examens, aux volontés, aux caprices, aux témérités des hommes qui composent la société ? Cette discussion est ouverte, en droit, je le reconnais, à l'intelligence qui conteste, qui juge, qui apprécie. Aucun gouvernement ne peut s'y soustraire ; mais s'il laissait la liberté illimitée de discussion, il manquerait au premier de ses devoirs. N'est-il pas évident qu'il ne peut laisser s'agiter ainsi persévéramment la question de savoir si on le gardera ou si on ne le gardera pas, si l'on modifiera la forme sous laquelle marche, grandit une société, qui lui doit toutes les conditions de vie et de stabilité ; n'est-il pas évident que si ces questions sont remuées sans cesse, il n'y a pas pour le peuple, il n'y a plus pour le pays le loisir de vivre en repos, de penser à ses arts, à son industrie, à ses affaires, à ses intérêts ? N'est-ce pas aussi évident que la lumière du jour ?

« Ne reprochez pas à un gouvernement qui a acquis ses titres, à un gouvernement qui est éprouvé, à un gouvernement qui a montré par expérience qu'il pouvait remplir sa tâche et qu'il était capable de satisfaire aux besoins, aux intérêts comme à l'honneur d'un pays, ne lui reprochez pas de demander aux peuples de respecter et de ne pas discuter sans cesse le principe qui les protége, le principe qui fait leur puissance, leur grandeur et leur prospérité. Oui, les gouvernements, alors que leur principe a prévalu, alors qu'ils sont établis, quand ils ont fait leurs preuves et se sont montrés propres à leur tâche, les gouvernements doivent se refuser à la discussion perpétuelle de leur principe.

« Mais, ici, permettez-moi de vous le dire, vous touchez à une grande question de devoir gouvernemental, et je dirai à une grande question de devoir national. Oui, quand une société vit, quand elle prospère, quand elle s'étend, eà, mon Dieu ! cela n'a pas manqué à la société française; ce pouvoir, cette vieille institution de la monarchie avec ses quatorze siècles qu'elle a duré sous trois formes, et les huit derniers siècles, n'ont eu qu'une même loi; cette royauté de quatorze siècles, ce principe permanent, avait-il failli à sa tâche ? Quoi ! il nous a conduits, il nous a secondés, depuis les mœurs farouches des compagnons de Clovis jusqu'aux grands établissements de saint Louis, jusqu'aux belles économies de Louis XI, jusqu'aux pacifications de Henri IV, jusqu'à cette magnifique société de Louis XIV, jusqu'à cette pensée généreuse qui anima les premières années de Louis XVI, jusqu'à cette époque où l'ascendant de la France, non pas seulement l'ascendant mercantile, industriel, nos possessions de l'Inde, la richesse de nos colonies, l'Angleterre humiliée, toute cette puissance de la France au dehors, mais encore l'ascendant de la France dominant par le goût, par les arts, par l'intelligence, par tout ce qui met l'homme au-dessus de lui-même : eh bien, la royauté, ce principe persévérant et fixe, a-t-il trahi sa tâche, a-t-il manqué à la nation ? Cette société est-elle dominée, est-elle restée dans la barbarie, les préjugés, l'ignorance des siècles antérieurs ? Vous nous apportez de grandes théories sociales, vous aspirez à une réforme complète de la société, vous vous êtes livrés laborieusement à l'étude, dans les faits et dans les livres. Ah ! dites-nous donc, dites-nous si, en effet, cette royauté, cette grande autorité n'a pas rempli son devoir péniblement à travers les siècles, et si la France est restée ce qu'elle était sous ce que vous appelez la tyrannie des temps anciens, la tyrannie royale, la tyrannie du principe héréditaire. Non ! non ! elle avait un devoir à remplir. Quand un principe a été protecteur, quand il a été bon pour un grand peuple, quand ce peuple s'est magnifiquement développé sous sa loi, c'est un devoir de faire respecter et de ne pas laisser mettre en discussion par les esprits les plus téméraires, par les théoriciens quelquefois les plus aveugles, mais les plus hardis, de ne pas laisser discuter perpétuellement, injurier même ce principe conquérant, sauveur, pacificateur et civilisateur.

« Maintenant, vous m'y amenez, vous me poussez dans la question : ce que je dis du devoir du Gouvernement, c'est encore le devoir des peuples. Leur bon sens, leur intelligence, le sentiment de leurs maux, non pas la timide, mais la juste et clairvoyante appréciation du péril, doivent aussi ramener les peuples au principe sur lequel la société a été fondée ; c'est en rentrant dans leur principe, c'est en proclamant leur principe, en s'y attachant fortement, que les États affaiblis, ébranlés par de grandes calamités, se sauvent et qu'ils sortent des périls qui peuvent abîmer une société.

« Ah ! nos pères nous en ont donné l'exemple ; et si, dans des temps de guerre intestine ; si, après de malheureuses divisions au sein de notre pays, si la couronne de France n'a pas été portée sur la tête d'un roi d'Angleterre, c'est parce que la France, jalouse du principe fondamental de sa société, l'a invoqué, l'a maintenu, l'a proclamé, pour repousser l'Anglais par delà ses rivages.

« Et voyez, dans un autre temps, cette sagesse de nos pères. Ah ! messieurs, il y a eu des jours mauvais, il y a eu des guerres désolantes, des guerres au nom du Dieu de paix, des déchirements au nom du Dieu de charité, des guerres religieuses, en un mot, qui portaient aussi à tenter la République. Alors, dans l'excès des égarements et des passions, comment la France s'en est-elle sauvée ? comment est-elle arrivée aux grandes pacifications de Henri IV ? En rentrant dans son principe, en le proclamant, en l'invoquant, en le faisant triompher de toutes les passions et de toutes les ambitions. Voilà le passé.

« Messieurs, je ne veux pas aller plus loin. Je l'ai dit en commençant, l'Assemblée doit exprimer un vœu de révision. L'Assemblée ne doit pas déterminer et voter ce que l'Assemblée de révision a seule le droit de délibérer et de faire. Mais, quand vous nous dites que la royauté est incompatible avec les principes de 1789, quand vous faites tomber sous cette même accusation les deux derniers gouvernements et celui de l'autorité traditionnelle, et celui de l'autorité acclamée pour sauver les formes et les principes du gouvernement représentatif, quand vous nous dites cela, permettez-nous, à notre tour, de vous demander si c'est sérieusement qu'à cette vieille France vous venez dire qu'elle est républicaine, si c'est sérieusement, après l'expérience que vous avez faite. La France républicaine ! La France qui a fait de vos circulaires et de vos commissaires ce que vous savez.... la France à qui vous reprochez.... en trahissant ainsi le secret des choses, en montrant vous-mêmes qu'elle n'est pas républicaine.... à qui vous reprochez d'avoir embarrassé la République, parce qu'elle a un Président qui est prince, se disant, ou que quelques autres disent être un prince prétendant ; la France qui a eu le tort de vous envoyer une majorité composée de quoi ? vous disiez, vous, tout à l'heure, d'hommes monarchiques : cette France est républicaine !

« Vous vous plaignez et du choix du premier magistrat et du choix des hommes qui composent la grande majorité de l'Assemblée ; vous les appelez monarchiques dans leur origine et dans les principes qu'ils ont au fond du cœur ; et, ne vous y trompez pas, il

y a ici beaucoup d'hommes qui sont décidés à la révision fonda.
mentale de la Constitution ; mais il y en a un très-grand nombre
qui croient que c'est une témérité, qui ne trouvent pas les périls
dont nous sommes préoccupés assez menaçants ; qui disent qu'il y
a une nouvelle expérimentation à faire ; qu'il faut gagner du temps,
et qui cependant n'ont pas plus de foi que nous dans l'avenir que
vous prétendez être l'avenir naturel, légitime, nécessaire de cette
société française.... Non, messieurs, non : par ces faits bien mani-
festes, la France n'est pas républicaine, je dirai qu'elle ne peut pas
l'être. Eh ! mon Dieu, que lui voulez-vous ? Quand vous nous promettez l'avenir de la République, exprimé et peint si clairement, et
d'une façon si saisissante pour tous les esprits, que dans les entraînements nécessairement subis par des hommes qui ne maudissent
pas 89, nous devons courir au-devant de votre République, quelle
est donc cette République que vous promettez pour l'avenir ? Je la
réduisais tout à l'heure à une question d'administration, à une question qui peut toucher fondamentalement le ministre des travaux
publics et le ministre du commerce ; fondamentalement, car c'est là
à peu près la limite de leurs pouvoirs.

« Vous l'étendez plus loin, et vous voulez une République qui ne
soit pas une république antique, je le comprends bien ; mais j'ai
peur qu'en repoussant les républiques antiques, vous n'y soyez
conduit par une grande vérité politique : c'est que la France, indi-
vidualisée comme elle l'est par la suite des révolutions, par l'établissement parfait de cette égalité politique et sociale à laquelle aucune
royauté n'a manqué ; c'est que cette grande réunion, cette grande
collection d'individualités dégagées les unes des autres, séparées et
éparpillées, étendues et errantes dans la seule action de leurs intérêts personnels, qui ne sont pas, comme les sociétés antiques, liées
par des communautés d'intérêt , qui n'ont pas des agrégations
d'hommes et d'intérêts communs, qui ne forment pas en un mot une
fédération de positions sociales, comme les États-Unis, une fédération de territoires ; c'est que cette société-là, quand vous repoussez
pour elle la forme des républiques antiques et de Rome, et d'Athènes, et de Sparte ; c'est parce que vous reconnaissez bien que les
Républiques qui ont été grandes, sages, qui se sont enrichies par
les sciences, par les lettres, par les arts, par le commerce, par la
guerre, que ces républiques-là ont été constituées dans des conditions de société qui manquent en France, dont la France n'est pas
capable, et je maintiens que, s'il y a un pays au monde qui soit
arrivé à l'état d'individualisation où le Gouvernement républicain
est celui qui convient le moins, c'est, à coup sûr, la société française.

« Je comprendrais la République ailleurs, dans un autre pays ;
mais je maintiens que la société française est dans des conditions

telles qu'une République raisonnable, une République constituée, nécessairement hiérarchisée, ne peut pas y être fondée, car l'action de la multitude tumultueuse, constituant un Gouvernement de raison sans aucun degré quelconque dans l'échelle sociale, vous l'invoquez comme le beau social; mais, moi, je dis qu'il n'y a pas de société possible dans ces conditions-là.

« Vous repoussez pour la France ces conditions des républiques antiques qui ont duré comme grands Gouvernements; vous les repoussez parce que vous êtes obligés de reconnaître que la France n'est pas en état de les accepter.

« Que voulez-vous pour elle? Le gouvernement américain. Sauf quoi? Je ne parle pas de l'esclavage; mais sauf la fédération, c'est-à-dire sauf ce qui en est la base. Supprimez la fédération des États; englobez les États du Nord et les États du Sud dans une grande unité sociale, et je défie le gouvernement américain de subsister un seul jour.

« Ainsi vous voulez nous donner un Gouvernement qui serait, dites-vous, selon vos vœux, qui est celui dont la forme vous plaît, que vous acceptez pour votre avenir, et vous l'empruntez à un peuple bien jeune encore, à un peuple jeté sur des territoires bien vastes; assez peu nombreux encore sur un grand et riche territoire, pour ne pas se disputer les fruits du travail, les fruits de la terre; à un peuple qui est dans un pays où on ne peut vivre côte à côte, car quand un voisin gêne, on s'écarte et on trouve l'abondance et le bien-être.

« Vous comparez ce peuple à un peuple serré, pressé sur un territoire qui est à peine assez productif, malgré les labeurs qui le déchirent, pour donner l'alimentation suffisante à tous ses habitants. Vous comparez ces deux États; vous allez chercher pour nous un modèle de République chez une nation qui est placée dans des conditions toutes particulières, et vous arrachez précisément de la Constitution que vous nous offrez ce qui en est la base : la fédération ; la fédération dont nous ne voulons pas, que la France doit repousser, car la France doit demander, doit garder sa grande unité, sa grande unité monarchique; elle en a besoin au milieu de l'Europe. L'unité, l'indivisibilité de ce territoire national de France avec sa population pressée sur toutes les parties de sa surface, l'indivisibilité de cette nation puissante, l'unité du territoire, voilà les conditions essentielles de la France. Votre type de République américaine ne peut être appliqué à la France ; c'est une utopie.

« Eh ! mon Dieu ! voulez-vous que je vous fasse ma confession ?

« Oui ! J'y ai pensé. Je ne l'ai dit à personne, je ne l'ai dit à aucun de mes amis; c'est à tout le monde que je fais ma première confidence, c'est à mon pays tout entier.

« Eh bien, dans mon existence, j'ai traversé quatre grandes

formes de gouvernement. Arrivé à l'adolescence sous cet immense établissement de l'Empire, mon imagination, ma jeune ardeur furent enthousiasmées de cette situation qui portait si loin et si haut la grandeur du nom de la nation au milieu de laquelle j'étais né.

« Ah ! cela m'a séduit ; j'étais bien impérialiste à dix-huit ans ; j'étais bien impérialiste à vingt ans encore. Oh ! la gloire de l'Empire ! Mais je suis sorti du collége au bruit du canon d'Iéna, et quelle tête n'eût pas été enivrée alors ! Mais j'ai vu, j'étudiais alors comme vous, je commençais à me rendre un peu compte des gouvernements. J'avais un père homme de labeur, homme de pauvreté, voulant m'inspirer le goût du travail. En 1811 ou 1812, il mit près de moi un ancien député aux États-généraux : il donna commission à cet ancien député de me faire étudier, quoi ? Ce à quoi personne ne songeait dans le monde à cette époque, les procès-verbaux de l'Assemblée constituante. Je les ai étudiés pendant dix-huit mois, avec ce vieux M. Bonneman. J'ai commencé à comprendre, j'ai senti le despotisme, et il m'a été odieux. Je n'ai pas attendu sa chute ; j'ai ici de mes amis d'enfance, ils savent qu'avant la chute de l'Empire, je leur disais : « Vous ne vous rendez pas compte de votre Gouvernement : il est odieux, il est intolérable ! La gloire ne couvre pas cela ! »

« Tu m'es témoin !..... (L'orateur invoque du geste un membre de la droite. Ce mouvement oratoire produit une vive sensation.— Tous les yeux se tournent vers M. de Grandville, qui répond à l'honorable M. Berryer par des signes réitérés d'affirmation.)

« Messieurs, je vous demande pardon de la familiarité de mon langage. Mais après tout ce que nous avons entendu, quand je fais un effort d'esprit pour recueillir ce qui avait été dit, et classer ces idées qui nous ont plus ou moins frappés, pour les reproduire devant vous et y répondre, il n'y a plus de préparation, je m'abandonne à une liberté excessive dont je vous demande des excuses.

« Eh bien, oui, j'ai senti le despotisme, et il a gâté la gloire pour moi.

« Et puis j'ai vu l'infidélité de la victoire, j'ai vu l'étranger amené par nos revers jusqu'ici (l'orateur baisse la voix et semble indiquer du doigt les lieux qui environnent l'Assemblée). J'ai vu tout un grand Gouvernement, une immense puissance qui reposait sur un seul homme, disparaître, disparaître en un jour, disparaître parce que son épée était abattue, et qu'un jour, un seul jour, il n'était pas triomphant : plus de Gouvernement, plus de lois ; tout s'anéantissait, tout partait avec un seul homme !

« Oh ! alors j'ai appris que, malheur aux nations dont l'existence, dont le Gouvernement, dont la Constitution a tour à tour ou la mobilité des passions populaires qui conduit aux hontes du directoire, ou l'autorité immense du génie d'un grand homme qui conduit à d'éclatantes victoires, à d'immenses succès, mais aussi à d'affreux revers, à un anéantissement complet, à un effacement de tout ce qui constitue la société. Faire reposer la destinée d'un peuple sur la tête d'un homme, c'est le plus grand de tous les crimes. Ah! j'ai compris alors la nécessité d'un principe.

« Oui, j'ai voué ma vie à cette conviction que j'ai embrassée sous cette jeune expérience; oui, j'ai eu foi dans la puissance d'un principe pour conserver, maintenir, développer, agrandir, rendre puissante la société humaine, non toujours par l'action personnelle des rois,.... Ils sont rares ces grands génies que la succession amène sur le trône, ils sont rares, trop rares; il peut y avoir dans leur sang, et il y a dans leur sang, par un bienfait du ciel, une transmission de qualités bienveillantes et paternelles.... d'amour jaloux du pays dans lequel ils sont nés; cela est ordinaire, cela est traditionnel; mais enfin les grands rois qui font par eux-mêmes ne sont pas nombreux. Un principe, au contraire, qui assure la stabilité du pouvoir, qui, par conséquent assure la liberté et la hardiesse d'un grand peuple, sous cet ordre sérieusement, fortement établi et non contesté, oh! je comprends sa puissance, non pas pour l'intérêt de la personne-roi, mais l'intérêt du peuple qui, sous la fixité de l'ordre qui le constitue, de la loi qui le constitue, sent la liberté de son action, l'indépendance de sa vie et la faculté d'exercice de toutes ses puissances! C'est ainsi que j'ai compris le principe, que je m'y suis attaché, que je m'y suis voué.

« J'ai été royaliste alors, royaliste de principe, royaliste national, royaliste (passez-moi le mot, ne riez pas, car vous blesseriez par des rires le plus vrai, le plus profond, le plus sincère de mes sentiments), royaliste, parce que je suis patriote, très-bon patriote.

« Eh bien, oui, je l'ai vu tomber ce Gouvernement qui avait ma foi, et, je me suis défié; et j'ai lutté contre le Gouvernement qui lui a succédé, et j'ai cru qu'en abandonnant le principe, quelque zèle qu'il pût avoir pour la prospérité matérielle du pays, pour les idées libérales, la puissance et la force du principe lui manquant, c'était une illusion, c'était une erreur d'âmes généreuses, sans doute, mais qu'enfin c'était une erreur de mon pays qui ne durerait pas. Il est tombé!

« Toutes ces ruines, toutes ces accumulations de conviction, de gouvernements, d'illusions détruites, j'ai vu tout cela; et croyez-vous que je ne me sois pas demandé, au moment de la dernière révolution, dans cette journée même du 24 février : Mais pourquoi cette France intelligente, cette France qui a pratiqué les libertés et les gouvernements, cette France qui a dans son sein de grandes existences, de grandes propriétés, des droits acquis, des noms honorés, des noms qui inspirent la confiance, l'estime publique, noms anciens, noms nouveaux, mais tous considérés dans ce pays, pourquoi cette France ne se gouvernerait-elle pas toute seule ? Pourquoi la forme de son gouvernement ne serait-elle pas quelque chose comme celle du gouvernement américain ?

« Oui, je me le suis demandé : mais je n'ai pas eu de doute à la réflexion, je n'en pouvais pas avoir. J'ai vu ce que c'était que la République pour une vieille société dans laquelle des intérêts sont nés, se sont développés, ont grandi, où des richesses ont été acquises et se sont justement transmises ; pour une société où existaient des gloires, des honneurs, des distinctions personnelles ou héréditaires, et où tout cela s'attache invinciblement, malgré l'égalité, à des individualités ; alors, j'ai compris que, dans cette vieille société, la République était contraire à ses traditions, à ses besoins, à ses instincts, à sa position en Europe, à son ascendant au milieu des puissances, et qu'elle ne serait rien autre chose que le terrain des ambitions, des jalousies, des cupidités, des mécontentements, des rancunes.

« Oui, j'ai pu me demander un jour si un gouvernement analogue à celui des États-Unis serait praticable en France. Et y réfléchissant, je l'ai reconnu impossible.

« Il n'y a pas d'esprit qui, de bonne foi, sans passion, n'ayant aucun intérêt personnel, ayant des convictions, des affections, des respects, des attachements, mais enfin s'élevant au-dessus de ces attachements personnels, il n'y a pas d'esprit qui n'arrive à cette conclusion : La République est antipathique à l'existence, aux instincts, aux mœurs d'une vieille société de 35 millions d'hommes pressés sur un même territoire. »

L'orateur termine son discours par des considérations sur la nécessité de voter la révision pour éviter la chance funeste d'une réélection inconstitutionnelle.

Séance du 18.

M. PASCAL DUPRAT. L'orateur, répondant à M. Berryer, est amené à apprécier la Convention nationale et le régime de 1793.

« Non, notre République, permettez-moi cet orgueil, c'est un orgueil d'idée, notre République est trop grande, trop généreuse, trop vaste, pour se laisser enchaîner à une époque quelconque. Et cependant ne croyez pas que je veuille reculer devant certains souvenirs ; non ! non ! nous ne voulons pas être ingrats envers certains hommes, nous ne voulons pas être ingrats envers leurs travaux, envers leurs luttes. Oui, nous sommes les fils de la Convention! Nous sommes les fils de la Convention; mais des fils libres indépendants, des fils émancipés; nous acceptons la Convention comme une bataille. Voilà son caractère. Elle n'a pas voulu elle-même avoir un autre nom, un autre place dans notre histoire. Après avoir fait sa Constitution, elle déclara elle-même (vous connaissez ce décret comme nous) qu'elle serait un gouvernement révolutionnaire jusqu'à la paix.

« Oui, la Convention a été une bataille; une bataille pénible, douloureuse, comme il y en a dans le sein des vieilles sociétés. Lorsque ces vieilles sociétés veulent se régénérer, il y a des déchirements laborieux, il y a des malheurs, il y a des victimes, je l'admets; la Convention a été une bataille.....

« C'est avec un sens profond de l'histoire qu'un de mes éloquents amis vous disait hier que la Convention appartenait à la révolution et non à la République; nous l'acceptons comme bataille, nous la repoussons, je la repousse comme gouvernement; nous l'acceptons et nous la glorifions comme bataille, oui, et voilà pourquoi vous la détestez vous-mêmes.

« Vous avez dit que vous la détestiez pour ses excès, mais vous n'avez pas dit toute votre pensée : vous détestez la Convention parce qu'elle a vaincu par son irrésistible énergie votre héroïque Vendée, qui a dû tomber, malgré sa vive résistance.....

« Vous détestez la Convention, parce qu'elle a, sur les frontières de l'est, repoussé cette armée de Condé, cette armée de gentilshommes qui ne venaient pas, comme vous le disiez, chercher une patrie, mais qui réclamaient, l'épée à la main, la vieille France, la France des abus, des priviléges et de la tyrannie.....

« Vous la détestez encore, parce que, à la même époque, elle a abattu dans Lyon le drapeau du royalisme qui appelait à lui tout notre Midi.

« Vous la détestez enfin, parce que sur les bords de cette Méditerranée dont vous êtes si fiers, dont vous avez voulu faire plus tard un lac français, comme vous l'avez dit vous-mêmes, elle a reconquis Toulon, que vos amis avaient livré lâchement à l'étranger.

« Voilà pourquoi vous la détestez, et voilà pourquoi nous l'aimons, voilà pourquoi nous la glorifions, voilà pourquoi nous lui donnons une grande place dans nos souvenirs.....

. . . .

« La monarchie, la croyez-vous possible? Je suis loin de blâmer, personne ne respecte plus profondément que moi les anciennes convictions; je les respecte d'autant plus qu'à mes yeux elles honorent la conscience humaine; je ne veux donc pas les blesser; mais enfin croyez-vous la monarchie possible?

« Je ne vous dirai pas qu'elle est impossible parce qu'elle a été battue dans les grandes journées ; les doctrines, les opinions, les systèmes politiques et économiques peuvent perdre de grandes batailles comme les nations et les armées : ils ne périssent pas par ces échecs, ils peuvent se relever. Ce n'est donc pas pour ce motif que la monarchie serait impossible à mes yeux ; ce n'est pas parce que vous avez été vaincus en 1792, vaincus en 1814, vaincus en 1830, vaincus en 1848, vaincus partout, vaincus toujours.

« Serait-elle impossible parce que votre monarchie, quels que soient les emprunts qu'elle fasse à un principe contraire, ne pourrait pas répondre aux besoins de la société moderne ? On vous l'a prouvé, à mes yeux, avec une éloquence irrésistible ; mais je veux l'oublier, je ne veux pas m'attacher à ce point de vue. Je ne dirai donc pas qu'elle est impossible parce que vous êtes en opposition formelle, flagrante avec les intérêts de notre temps.

« Pourquoi donc est-elle impossible à mes yeux ? Elle est impossible, parce que cette idée de royauté, telle que la comprenaient nos pères, telle que la comprenait la vieille société française, telle qu'elle existe en soi, a disparu, complétement disparu d'au milieu de nous.

« Je ne la cherche pas sur les bancs où je siége : vous me permettez bien de ne pas le faire ; ce n'est pas là que je puis la trouver.

« Je ne la chercherai pas non plus parmi les hommes plus ou moins habiles qui ont fondé pour quelques jours la monarchie de juillet. M. Thiers a pu aller, avec ou sans mandat, au nom de la révolution de 1830, offrir une couronne à Louis-Philippe ; mais il ne pouvait pas lui apporter l'idée de la royauté, il n'y croyait pas. Cette tentative éphémère de juillet, qui a été si bien caractérisée par un grand écrivain, M. de Châteaubriand, m'a toujours rappelé d'autres tentatives qui ont eu lieu à une époque dont nous sommes séparés par des siècles. Vous savez ce qui se passa dans les premiers temps du christianisme, alors que la vieille société tombait avec ses croyances, avec ses dieux, avec ses passions mêmes. Les hommes habiles, les hommes d'Etat de cette vieille société, voulaient rattacher à eux, conserver l'idée païenne qui s'effaçait : ils bâtissaient des temples magnifiques, plus grands, plus beaux que ceux qu'on avait construits avant eux dans une antiquité plus reculée ; mais ils ne pouvaient pas y mettre des dieux ; ces dieux leur manquaient, ils n'y croyaient plus. Voilà ce qui est arrivé pour le gouvernement de juillet : on a élevé un trône, mais on n'a pu y placer la royauté, parce que l'idée même de la royauté avait disparu.

« Où chercherai-je donc cette idée ? Je dois la chercher évidemment parmi les hommes qui représentent plus particulièrement l'ancienne société; parmi ceux qui veulent opposer à la République la monarchie, l'ancienne monarchie, qui ne s'appelle plus de droit divin. Eh bien, que nos collègues de la droite me permettent cette liberté, elle est nécessaire à ma pensée et à mon discours. Je veux prendre dans la droite les hommes qui, à mes yeux, aux yeux de l'Assemblée, et je crois aussi aux yeux de la France, représentent plus ou moins directement cette opinion monarchique. Je commence par M. de Larochejaquelein, qui me permettra sans doute de m'adresser à lui.....

« M. de Larochejaquelein prétend sans doute qu'il exprime plus ou moins cette idée de la royauté; qu'il me permette de lui dire que je ne puis pas le croire, quand, dans une ardeur révolutionnaire qui m'étonne moi-même, je le vois faire appel à la nation....

« Et placer à côté de l'ancienne monarchie un droit populaire, un droit national, qui en est la négation politique et philosophique.

. . . .

« M. de Falloux me permettra aussi de le citer, je l'espère : il croit représenter, à son tour, cette idée de la royauté. Il y a deux jours à peine, il célébrait ici même la monarchie; mais il parlait, si je ne me trompe, en royaliste découragé.

. . . .

« Enfin M. Berryer, auquel j'ai l'honneur de répondre (vous allez me trouver bien paradoxal), M. Berreyer ne représente pas lui-même cette idée de la royauté, telle qu'on l'a conçue toujours dans notre pays. Il est vrai que M. Berryer, qui nous rappelle mieux que personne, par son éloquence, cet orateur idéal que les anciens appelaient *tragicus orator*, a parlé avec une grande puissance des rois. Je n'ai pas pu le voir sans une émotion profonde, et sans une joie secrète, qu'il me permette cet égoïsme dans une question qui m'était étrangère; je n'ai pas pu le voir sans une profonde émotion, lui l'orateur plébéien, qui a rappelé comme en passant, son origine populaire, réunir, en quelque sorte, autour de la tribune les rois de France, tous ces vaincus des idées modernes, depuis Clovis, qu'il a pris pour un roi de France avec ce naïf Anquetil, jusqu'à celui qu'il a nommé le roi martyr, pour les couvrir tous de sa magnifique parole.

« J'étais heureux et fier de ce spectacle pour la dignité de la tribune, pour la France et pour l'esprit national. Oui : mais voyez ce qu'il a fait : quels sont les rois qu'il a groupés ainsi dans son illustre clientèle? Les rois morts, ceux qui ne gênent personne, pas plus les orléanistes que les républicains; il y manquait le roi vivant : il n'a point parlé de Henri V, il n'en a point parlé. Non, vous n'avez pas osé en parler, monsieur !

« Voilà ce qu'est devenue l'idée de la royauté parmi ses représentants les plus directs et, j'oserai le dire, les plus considérables. Cette idée, en effet, a été vaincue partout; elle n'a pas été chassée seulement de la place publique et de nos palais avec les rois, elle a été chassée encore de nos esprits. C'est pourquoi la monarchie est impossible.

. . . .

« Voilà ce qu'est la royauté de nos jours; voilà comment ses fervents apôtres, ceux qui prétendent opposer cette idée usée, décrépite à l'idée radieuse de la République, défendent de nos jours la monarchie aux yeux du peuple, et c'est là surtout ce qui la rend impossible.

. . . .

Traitant des caractères généraux de la Constitution, l'orateur ajoute :

« En dehors de la Constitution, il n'y a pas de droits. Le droit, dans sa forme extérieure, c'est la Constitution religieusement exécutée.

« Eh bien, sachez dire que vous défendrez la Constitution; sachez-le dire au nom du pays, au nom de sa majesté, de sa sécurité, au nom de ses droits les plus sacrés et les plus inviolables.

« Mais pour la défendre plus utilement, rattachez-vous à la République. Vous ne pouvez pas vous y rattacher comme nous; nous le savons, vous êtes trop disposés à calomnier la République; elle vous épouvante, ou du moins vous témoignez, vous répandez au dehors je ne sais quelle peur que la République vous inspirerait. Qu'est-ce donc que cette République que nous voulons?

« Est-ce une République qui détruit les principes sociaux, les principes éternels de toute société? Est-ce une République qui s'enchaîne même à une tradition quelconque et qui veuille une autre base que le droit? Non! non! vous le savez bien, et, en vérité, nous manquerions non-seulement aux conseils de l'habileté la plus vulgaire, mais à nos propres principes, si notre République pouvait s'élever contre les principes essentiels de toute société. Oui, vous osez demander à la République si elle ne menace pas la propriété et la famille. Etrange question! Qu'est-ce donc que la république pour nous? c'est l'émancipation de l'individu, c'est la glorification de l'homme et du citoyen; oui, nous voulons émanciper l'individu au point de vue politique et au point de vue économique. Mais toucher à la famille, à la propriété! Ce sont les deux conditions essentielles de toute république. La République veut émanciper l'homme et le citoyen. Mais le premier foyer de cette émancipation, le premier foyer de cette indépendance, son premier berceau, c'est la famille, plus nécessaire encore à la république qu'à la monarchie. Quelle est la condition extérieure, condition aussi nécessaire, aussi essentielle de cette indépendance? La propriété, qui rend l'homme libre au dehors : voilà pourquoi nous la voulons. Je ne sais pas si l'on pourrait fonder une monarchie sans ces deux éléments sociaux; je ne veux pas le dire, mais ce que je sais, c'est que, sans ces éléments, on ne pourrait pas fonder une république, une république véritable, la république telle que nous la concevons.

« Mais nous voulons, dites-vous, changer les conditions du travail, et vous prétendez que vous n'avez rien compris aux théories qui vous ont été exposées à cette tribune. Je crois que vous avez calomnié un peu votre esprit. Oui, nous voulons modifier par les progrès du temps, par les progrès de la législation, les conditions du travail.

« Au dernier siècle, le problème de la révolution se posa ainsi dans un écrit célèbre : Qu'est-ce que le tiers-état? Rien. Que demande-t-il à être? Quelque chose. Eh bien, une question semblable se pose aujourd'hui devant vous : Qu'est-ce que le travail? qu'a-t-il été dans notre organisation politique? Rien. Que veut-il être? que doit-il être avec la République? Quelque chose. Oui, nous voulons le faire entrer dans la cité comme élément politique; il a été flétri dans l'antiquité, il a été serf au moyen-âge.

« Nous voulons lui donner sa part, sa juste part dans la cité politique; voilà notre République. »

M. DE LA ROCHEJAQUELEIN....... « Je ne cache pas mes sentiments monarchiques. Assurément, tout le monde sait que je suis légitimiste; je ne l'ai jamais caché; je parlerai de Henri V à cette tribune. Je dirai que je le voudrais sur le trône... et M. Berryer a été plus sage que moi, il a été plus politique, plus élevé dans son langage, il a parlé d'un principe, qui est bien plus que Henri V... Je parlerai de Henri V : personne ne doute que je voulusse le voir sur le trône préférablement à la République; mais je préfère la République à toute usurpation.

« Et comment est-ce que je veux voir revenir la monarchie? Je le veux par la volonté nationale. Et comme le disait M. Dupin, interrompant M. Coquerel, comment pourrait-elle revenir autrement?

« Eh bien, voulant que la monarchie revienne par la volonté nationale, comment comprenez-vous que je puisse accepter qu'elle revienne par la volonté d'une partie seulement de la nation? Mais, messieurs, la partie de la nation qui ne serait pas consultée serait toujours supposée aller augmenter le nombre de ceux qui n'en auraient pas voulu, et ils sont quatre millions. Et vous voulez que, dans mes prévisions monarchiques, je consente à approuver une pareille conduite! Mais non! Appelez-en à la nation tout entière.

« Croyez-le, messieurs, une assemblée constituante nommée sous l'empire de la loi du 31 mai, s'il était possible qu'elle fût nommée, serait frappée d'avance d'incapacité dans sa souveraineté, car elle ne représenterait pas la souveraineté nationale......»

M. VICTOR HUGO. « Messieurs, avant d'entrer dans ce débat, il m'est impossible de ne pas renouveler les réserves déjà faites par de précédents orateurs. Dans la situation actuelle, la loi du 31 mai étant debout, plus de quatre millions d'électeurs étant rayés, résultat que je ne veux pas qualifier, mais qui finira, nous l'espérons, par inquiéter, par éclairer votre sagesse, le suffrage universel toujours vivant de droit, étant, par une telle ra liation, l'honorable M. Grevy vous l'a dit, supprimé de fait, nous ne pouvons que dire aux auteurs des diverses propositions qui investissent en ce moment la tribune: Que nous voulez-vous? quelle est la question? que demandez vous? La révision de la Constitution? Par qui? Par le souverain? Où est-il? qu'en avez-vous fait?

« Quoi! il faut bien vous le répéter, une constitution a été faite par le suffrage universel, et vous voulez la faire défaire par le suffrage restreint! Quoi! ce qui a été édifié par la nation tout entière, par la nation souveraine, vous voulez le faire renverser par une fraction privilégiée! Quoi! cette fiction d'un pays légal, témérairement posée en face de la majestueuse réalité du peuple souverain, cette fiction chétive, cette fiction fatale, vous voulez la recommencer, vous voulez vous y confier de nouveau!

« Messieurs, la loi du 31 mai est, à l'heure qu'il est, sous le coup d'une demande d'abrogation. Avant peu, nous la discuterons de nouveau devant vous, nous ferons appel, avec l'espoir que je viens d'exprimer, à votre sagesse mieux éclairée; mais, dès à présent, nous vous le disons, et nous avons le droit de vous le dire, la fiction d'un pays légal, avant 1848, c'était imprudent; après 1848, c'est insensé!

. . . .

« Je commence par le déclarer, quelles que soient les protestations de l'honorable M. de Falloux, quelles que soient les protestations même de l'honorable M. Berryer, protestations tardives et qui ne peuvent effacer tout ce qui a été dit, écrit et fait depuis plus de deux ans; quelles que soient ces protestations, dis-je, à mes yeux, et je n'hésite pas à le dire sans crainte d'être démenti de ce côté de l'Assemblée (la gauche), aux yeux de quiconque a le sentiment démocratique dans le cœur, votre attaque contre la République est une attaque contre la révolution française et contre la révolution française tout entière.

« Entendez-le bien, depuis sa première heure qui a sonné en 1789 jusqu'à l'heure où nous sommes... à moins qu'il n'y ait plus de logique en ce monde, la révolution et la République sont indivisibles, sont identiques...»

« Je le répète, à moins qu'il n'y ait plus de logique dans le monde, la révolution et la République sont indivisibles, sont identiques. L'une est le mouvement humain qui se manifeste, l'autre est le mouvement humain qui se fixe. La République, c'est la révolution fondée.

« Ne vous débattez donc pas contre ces réalités; n'essayez pas de séparer et de mettre à part 1789; on ne sépare pas 1789 de la République, on ne sépare pas l'aube du soleil !

« Nous n'acceptons donc pas vos protestations. Vos attaques contre la République, nous les tenons pour contre la révolution tout entière dans son principe et dans sa conscience; et, quant à moi, c'est ainsi que j'entends les apprécier à cette tribune, en face de la conscience publique…

« Messieurs, en admettant que les choses eussent suivi, depuis 1848, leur cours naturel et régulier dans le sens vrai et pacifique de la démocratie et du progrès, après trois années d'essai loyal de la constitution, j'aurais compris qu'on dît : La constitution est incomplète; elle contient des restrictions et des définitions obscures; elle ne proclame aucune liberté entière; elle n'a fait faire de progrès, en matière pénale, qu'à la pénalité politique; elle n'a aboli qu'à ce point de vue la peine de mort; elle contient, en germe, les empiétements du pouvoir exécutif, la censure pour certains travaux de l'esprit, la police entravant la pensée et gênant le citoyen; elle ne dégage pas nettement la liberté individuelle; elle ne dégage pas nettement la liberté de l'industrie; elle maintient la magistrature inamovible et nommée par le pouvoir exécutif, c'est-à-dire, pour n'employer que les expressions les plus modérées et les plus parlementaires, une justice qui n'a pas de racines dans le peuple.

« Or il est de principe que toute justice émane du souverain : en monarchie, la justice émane du roi : en république, la justice doit émaner du peuple.

« J'ajoute qu'il est aussi impossible d'admettre en république les juges inamovibles que les législateurs inamovibles.

« J'aurais donc compris qu'on dît : La constitution, œuvre timide, s'est bornée à affirmer la démocratie, il faut que la République soit en sûreté dans la constitution comme dans une citadelle, il faut la fortifier; il faut donner au suffrage universel des extensions et des applications nouvelles; il faut proclamer plus complétement et développer plus logiquement que ne le fait la constitution les droits essentiels du peuple, qui sont (j'emprunte ici une expression de Turgot) : le droit à la vie matérielle, c'est-à-dire, dans l'ordre économique, le travail assuré, l'assistance organisée…

…… « Et dans l'ordre pénal, la peine de mort abolie. Le droit à la vie intellectuelle et morale, c'est-à-dire l'enseignement gratuit, la conscience libre, la presse libre, la parole libre, l'art et la science libres; le droit à la liberté, c'est-à-dire la suppression de tout ce qui est entrave au mouvement et au développement intellectuel, moral, physique et industriel de l'homme; enfin, le droit à la souveraineté, c'est-à-dire le suffrage universel dans toute sa plénitude, la loi faite et l'impôt voté par des législateurs élus et temporaires, la justice rendue par des juges élus et temporaires...

« La commune administrée par des magistrats élus et temporaires; le jury progressivement étendu, élargi et développé; le vote direct du peuple entier, dans certaines grandes questions politiques et sociales, par *oui* et par *non*..., et cela après discussion préalable et approfondie de chaque question au sein de l'Assemblée nationale, plaidant alternativement, par la voix de la majorité et par la voix de la minorité, le *oui* et le *non* devant le peuple, juge souverain!

« Messieurs, en supposant que la nation et son gouvernement fussent, vis-à-vis l'un de l'autre, dans les conditions correctes et normales que j'indiquais tout à l'heure, j'aurais compris qu'on dît cela, et qu'en ajoutât: La constitution de la République française doit être la charte même du progrès humain au dix-neuvième siècle; elle doit approcher aussi près que possible de la réforme sociale absolue; il faut reviser la constitution.

« Mais qu'en plein dix-neuvième siècle, qu'en face des nations civilisées, qu'en présence de ce regard du genre humain qui est fixé de toutes parts sur la France, parce que la France porte le flambeau, on vienne dire : Ce flambeau que la France porte et qui éclaire le monde, nous allons l'éteindre !

...... « Qu'on vienne dire : Le premier peuple du monde a fait trois révolutions. Ces trois révolutions qui n'en font qu'une, ce n'est pas une révolution humaine; ce n'est pas le cri égoïste d'un peuple, c'est la revendication de la sainte équité universelle, c'est la liquidation des griefs généraux de l'humanité depuis que l'histoire existe...

« C'est, après les siècles de l'esclavage, du servage, de la féodalité, de la théocratie, de l'inquisition, de la monarchie absolue, du despotisme sous tous les noms, du supplice humain sous toutes les formes, la proclamation auguste des droits de l'homme.

« Cette révolution inouïe dans l'histoire, c'est l'idéal des grands philosophes réalisé par un grand peuple; c'est l'éducation des nations faite par l'exemple de la France : son but, son but sacré, c'est le bien universel; c'est une sorte de rédemption humaine; c'est l'ère entrevue par Socrate, et pour laquelle il a bu la ciguë; c'est l'œuvre faite par Jésus-Christ, et pour laquelle il a été mis en croix!

« Cette révolution, après de longues épreuves, a enfanté en France la République; en d'autres termes, le peuple français, en pleine possession de lui-même et dans le majestueux exercice de sa toute-puissance, a institué et constitué, et définitivement et absolument établi la forme de gouvernement la plus logique et la plus parfaite, la République! qui est pour le peuple une sorte de droit naturel, comme la liberté pour l'homme.

« Le peuple français a taillé dans un granit indestructible et posé au milieu du vieux continent monarchique la première assise de cet immense édifice qui s'appellera un jour les États-Unis d'Europe!

. . . .

« Deux monarchies sont en présence; deux monarchies seulement se croient en posture de demander la révision de la constitution à leur bénéfice, et de confisquer la souveraineté du peuple à leur profit. Ces deux monarchies sont la monarchie de principe, c'est-à-dire la légitimité, et la monarchie de gloire, comme l'appellent certains journaux privilégiés, c'est-à-dire l'empire.

« Quelques mots d'abord sur la monarchie de principe.

« Messieurs, avant d'aller plus loin, je le dis une fois pour toutes, lorsque, dans cette discussion, je prononce ce mot *monarchie*, je mets à part et hors du débat les personnes, les princes, les exilés, pour lesquels je n'ai au fond du cœur que la sympathie qu'on doit à des Français et le respect qu'on doit à des proscrits : sympathie et respect qui seraient pourtant bien plus grands encore, je le déclare, s'il ne me semblait pas que ces exilés sont un peu proscrits par leurs amis.

« C'est de la monarchie principe, c'est de la monarchie dogme que je parle; et une fois les personnes mises à part, n'ayant plus en face de moi que le dogme royauté, j'entends le qualifier à cette tribune avec toute la liberté de la philosophie et toute la sévérité de l'histoire.

« Et, d'abord, entendons-nous sur ces mots : *principe* et *dogme*.

« Je nie que la monarchie soit et puisse être un principe, un dogme. Jamais la monarchie n'a été qu'un fait. Je le déclare, et j'ai le droit de l'affirmer au nom de l'éternelle moralité humaine, jamais la possession d'un peuple par un homme ou par une famille n'a été et n'a pu être autre chose qu'un fait.

« Or, quand le fait n'est plus, il n'en survit rien, et tout est dit. Il en est autrement du droit; le droit, même quand il ne s'appuie plus sur le fait, même quand il n'a plus l'autorité matérielle, conserve l'autorité morale, et il est toujours le droit. C'est ce qui fait que, d'une république étouffée comme la république romaine, il reste un droit; tandis que d'une monarchie écroulée il ne reste qu'une ruine.

« Cessez donc, vous, légitimistes, dont je respecte les opinions et devant la conscience desquels je m'incline, cessez de nous adjurer au point de vue du droit. Vis-à-vis du droit du peuple, qui est la souveraineté, il n'y a pas d'autre droit que le droit de l'homme, qui est la liberté. Dire le droit du roi, dans le grand siècle où nous sommes et à cette grande tribune où nous parlons, c'est prononcer un mot vide de sens. »

Séance du 19.

M. BAROCHE..... « Je laisserai, messieurs, de côté les grandes questions d'avenir qui ont été soulevées dans vos dernières séances. Je l'ai dit, il ne m'appartient pas encore de discuter ces questions; je comprimerai même les sentiments de légitime indignation dont je suis animé, au souvenir de ces déplorables éloges qui ont été, dans les séances précédentes, adressés aux plus sinistres époques de notre révolution..... à cette Convention qu'hier encore on glorifiait du titre de bataille, lorsqu'elle n'a été que la lutte du bien contre le mal, que la lutte du bourreau contre la victime.

« Et d'ailleurs, messieurs, que pourrais-je ajouter aux éloquentes et chaleureuses paroles que vous avez déjà entendues et qui ont fait justice, justice complète aux yeux du pays, aux yeux de l'Europe entière de ces panégyriques déplorables.

« J'arrive immédiatement à la question même de la révision, et je l'examine principalement dans les objections qui ont été tirées de la conduite du Gouvernement depuis le 10 décembre, des lois qui ont été votées par cette Assemblée, des projets ambitieux dont on accuse le pouvoir exécutif.

« Et d'abord, messieurs, il est une réflexion qui, sans doute, vous aura frappés comme moi. Cette Constitution dont on demande la révision, dont nous demandons la révision, c'est à peine si elle a été défendue ici. Je me trompe, tout le monde, dans tous les partis, pour ainsi dire, et à tous les points de vue, tout le monde s'est réuni pour en signaler, pour en reconnaître les vices, les défectuosités. L'honorable général Cavaignac, tout le premier, reconnaissait, signalait loyalement à cette tribune les défectuosités qu'elle renferme; et hier, à son point de vue, l'honorable M. Victor Hugo ne vous déroulait-il pas la nomenclature de tous les reproches qu'il adressait à cette constitution, à cette constitution qui, selon lui, n'est pas assez démocratique, à cette constitution qui a eu le tort de consacrer, au contraire, l'inamovibilité de la magistrature, de cette magistrature qui, selon M. Victor Hugo, n'a pas de racines dans le pays et qui devrait, comme la législature, être soumise à l'élection et à l'amovibilité. Vous vous rappelez tous le long programme, de sa révision à lui, mais qui n'est assurément pas le programme de la révision que cette Assemblée désire et qui, j'espère, sera voté par la majorité constitutionnelle.

« Pourquoi donc, si vous êtes si sûrs des vérités que vous venez proclamer ; pourquoi donc, si vous êtes, comme l'a dit un puissant orateur, la raison même ; pourquoi, si, de toute part, on reconnaît les vices, les défectuosités de la Constitution, pourquoi ne pas en ordonner la révision ? Pourquoi ne pas venir porter devant le pays ce programme que M. Victor Hugo indiquait hier, et que je rappelais tout à l'heure ?

« Ah ! voici l'objection :

« Par la loi du 31 mai, vous avez détruit, vous dit-on, le suffrage universel. Et comment voulez-vous que nous fassions reviser par cinq ou six millions d'électeurs l'œuvre de dix millions ? Comment voulez-vous soumettre l'œuvre de la totalité des citoyens à une fraction seulement de ces mêmes citoyens, réduits à l'état de privilégiés et à l'état de pays légal par la loi du 31 mai ?

« On ajoute encore que les élections ne sont plus libres, ne peuvent plus être sincères ; que vous avez interdit le droit de parler et d'écrire par vos lois sur les clubs, sur le colportage et sur la presse.

« Voilà, messieurs, pourquoi la révision n'est pas possible, vous dit-on ; voilà pourquoi on s'y oppose ; voilà quelle est, comme le disait un orateur à cette tribune, la fin de non-recevoir qu'on oppose à la demande de révision.

« Ainsi, vous le voyez, c'est toujours le même système. Ceux qui se disent les partisans, les partisans enthousiastes de la légalité, ne reconnaissent la légalité que pour les lois qui leur conviennent.

« La légalité pour eux, elle n'existe pas pour des lois que vous avez votées dans la plénitude de l'exercice de vos pouvoirs constitutionnels. Remarquez-le bien, c'est à la politique tout entière de la majorité que l'on s'attaque.

. . . .

« Eh bien, c'est à vous, majorité, à juger de la loyauté, de la réalité de ces attaques ; c'est à vous de voir si vous voulez en un seul jour, et par un seul vote, démentir votre politique de deux années ; c'est à vous de voir si vous voulez frapper de discrédit et de mort toutes les lois que vous avez votées, qui ont rétabli l'ordre et étouffé l'anarchie ; c'est à vous de voir si vous voulez en un seul jour les mettre à néant. Et ne vous y trompez pas, si vous vous laissiez entraîner à l'objection que je combats et qu'on présente comme un obstacle à la révision, il ne s'agirait pas seulement pour vous de repousser la demande de révision elle-même, vous devriez aller plus loin ; pour être logiques, pour être conséquents, vous devriez à l'instant même rapporter toutes les lois qu'on signale comme un obstacle, et non pas seulement la loi du 31 mai, mais encore celles sur les clubs, sur le colportage, sur la presse. Voilà quelle est la logique nécessaire de la résistance que je combats. Si ces lois sont inconstitutionnelles, comme on le dit ; si ces lois ont méconnu le suffrage universel, il faut les rapporter ; rapportez-les.

« Si ces lois, au contraire, et c'est ce que je maintiens, grâces au ciel ! avec la majorité de cette Assemblée, ne sont pas inconstitutionnelles ; si elles sont l'œuvre de vos pouvoirs légitimes, l'obstacle doit disparaître, la fin de non-recevoir doit être écartée, et rien ne s'oppose, si vous jugez que la Constitution doit être revisée, à ce que vous ordonniez la révision.

« Messieurs, dans quelques jours peut-être, vous aurez à examiner de nouveau cette loi tant attaquée du 31 mai ; que vous la modifiez ou que vous la mainteniez intacte, quelle que soit la loi que vous rendiez, je n'admettrai jamais, vous n'admettrez jamais, je l'espère, qu'une loi rendue par vous puisse être taxée d'inconstitutionnelle ; vous n'admettrez jamais que le suffrage universel réglementé par cette Assemblée ne soit pas le suffrage universel vrai, la représentation légitime de l'opinion et de la souveraineté nationale.

« Je comprends très-bien que ceux qui veulent le rapport de toutes ces lois s'en fassent un obstacle, une objection contre la révision de la Constitution. Mais aussi l'Assemblée a compris, j'ose l'espérer, la question comme je la lui ai posée, comme elle sort de ce débat.

« Oui, le débat sera entre ceux qui considèrent comme constitutionnelles, non pas seulement la loi du 31 mai, mais encore toutes les autres.

. . . .

« Je maintiens le mot, en rappelant aux souvenirs de l'Assemblée ce que l'honorable M. Grevy a dit, ce que M. Hugo disait hier aussi après M. Grevy : c'est que c'étaient toutes ces lois, non pas une, mais toutes celles que j'ai citées, qui se dressaient entre l'Assemblée et la révision de la Constitution, et que l'une, en mutilant, dit-on, le suffrage universel, les autres en empêchant la liberté des élections, ne permettaient pas que la constituante fût librement élue, fût régulièrement organisée ; ne permettaient pas que cette constituante, devenant l'expression de la volonté nationale, pût porter atteinte à la Constitution qui, en 1848, avait été votée par la constituante qui existait alors ; voilà ce que l'on a dit.

« La question se pose dans les conditions que j'ai dites ou que ces lois disparaissent, et disparaissent toutes, ou que disparaisse, d'un autre côté, l'objection tirée de leur existence, et que l'on ne se demande plus si telles ou telles lois font obstacle à la révision, qu'on se demande seulement (c'est la vraie question) s'il est de l'intérêt du pays, de l'intérêt de la France que la Constitution soit revisée. »

M. DUFAURE, ... « Je veux arriver immédiatement, quoique je ne songeasse pas à prendre la parole aujourd'hui, à la question grave qui nous occupe. Je la traiterai gravement, sérieusement; j'espère n'exciter aucune passion; je n'ai de fait personnel à dire contre personne, et néanmoins je veux dire librement mon opinion; j'espère réunir et la liberté dont j'ai besoin, et les convenances que je m'attache à observer,

« Messieurs, je ne puis pas me détacher d'un souvenir.

« Il y a trois ans, à l'époque où la constitution a été faite, elle était connue, toutes ses dispositions avaient été publiquement débattues, et il y avait dans le pays une impatience inexprimable de la voir définitivement promulguée. On sentait très-bien que, jusqu'à ce que la constitution fût promulguée, en droit, sinon en fait, le pays était encore en état de révolution, les pouvoirs publics n'avaient pas de base, les lois n'avaient pas de source; il fallait absolument que la constitution fût faite, on la demandait.

« Trois ans sont écoulés, et maintenant il semblerait que l'on manifeste la même impatience de voir remettre en question tout ce qui a été décidé à cette époque. La constitution, il faut la réviser, la revoir, la revoir tout entière. La révision totale! La révision partielle ne suffit pas.

« Messieurs, je ne suis pas adversaire systématique du principe de la révision, je suis au nombre de ceux qui, dans la commission de constitution, ont désiré que la constitution nouvelle, à la différence des chartes qui l'avaient précédée, n'eût pas la prétention d'être immuable et éternelle. Je suis un de ceux qui ont demandé qu'elle pût être soumise à la révision dans un délai plus court que ne l'avaient prescrit les constitutions de 1791 et de l'an III. Je ne me repens pas de ce que j'ai fait. Mais à cette époque, nous avons très-bien compris que la révision ne pouvait pas aller de plein droit; qu'il fallait un juge de son opportunité, et que le juge de l'opportunité de la révision, ce devait être, messieurs, l'Assemblée nationale, vous, moi.

« Juge pour ma part dans ce grand débat, j'ai le droit et je sens le devoir de rechercher si, en effet, la révision que l'on demande est opportune, s'il est bon, s'il est nécessaire de la voter cette année comme on le demande, s'il y a quelque raison puissante qui pèse tellement sur nous que nous ne puissions échapper à cette nécessité. C'est là ce que je veux examiner avec vous.

« M. le ministre des affaires étrangères nous disait tout à l'heure : Voyez cette constitution, elle est attaquée de tous les côtés. Du côté droit, on lui fait des reproches : elle est insuffisante, elle est mauvaise. On n'a pas caractérisé, défini les reproches, mais enfin on la trouve mauvaise. Du côté gauche, M. Victor Hugo lui a adressé des reproches sans nombre : elle ne satisfait personne ; il faut la réviser.

« Je ne sais pas si la conclusion du ministre des affaires étrangères est parfaitement exacte ; mais voici à quel point de vue je l'envisage. Lorsqu'en 1848, après la révolution de Février, après un mouvement qui avait détruit toutes les lois et tous les pouvoirs politiques dans notre pays, lorsqu'à cette époque il a fallu faire une constitution, la tâche n'était pas si facile que peuvent le croire quelques-unes des personnes qui s'occupent maintenant de la révision. Il n'y avait pas seulement à faire ce que faisaient les chartes antérieures, je veux dire, à réorganiser les pouvoirs publics, à dire comment serait nommé le pouvoir exécutif et comment le pouvoir législatif; quelle serait l'étendue de leurs attributions, à construire, si je puis le dire ainsi, la machine gouvernementale; tout n'était pas là; il y avait bien autre chose à faire par une constitution après la révolution de Février.

« Nous avions d'abord une chose à faire: la révolution de Février avait excité dans ce pays un certain ordre d'idées. Le nom de *République*, donné immédiatement au nouveau Gouvernement du 24 Février et confirmé par l'Assemblée nationale le 4 mai, le nom de *République* entraînait avec lui, pour une grande partie des populations de l'effroi, et, pour une autre partie, des espérances et des désirs d'imitation qu'à mon avis on ne devait pas laisser pénétrer dans la constitution. Ce courant d'idées avait été créé par d'anciens souvenirs conservés dans quelques âmes fidèles à leurs convictions; en même temps, l'honorable M. de Lamartine ne me reprochera pas de le dire, par l'immense popularité qu'avait acquise en France un ouvrage célèbre qui, en colorant les événements de 1793 du plus magnifique langage, avait, contre l'intention de l'auteur, je m'empresse de le dire, diminué l'horreur que doivent inspirer les événements de cette époque.

« Il fallait donc éviter avec soin cette première faute, que des plagiats de la République de 1793 vinssent déshonorer la République de 1848.

« Il y avait une seconde faute, messieurs, que nous voulions éviter. On avait dit plus d'une fois, et M. le garde des sceaux en particulier ne se plaindra pas si je rappelle ses paroles, que la révolution de Février n'était pas seulement une révolution politique, mais encore une révolution sociale.

« Dans des esprits modérés comme celui de M. le garde des sceaux, ces expressions pouvaient ne pas entraîner des conséquences trop lointaines, mais elles étaient à redouter; elles pouvaient introduire dans notre législation nouvelle une foule d'innovations qui auraient été fatales.

« Nous avions d'autant plus à lutter contre elles, que dans cette immense élection de 1848, tous les représentants de toutes les utopies de l'époque étaient venus, et je ne m'en plains pas, toutes les idées y étaient ainsi représentées, étaient venues dans le sein de l'Assemblée constituante.

« Il fallait encore éviter cette seconde chose que les idées qui étaient représentées par tous les novateurs de cette époque, novateurs dont, à mon avis, les principes, les systèmes étaient incompatibles avec un gouvernement durable, il fallait éviter qu'ils ne s'introduisissent dans le sein de la constitution.

« C'est comme cela, messieurs, que nous avons eu à lutter successivement contre une foule de propositions qui sortaient de cet esprit ; c'est comme cela que l'Assemblée constituante a eu à lutter contre le droit au travail, contre la séparation du culte de l'État, contre beaucoup d'autres innovations qui étaient proposées. L'Assemblée constituante a tout repoussé.

« La constitution n'en a gardé aucune trace. Tous les principes sociaux, éternels, tous ceux qui doivent gouverner toutes les sociétés, tous y ont été introduits ; ils y sont inscrits, et inscrits en lettres immuables.

« Voilà ce qu'il y avait à faire ; voilà ce qui a été fait.

« Il y avait une troisième chose... Que l'Assemblée ne se fatigue pas de mes longueurs... Il y avait une troisième chose à faire. Pour beaucoup d'esprits, cette rénovation si complète du Gouvernement, ce retour de la République qui avait disparu depuis cinquante ans, tout cela devait amener des changements considérables dans toutes les parties de notre législation et de notre ordre social.

« C'est ainsi que l'on avait demandé l'amovibilité de la magistrature, amovibilité qui avait été proclamée par un décret du gouvernement provisoire, comme inhérente au gouvernement républicain ; c'est ainsi que beaucoup d'autres choses semblables avaient été faites. Il fallait les faire disparaître de la constitution du pays : elles en ont disparu.

« Il y avait encore une autre chose plus dangereuse. La révolution de Février semblait conduire, elle conduisait, croyait-on, à la liberté, à la liberté plus développée, bien plus encore à la liberté illimitée. C'est un des points contre lesquels la commission de constitu ion et l'assemblée ont eu le plus à lutter. Nous avons voulu avoir une réserve constitutionnelle en faveur de la liberté et du droit d'autrui et en faveur de la sécurité publique.

« Tout cela a été écrit dans l'article 8 de la Constitution. Ce sont ces reproches que M. Victor Hugo adressait hier à la Constitution et que M. le ministre des affaires étrangères a rappelés depuis pour en triompher. C'est vrai, la Constitution en est coupable, M. le ministre des affaires étrangères a eu raison de rappeler les reproches qui lui sont adressés. Oui, elle a repoussé tout cela, parce qu'elle a cru que, soit dans les souvenirs de 1793, soit dans les idées socialistes de l'époque, soit dans la liberté illimitée, soit dans l'amovibilité de la magistrature, soit dans tout ce qu'elle a repoussé, il y avait des principes de désorganisation qui auraient infailliblement ruiné dans l'esprit des populations la République de 1848.

« Voilà la première partie de la Constitution ; en demande-t-on la révision ? Ou plutôt, quand on demande la révision totale de la Constitution, on en demande la révision, on remet tout en question. Eh bien, je suppose la révision passée ; les colléges électoraux sont convoqués, les débats électoraux s'ouvrent, vous ne pouvez pas l'empêcher ; et là, dans ces débats électoraux, tout est attaqué, la révision est totale, tout est remis en question ; vous ne pourrez plus empêcher ni les paroles ni les écrits qui tendent à ce que nous appelons, vous et moi, le socialisme ; non, puisque toute la constitution est remise en question. Vous permettrez donc de tout discuter ; il le faudra bien. Je le répète, toutes les batailles que nous avons livrées vous les effacez, toutes les victoires que nous avons obtenues vous les détruisez ; dans les colléges et l'Assemblée constituante, tout est à recommencer.

« Vous êtes sûrs de la victoire... C'est possible ; je n'en sais rien ; mais je dis que, lorsqu'on veut donner à un peuple, comme le disait tout à l'heure M. le ministre des affaires étrangères, le repos, la sécurité, la jouissance du bien-être, c'est prendre un singulier moyen que de le jeter pendant six mois au milieu des débats ardents qu'une semblable situation doit soulever.

« Maintenant, messieurs, ces principes étaient assurés, garantis, il fallait constituer le gouvernement de la République. Est-ce dans la constitution du gouvernement de la République que se trouvent des vices tels que la révision immédiate soit absolument nécessaire ? M. le ministre disait tout à l'heure : « J'ai écouté, je n'ai pas vu qu'on ait défendu la Constitution. » Mon Dieu ! je pourrais dire : J'ai écouté, j'ai entendu de magnifiques discours tels que je n'en entendis jamais dans ma vie, et je n'ai pas entendu qu'on précisât bien clairement ce que l'on reproche à l'organisation politique de la Constitution ?

« Je crois que ceux qui lui trouvent des vices si radicaux qu'ils exigent une révision si immédiate, ne veulent pas faire ce que nous avons été obligés de faire à l'époque où la Constitution a été faite.

« Il y a deux points de vue que nous devions complétement mettre de côté, quels que fussent nos souvenirs, quelle qu'eût été notre vie antérieure, par cela seul que nous acceptions de nos collègues le mandat de préparer une Constitution républicaine ; nous ne pouvions faire aucune de ces deux choses : conserver encore l'idée de constituer un pouvoir monarchique dans une Constitution républicaine, et puis, conserver quelque chose de ce qu'on appelait autrefois le pays légal, lorsqu'il était évident que c'était le suffrage universel qu'il fallait constituer.

« Qu'on veuille partir de ces deux points, et l'on trouvera

peut-être que la Constitution est-ce qu'elle devait être, ce qu'elle pouvait être.

« On a reproché à la Constitution d'avoir créé des conflits entre les pouvoirs, de n'avoir pas empêché ces conflits : c'est le propre d'une Constitution, a-t-on dit, de les empêcher.

« Les empêcher ! messieurs, je m'étonne que des hommes sérieux aient jamais prétendu obtenir ce résultat d'une constitution faite de main d'homme. Pourraient-ils m'en citer une seule qui ait empêché des conflits entre les pouvoirs constitués? toutes les fois que vous avez plusieurs pouvoirs, les limites sont si indécises, les rapprochements sont si continuels, qu'il n'y a pas de législateur humain qui puisse avoir la prétention d'empêcher les conflits. Cela me rappelle ce que disait M. Canning : « Vouloir la perfection dans une constitution humaine, c'est faire une recherche peu raisonnable, parce qu'il n'est pas raisonnable d'avoir l'espérance de l'atteindre. »

« Voilà la vérité. Il n'y a que deux espèces de constitution qui puissent éviter les conflits : la convention, quand elle est maitresse absolue, quand elle n'a aucun pouvoir à côté d'elle; le despotisme, l'empire, quand il est maître absolu, quand il n'a aucun pouvoir à côté de lui. A ces deux conditions, vous éviterez les conflits; hors de ces deux conditions, vous les aurez toujours, vous les aurez, si la vertu des hommes, si le bon sens des gouvernants, si leur prudence, si leur intérêt commun ne savent pas les éviter.

« Voilà ce que disait à cet égard, et ses paroles parleront beaucoup mieux sur ce point que les miennes, mon honorable ami M. de Tocqueville dans son excellent ouvrage : *La Démocratie en Amérique :*

« Il y a, dans les constitutions de tous les peuples, quelle qu'en « soit, du reste, la nature, un point où le législateur est obligé de « s'en rapporter au bon sens et à la vertu des citoyens. Ce point « est plus rapproché, plus visible dans les républiques, plus éloi- « gné et caché avec plus de soin dans les monarchies ; mais il se « trouve toujours quelque part. Il n'y a pas de pays où la loi puisse « tout prévoir et où les institutions doivent tenir lieu de la raison et « des mœurs. »

« C'est là, messieurs, une vérité de tous les temps qui n'est pas contestable; et si vous parlez des conflits qui se sont élevés dans ces derniers temps entre les deux pouvoirs, si vous les reprochez à la Constitution, j'aurai le droit de vous dire tout d'abord que ces conflits n'étaient pas inévitables. Puis, et je ne dis pas cela à mon honneur, j'aime mieux et il est plus juste d'en renvoyer le mérite à mon honorable ami M. Odilon Barrot, cinq mois se sont écoulés, pendant lesquels, vous en êtes les témoins, il y a eu un accord parfait. Il ne s'est pas élevé un seul conflit entre le pouvoir exécutif et le pouvoir législatif. C'était pourtant la même Constitution, c'étaient les mêmes lois, c'étaient les mêmes attributions ; ce n'était donc pas ce qui causait les conflits : ils devaient donc venir d'ailleurs ; ils ne sont pas plus écrits dans la Constitution qu'ils ne le sont dans toutes les institutions humaines.

« Je cherche vainement, dans le débat que j'ai entendu, quelques reproches adressés à l'organisation politique qui est écrite dans la Constitution. Et remarquez que je ne prétends pas qu'elle soit parfaite, à Dieu ne plaise ! Pour la part que j'y ai prise, je ne puis pas m'inspirer assez de présomption pour aller m'imaginer que cette œuvre, à laquelle, au reste, toute l'Assemblée constituante, dans les bureaux et ici, a concouru, soit parfaite ; je la tiens pour défectueuse en plusieurs points. Il y a des dispositions que j'ai combattues ; si quelque jour on peut les réviser, je serai au nombre des réviseurs ; mais je tiens que les portions défectueuses de la Constitution ne sont pas telles, ne portent pas tellement atteinte à la paix publique, qu'il soit nécessaire, pour les corriger, de remettre en question, dans les circonstances où nous sommes, tout ce qui a été décidé il y a trois ans.

« Maintenant, je suis obligé de le dire, dans les discours que j'ai entendus, ce n'était autre chose qu'on attaquait que l'institution de la République, consacrée par la Constitution. L'honorable M. Berryer l'a dit : La République est impossible parmi nous. En effet, de tous les reproches qu'il a faits à la Constitution, je n'ai saisi, je ne connais que celui-ci : la République est impossible !

« L'honorable M. Berryer a donc dit : La Constitution est mauvaise. Pourquoi ? La République est impossible, elle est antipathique à nos mœurs.

« La République est impossible en France : voilà ce qui a été dit avec un langage que je n'ai pas la prétention de reproduire. Eh bien, examinons cela : cela va bien plus loin que des critiques contre quelques articles organiques : c'est le fond même de la Constitution, c'est la substitution d'un gouvernement à un autre.

« L'Assemblée me permettra de m'exprimer très-franchement sur ce point.

« Je n'ai pas besoin de le dire, je n'ai en aucune manière appelé la République. Je suis né à la vie politique sous le gouvernement constitutionnel qui s'appuyait sur la souveraineté nationale. Si ce gouvernement avait voulu étendre les bases sur lesquelles il reposait, et renoncer, mettre un terme à des pratiques gouvernementales que je puis rappeler, puisque je les ai blâmées cent fois à la tribune du temps qu'il vivait ; si ce gouvernement avait pu faire ces deux choses, élargir sa base et renoncer à ces pratiques gouvernementales, bien loin de désirer sa chute, j'aurais ardemment désiré qu'il fût maintenu. Mais j'ajoute que je n'ai contribué en quoi que ce soit à sa chute, ni comme gouvernement, ni comme opposition, ni en le déconsidérant comme gouvernement, ni en l'attaquant avec excès, à outrance, comme membre de l'opposition. Cependant ce gouvernement est tombé; la République a été proclamée. Je l'ai acceptée comme beaucoup d'entre vous, avec moins d'ardeur peut-être que quelques-uns d'entre vous.

« Je l'ai acceptée; et quand j'ai reçu de mes concitoyens le mandat de venir, dans cette enceinte, délibérer sur leur condition nouvelle, j'ai pris mon mandat au sérieux; je me suis promis que si la République de 1848 me paraissait capable de maintenir dans notre pays tout ce qui doit y être maintenu, l'ordre, la sécurité, la liberté, tous les biens sans lesquels une nation ne peut pas vivre, je me suis promis, dis-je, de concourir de mes faibles efforts à établir et à défendre la République de 1848.

« Voilà ce que j'ai fait; voilà à quels titres j'en parle; je n'en ai pas d'autres.

« Maintenant, pourquoi la République est-elle antipathique au pays? Je me demande ce que c'est que la République, afin de savoir si elle est antipathique au pays.

« A mon avis, la République consiste en deux éléments essentiels : le suffrage universel et le pouvoir exécutif temporaire.

« Le suffrage universel est-il antipathique au pays? quelqu'un le dit-il? notre pays paraît-il disposé à abdiquer? va-t-il faire ce que les Danois firent entre les mains du roi de Danemark en 1760? Cela ne me paraît pas probable; je crois le contraire. Permettez-moi de le dire, je crois, pour l'avoir vu, que mes concitoyens de toutes classes, de tous rangs, de toutes conditions, se trouvent fiers d'être appelés, pour la première fois, à participer à la nomination des représentants du pays, et de compter, par cela, pour quelque chose dans le gouvernement de leur pays; ils en sont fiers; leur orgueil est légitime et leur droit leur est cher.

« Je ne crois donc pas que le suffrage universel, premier élément de la République, soit antipathique au pays.

« Mais le pouvoir temporaire !

« Messieurs, je ne sais pas si un pouvoir viager et héréditaire serait entièrement compatible avec le suffrage universel, entre maintenant dans nos mœurs, et qu'il ne me paraît pas possible de détruire; mais je sais bien que, dans ce moment (je ne veux rien cacher), dans le pays qui n'est pas habitué à nommer ni ses rois, ni ses présidents, ni les chefs du pouvoir exécutif, on est étonné, surpris, d'être appelé dans dix mois à nommer un président. Je vais plus loin : on s'en inquiète, on se demande si un changement de président ne produira pas quelque changement fâcheux dans le cours actuel des choses, ne substituera pas le désordre à l'ordre, l'instabilité à la stabilité. Oui, l'on s'en inquiète, je le reconnais; mais, permettez-moi de vous le rappeler, lorsque, pour la première fois après l'Empire, sous la Restauration, les chambres législatives ont été déclarées temporaires, quand on a vu que tous les trois ou cinq ans on serait appelé à renouveler les pouvoirs législatifs, je l'affirme et quelques-uns d'entre vous peuvent se le rappeler, les inquiétudes étaient les mêmes. On se disait : Comment ! tous les trois ou cinq ans, être appelé à renouveler le pouvoir législatif !

« Eh bien, messieurs, l'habitude calme toutes ces inquiétudes; cela est tellement vrai qu'en ce moment on se préoccupe de la nomination du chef du pouvoir exécutif, et il est un pouvoir plus important, dont les attributions sont plus étendues, celui qui fait la règle, celui qui fait la loi, celui dont le chef du pouvoir exécutif exécute les lois; celui-là, il doit être renouvelé tous les trois ans; on est habitué à ces renouvellements du pouvoir législatif, et personne ne s'en inquiète.

« J'ai donc examiné les deux éléments qui me paraissent constituer essentiellement le gouvernement républicain. Je me suis demandé ce qu'il avait d'antipathique pour notre nation. J'ai cru, pour le premier, que, bien loin de lui être antipathique, il lui était devenu maintenant cher et nécessaire. J'ai cru, pour le second, que l'on prenait un accident pour une chose durable, et que l'impression, l'inquiétude actuelle ne tient pas au renouvellement du pouvoir présidentiel, mais à sa nouveauté, à ce qu'une élection semblable n'est pas encore entrée dans nos habitudes.

« Maintenant sera-ce la République telle qu'elle est pratiquée, dans les effets qu'elle produit, qui la rendra incompatible, antipathique pour la nation ? Je ne vois pas. Je demanderais que l'on expliquât un peu ce que l'on entend sous ce rapport-là. Tantôt on nous dit que la prospérité est revenue; revenue sous quel régime? de la République. Tantôt on nous dit que le pays souffre tant, qu'il ne peut pas garder la République. Accordez-vous. Savez-vous ce qu'il y a de vrai? C'est que, sous le gouvernement de la République, comme sous le gouvernement de la monarchie, l'ordre est maintenu, la paix de la famille est préservée, la propriété est sauvée, ...

« Je dis que, sous le régime actuel, sous la République, la propriété est sûre, que le sanctuaire de la famille est respecté, que les lois sont exécutées, que la magistrature a sa puissance ordinaire pour les appliquer, que le pouvoir exécutif a sa puissance ordinaire pour les faire exécuter, que notre armée est aussi puissante que jamais, que les impôts sont recouvrés avec autant d'exactitude, avec plus d'exactitude que d'ordinaire. Voilà ce qui est constaté par les états. Toutes les lois sont donc observées; que manque-t-il ? Vous me dites : de l'avenir. Eh bien, c'est ici que nous abordons la question fondamentale. Tout est donc calme, tous les intérêts sociaux sont protégés par la République; et maintenant vous dites : mais non pas l'avenir. Comment serait-il protégé? Il n'y a que deux moyens de le protéger : par la Monarchie ou par la République.

« Par la Monarchie! qu'on la propose : sur quelles bases la fonderez vous, je vous le demande? Transportez-vous au sein des collèges électoraux; allez-y ! Voilà la question engagée. Avez-vous l'intention de l'engager devant les conseils électoraux, entre la Monarchie et la République? Est-ce pour arriver à ce résultat qu'on propose la révision?

« Tout à l'heure M. le ministre des affaires étrangères disait : la Monarchie! je ne m'explique pas; la question est posée. Est-ce que vous entendez que la révision est demandée pour aller mettre en question devant les collèges électoraux la Monarchie ou la République?...

« On me dit franchement : Oui, la révision est demandée pour cela; c'est pour cela que la commission, changeant la proposition première, demande la révision totale. Oui, c'est la Monarchie que vous mettrez en question.

« Eh bien, messieurs, vous me donnez un nouveau motif pour m'opposer radicalement à la révision que vous demandez. Ma raison est prise de ce que, poser cette question devant les collèges électoraux, ce sera possible peut-être dans quelques collèges électoraux, je ne le nie pas; quelques-uns de mes collègues peuvent se faire illusion à raison de l'esprit du collège électoral qui les nomme; mais je déclare que, dans une quantité considérable de départements de la France, poser ainsi la question, c'est donner le signal de la guerre civile.

« Messieurs, remarquez-le bien, je ne perds pas mon temps à diriger des attaques posthumes contre les monarchies qui sont tombées; si l'on doit les rappeler, j'aime mieux que, comme M. Berryer, on les rappelle par leur gloire; mon pays en est enorgueilli, je m'en sens fier moi-même; j'aime mieux qu'on les rappelle ainsi que de les rappeler par toutes les fautes ou tous les crimes qu'elles ont commis.

« Mais, le fait que je constate avec une conviction profonde, c'est que, du sein de l'Assemblée législative, il part une proposition de reviser qui, comme on me le dit, n'a d'autre but que de mettre en question devant les collèges électoraux la Monarchie ou la République; c'est la guerre civile que vous allumez...

« Je l'ai donc dit : pour moi, je comprends que la République, avec les souvenirs de 1793, ait profondément effrayé le pays en 1848. Je maintiens que toutes les fois que l'on voudra établir quelque lien, quelque solidarité entre l'un et l'autre gouvernement, le pays deviendra antipathique à la République.

15

« Je maintiens aussi que, lorsque les pouvoirs publics auront soin, dans toutes leurs manifestations, de quelque nature qu'elles soient, de montrer que, sous le même nom, nous avons un gouvernement absolument différent et absolument nouveau, la République, par ses éléments, n'est pas antipathique au pays. Faut-il dire, messieurs, toute ma pensée sur ce point ?

« Si vous allez dans quelque point reculé de la France, si, par exemple, dans quelque canton de la Bretagne, nos collègues vont voir le paysan breton, oui, ils trouveront là, cela est vrai, un culte profond pour la royauté presque égal au culte religieux. Oui, le paysan breton reste attaché au souvenir de son roi comme à la pensée de son Dieu.

« Je le répète donc. Je le crois, dans quelque coin de la France, la foi à la royauté domine.

« D'un autre côté, vous m'accorderez bien que, sur quelques autres points de notre territoire, la foi à la République est aussi vive ; et si je prends la généralité de la France, vous dirais-je toute ma pensée? Après avoir vu depuis soixante ans tomber successivement tant de gouvernements, la France est plutôt disposée à n'avoir ni foi monarchique ni foi républicaine, et à demander à son gouvernement, quel qu'il soit, de lui assurer les biens dont elle a besoin...

« Messieurs, permettez-moi bien de vous dire et de vous dire très-franchement ce que je pense : je ne le dis pas seulement pour vous, mais je lis tous les jours dans des écrits étrangers, qui s'en rapportent aux bruits que l'on répand, aux correspondances qu'on leur envoie sur l'état de la France, je lis tous les jours que la France est tellement hostile à son gouvernement, qu'une guerre civile est imminente, que le gouvernement républicain va tomber devant quelque coup d'Etat, ou quelque révolte immédiate.

« Je tiens à dire le contraire ; je connais la France aussi bien que chacun de vous ; une mission que vous m'avez donnée m'a permis de la parcourir dans ces derniers temps : je l'ai vue, je l'ai sentie, je l'ai étudiée ; ce que je dis est le résultat d'une observation attentive et impartiale ; oui, je vous l'affirme, cela est vrai, il n'y a pas en France d'antipathie pour la République ; il y a beaucoup de points du territoire indifférents, il y en a d'autres enthousiastes pour la République ; dans d'autres, règne la foi à la royauté ; mais, qu'un bon gouvernement continue, que l'Assemblée nationale, d'où résulte ce bon gouvernement, qui fait les lois, qui donne la direction au gouvernement, que l'Assemblée nationale, qui oublie trop souvent qu'elle est souveraine, que le pouvoir exécutif n'est que l'exécuteur de ses volontés, que l'Assemblée nationale continue, qu'elle fasse des lois favorables à l'intérêt général des populations, elle peut être tranquille ; on reconnaîtra un bon gouvernement; on ne sera pas antipathique au gouvernement sous lequel on vivra, on travaillera, on prospérera.

« J'ai donc dit, messieurs, ce que je pense du reproche, du seul qui a été adressé à la Constitution. Si, en effet, on doit mettre en question la République et la Monarchie, le reproche vaut la peine d'oublier tous les mérites de la Constitution, et de voter la révision.

« Si vous redoutez comme moi qu'une question ainsi posée ne soit une déclaration de guerre civile, tout le reste ne vaut pas, qu'après toutes les conquêtes que nous avons faites en 1848, tout le reste ne vaut pas que vous remettiez en question tout ce qui, à cette époque, a été fait.

L'orateur aborde spécialement l'examen de l'article 45 de la Constitution.

« D'abord, cet art. 45 est-il si mauvais? Je l'ai dit, il a été proposé à une époque où personne ne pouvait savoir quel serait le président de la République; il a été proposé et soutenu dans la commission de Constitution par la partie modérée, si je puis ainsi dire, au milieu d'autres hommes très-distingués; il a été combattu par des républicains de la veille. Cet article 45 était-il une nécessité? Voulez-vous que je vous dise, messieurs, quelles sont les impressions sous l'empire desquelles nous l'avons voté? Nous nous rappelions qu'avant la révolution de 1848, dans nos petits colléges électoraux, tel ministre, tel député usait de tout ce qu'il pouvait avoir d'influence, d'autorité par l'action de l'administration, pour assurer sa réélection. Nous nous sommes dit : Si, en France, avec une administration centralisée aussi puissante qu'elle l'est, le président de la République peut être réélu (le président encore inconnu, que personne ne pouvait prévoir), n'arrivera-t-il pas ce qui est arrivé; toutes les forces et toute la dignité de l'administration ne seront-elles pas, pendant quatre ans, employées, dépensées, déplorablement dépensées à préparer sa réélection? N'est-ce pas un danger, en effet, pour la dignité de l'administration, pour la dignité et l'autorité présidentielle? Il faut l'éviter. Mettons qu'après quatre ans, le Président de la République ne pourra pas être réélu.

« Voilà ce qui a été voté à cette époque. On nous citait bien l'exemple des États-Unis, où le président peut être réélu après les quatre années. Mais nous nous disions : Y a-t-il quelque rapport entre la puissance de l'administration en France et aux États-Unis? Cette administration qui pénètre partout, qui peut agir dans le sein de la plus petite commune de France, par le maire, par le percepteur, par le maître d'école, par le juge de paix, par le garde char,être; cette administration qui est partout se retrouve-t-elle aux États-Unis? Est-ce qu'aux États-Unis il existe rien de pareil? N'avons-nous pas à redouter ce que là on ne redoute pas? Ne serions-nous pas les plus imprudents du monde, si nous ne pren as pas de précautions contre ce danger presque inévitable?

« Voilà ce qui a dicté l'art. 45 de la Constitution. Quant à moi, je l'ai cru bon à cette époque; je le crois encore bon; je crois qu'il a été bien de l'introduire dans la Constitution, et puisque je le crois bon, il n'est pas naturel que je vote pour une révision qui tendrait, dit-on, à amener sa modification.

« Mais, d'ailleurs, si la révision était adoptée, si une assemblée constituante était nommée, si elle avait l'esprit que désirait l'honorable M. Berryer à la fin de son discours, c'est-à-dire si elle venait avec la disposition de modifier l'art. 45, où s'arrêterait-elle! Vous me dites : le Président pourrait être élu pour quatre nouvelles années. Pourquoi pour quatre nouvelles années? Qui vous dit que l'Assemblée constituante, avec l'esprit, les dispositions que vous lui supposez, s'arrêterait là? pourquoi pas pour dix ans? pourquoi pas à vie? Encore une fois, qui l'arrêtera? Pourquoi, après avoir étendu la durée des pouvoirs, pourquoi ne pas étendre les attributions? pourquoi ne pas donner au Président une part du pouvoir législatif? pourquoi pas le *veto*? pourquoi ne pas élever le pouvoir exécutif au-dessus du pouvoir législatif? pourquoi, en un mot, l'Assemblée constituante, avec ces dispositions, n'arriverait-elle pas à détruire la vérité, les fondements de notre gouvernement actuel? Voilà ce qui peut arriver.

« Messieurs, je ne sais pas, nul ne sait quel est, en ce moment, le vœu de la majorité du pays; il ne s'est pas prononcé. Il y a des courants d'opinion plus ou moins forts, bien fou serait celui qui les nierait; mais le vœu de la majorité, nul ne le sait. Ce que je sais, c'est qu'en venant ici j'ai reçu un mandat de liberté et d'indépendance, que je cherche mon opinion en moi-même, que je dois compte à mes mandants de mon opinion, et non pas de la leur.

« Et, sur ce point, je terminerai par un mot; je vous rappelerai ce que disait un jour Burke aux électeurs de Bristol : « Le représentant doit sacrifier à ses mandants repos, plaisirs, jouissances; il ne doit immoler ni à eux, ni à aucun homme, ni à aucune classe d'hommes, ses opinions, sa conscience, son âme. J'ai reçu ce dépôt de Dieu, j'en dois rendre compte à Dieu. Le représentant doit à ses mandants non-seulement son activité, mais aussi ses pensées personnelles; il les trahirait au lieu de les servir s'il leur sacrifiait ses opinions. » .

« Voilà ce que disait Burke. Je suis de son avis; je vote contre la révision. »

Séance du 20 juillet.

M. ODILON BARROT. « Messieurs, l'orateur qui a terminé la séance d'hier s'étonnait que la véritable question, celle des mérites ou des défauts de la Constitution, n'eût pas encore été nettement et catégoriquement posée ; j'éprouvais les mêmes regrets, je déplorais les déviations que subissait le débat, et malgré toute mon admiration pour l'éloquence qui jaillissait des discours qui avaient transporté la question si haut, mais si en dehors du véritable objet des préoccupations de cette Assemblée, malgré cette admiration, je ne pouvais m'empêcher de sentir que la question n'était pas encore traitée ; il me semblait que nous étions ici, comme vous l'avait dit la commission, non pour usurper les pouvoirs de la Constituante, non pour vider de vieux conflits entre les deux principes contraires, entre l'autorité et la liberté, entre la Monarchie et la République, mais que nous y étions pour faire l'examen de la Constitution, rechercher les défectuosités qu'elle présente, apprécier l'urgence d'y porter un remède, laissant à d'autres à appliquer ce remède.

« Nous ne pouvons anticiper sur le débat que la Constitution, tout au plus, nous appelle à provoquer. Je ne sais rien de plus capable d'irriter les passions qu'une discussion que ne doit pas suivre un jugement, car alors plus de responsabilité, et chacun peut se donner carrière. Et aussi, malgré la hauteur des vues, la modération des caractères, alors qu'au grand honneur de cette Assemblée le débat s'était maintenu dans un calme exemplaire qui nous annonçait enfin que le gouvernement représentatif n'était cependant pas déchu dans ce pays-ci par la force des choses, parce que la question était mal posée, parce qu'elle était portée en dehors de son véritable terrain, il est arrivé que la violence est intervenue.

« Je regrette que le premier signal qui en a été donné soit parti d'où il est parti, je ne m'y attendais pas.

« Notre unique devoir, c'est de jeter un coup d'œil impartial, de porter un jugement dans le calme de notre conscience sur la Constitution, sur l'expérience que nous en avons faite ; c'est de reconnaître, éclairés par cette expérience, si, en effet, cette Constitution, dans l'organisation des pouvoirs, dans ses dispositions fondamentales, présente des imperfections, donne lieu à des dangers qui appellent une révision légale. Et cette question étant résolue affirmativement, tout n'est pas fini, je le sais, il y en a une autre qui se présente ; car à côté des dangers qu'il y a à repousser la révision de la Constitution, il serait possible qu'il y en eût de plus grands encore à réviser.

« Vous avez donc à balancer, comme des hommes politiques déroués à leur pays, se dégageant de toute préoccupation de parti de quel côté sont les plus grands dangers. Il n'y a vraiment pas, dans la solution de ces deux questions, de quoi soulever les passions des partis ; ils ne sont pas en présence ; il n'y a en question que la paix publique et la sécurité du pays.

. . . .

« Les constitutions se font toujours au lendemain des révolutions, quand les esprits sont mis en mouvement, quand les passions sont agitées, quand quelques idées principales qui n'ont pas toujours été à l'épreuve de la discussion et de l'expérience se sont tout à coup emparées invinciblement d'une nation. On disait que les gouvernements ne doivent pas se laisser discuter ; je n'examine pas la question, ce serait du rétrospectif ; mais il est certain que peut-être nous devons à ce que la République n'avait pas été discutée pendant les dix-huit ans du dernier règne ; peut-être nous devons à cela, hélas ! et la révolution de 1848, et surtout l'absence de préparation suffisante dans les travaux de l'Assemblée constituante et dans l'organisation du gouvernement républicain. Les idées républicaines n'avaient pas été assez longtemps, assez complétement soumises à la contradiction publique.

« La République est sortie, pour ainsi dire, tout armée du cerveau de quelques hommes qui l'avaient rêvée dans le silence de leur cabinet, en dehors de toute pratique et de toute expérience. Nous nous sommes trouvés subitement en présence de ces idées non éprouvées, non contredites. Elles ont exercé dans l'œuvre de la Constitution une influence fâcheuse, et ceux-là même qui cédaient à cette influence se réservaient bien, lorsque l'expérience serait faite, de revenir sur cette première épreuve.

« Les constitutions ne se font pas d'un seul jet : les constitutions sont filles du temps. Les constitutions se font successivement. Les gouvernements qui durent sont ceux qui se réforment ; les gouvernements qui ont au cœur un vice radical, on ne les réforme pas, on les laisse tomber.

« De tous les côtés de cette Assemblée nous avions jugé, qualifié ce gouvernement à deux, ce duel permanent entre deux pouvoirs n'ayant aucun moyen ni de prévenir les conflits ni de les vider. De ce côté (la gauche), M. Félix Pyat, je crois, définissant le gouvernement qui est organisé par la Constitution, disait : « Un corps n'a « pas deux têtes ; un corps à deux têtes, c'est un monstre, et les « monstres ne vivent pas, » il proposait d'en retrancher une, et c'était le pouvoir présidentiel.

« De notre côté, nous disions : Le pouvoir exécutif en face d'une Assemblée unique, c'est le conflit organisé ; il faut parer à ce conflit, il faut au moins l'atténuer ; pour cela, il faut diviser le pouvoir législatif en deux assemblées, il faut armer le pouvoir exécutif de certaines attributions, pour, si le conflit s'élève, le vider pacifiquement.

« Notre opinion n'a pas prévalu : rien n'a été institué pour empêcher les contacts, les froissements; et quant au moyen de vider les conflits possibles, on n'a pas imaginé d'autre moyen qu'une accusation ! Une accusation ! mais l'accusation suppose la trahison, la dissidence seule ne suffira pas pour la motiver, mais la dissidence suffit pour paralyser à l'instant même votre machine, pour l'arrêter au grand préjudice du pays.

« Le remède était donc insuffisant et le danger aggravé par les conditions mêmes de l'élection. Faire sortir du suffrage universel, du suffrage direct, ces deux pouvoirs pour les faire se choquer sans intermédiaire, n'est-ce pas comme si on chargeait à toute vapeur deux machines pour les lancer ensuite l'une contre l'autre, leur choc devant être d'autant plus terrible, que leur force respective est plus grande ! Et quelle était la pensée de tout le monde? La pensée de tous était que ce danger ne pouvait pas être considéré comme appartenant à un gouvernement permanent, que, tout au plus, on pouvait l'accepter comme une transaction du moment, mais non pas comme une institution définitive.

« On nous disait hier que les conflits étaient inhérents à toute espèce de gouvernement ; que les constitutions ne sont pas parfaites; qu'elles sont ce que les font la conduite et les mœurs des hommes et des peuples.

« Messieurs, il est très-vrai qu'il n'est pas donné à l'homme d'atteindre la perfection ; il est très-vrai que les mœurs et la bonne conduite ont une grande influence sur la pratique d'une constitution, je ne le conteste pas : mais dire que les conflits sont inhérents à toute espèce de constitution, si ce n'est à la constitution d'un empire despotique ou d'un pouvoir conventionnel, messieurs, il faut en convenir, ce serait étrangement simplifier la science politique, ce serait la réduire à des termes trop simples. Cela me rappelle cette doctrine un peu naïve qui nous était présentée dans le sein de la commission : mais pourquoi craignez-vous les conflits, disait-on? ils ne peuvent avoir lieu; le pouvoir exécutif exécute les lois, le pouvoir législatif les fait, par conséquent, il ne peut y avoir de conflit.

« Messieurs, je me suis servi de cette expression de *naïve*, parce que cette doctrine peut avoir son principe dans un sentiment très-honorable, mais elle est malheureusement désavouée par l'expérience qui nous apprend que les pouvoirs législatifs et exécutifs ont des points de contact nécessaires, de tous les instants, et que les passions des hommes peuvent successivement en faire sortir des chocs et des conflits.

« Est-ce que vous voudriez, vous, pouvoir législatif, laisser au pouvoir exécutif toute son indépendance, sans avoir sur lui le contrôle, sans avoir la surveillance, sans avoir sur ses actes une influence de tous les jours? Est-ce que l'exécution des lois n'importe pas aux lois elles-mêmes? est-ce que la séparation complète et absolue est possible dans la pratique? est-ce que la science de la politique n'a pas toujours consisté à adoucir, à coordonner les rapports des deux pouvoirs, à prévenir les points de contact, les conflits, à les vider pacifiquement quand ils viennent à naître? C'est là toute la science politique; c'est là le problème dont l'Angleterre a poursuivi la solution à travers les siècles, solution qu'elle n'a enfin atteinte qu'après bien des essais, bien des luttes, et à travers de grandes et difficiles épreuves.

« Il est vrai qu'on a imaginé dans notre Constitution un remède à ces conflits. On a senti le besoin d'un pouvoir intermédiaire entre le pouvoir présidentiel et l'Assemblée unique, permanente; et ce pouvoir intermédiaire, c'est un conseil des ministres sans l'intervention duquel le président ne peut faire aucun acte de gouvernement, conseil des ministres qui a sa responsabilité propre.

M. de Torqueville s'exprimait ainsi à ce sujet :

« Qu'avons-nous fait? Quelque chose de nouveau, d'inouï! (Ah,
« bien inouï! il n'y en a pas, en effet, d'exemple dans le monde.)
« Nous avons tout à la fois déclaré le chef du pouvoir exécutif
« responsable comme ne l'était pas le roi, et, à côté de lui, nous
« avons placé un conseil des ministres également responsable, sans
« lequel il ne peut rien faire, et qui peut le réduire à l'impuissance
« d'un roi constitutionnel; de telle sorte que l'Assemblée nationale
« peut mettre le président de la République en accusation s'il man-
« que à son devoir; mais comme elle peut tous les jours lui imposer
« dans les détails sa volonté, en lui imposant des ministres sans
« lesquels il ne saurait agir, elle le tient ainsi par sa propre res-
« ponsabilité et par celle de ses ministres; et elle peut même le
« contraindre, le conduire, le limiter, le diriger mieux que si, après
« l'avoir nommé, elle l'eût laissé libre d'agir seul.

« Voilà le pouvoir exécutif tel que la Constitution l'a établi : dans
« la sphère du pouvoir législatif, impuissance; dans celle qui lui
« est propre, étroite dépendance. »

« L'honorable M. de Torqueville avait raison d'appeler cela une chose inouïe. C'était, en effet, une disposition bien hardie que celle qui créait ainsi un pouvoir exécutif avec un grand appareil, le faisait sortir du sein du suffrage universel direct pour n'exercer qu'un pouvoir complétement dépendant, bornait le rôle de ce président, représentant direct du suffrage universel, à une vaine et stérile représentation, et transférait le pouvoir effectif à des ministres qui dépendaient bien plus de l'Assemblée que de lui.

« Messieurs, sous la monarchie constitutionnelle, nous prétendions que le roi, restreint dans cet arbitrage supérieur que lui assignait la Constitution, devait laisser toute la responsabilité du gouvernement de détail à des ministres qui, sur le banc ministériel, à cette tribune, répondaient du gouvernement à l'Assemblée tout entière et à l'opinion publique.

« On nous contestait cette doctrine; je me rappelle avec quel dédain les écrivains de ce côté (la gauche), niant la possibilité de cette fiction légale et constitutionnelle, nous disaient : Mais un roi auquel vous interdisez le gouvernement, c'est impossible. Je ne répète pas l'expression ignoble dont on se servait pour qualifier cette situation faite au roi constitutionnel. Eh bien, je demande à ceux qui étaient si dédaigneux, et, je ne crains pas de le dire, si injustes pour ce principe si éminemment, si profondément libéral, qui plaçait les agents responsables du pouvoir, tous les jours de leur vie, pour tous leurs actes, sous le contrôle de l'opinion publique et du parlement, je leur demande si cela leur paraît bien plus raisonnable, bien plus facile dans la pratique à l'égard d'un chef du pouvoir exécutif élu et responsable; je leur demande si, lorsqu'un président a été élu par le peuple, par la nation entière, qu'il a à lui rendre compte de la mission qu'elle lui a donnée, il est bien logique qu'il vienne, quatre ans après, lui dire :

« Oui, vous m'aviez nommé pour faire triompher tels principes,
« telles opinions; mais je ne devais gouverner que par mes minis-
« tres, ces ministres dépendaient de l'Assemblée; la politique de
« ces ministres, j'ai dû, par soumission même à la Constitution,
« l'exécuter; ce n'est pas ma politique qui a été suivie, ce n'est pas
« celle pour laquelle vous m'aviez nommé, c'est celle des ministres
« responsables obéissant aux ordres de l'Assemblée. »

« Messieurs, cette situation ne peut être la condition permanente d'un gouvernement; il faut changer les conditions du pouvoir exécutif; *liberté* et *responsabilité* sont corrélatifs; l'une emporte l'autre. Cette prétention d'associer la monarchie constitutionnelle et la République, d'emprunter à l'une l'élection, à l'autre la fiction parlementaire, c'est tout simplement impossible.

« Et cependant il n'était pas possible, je le reconnais, de faire autrement; remarquez-le bien, aux États-Unis d'Amérique, le pouvoir est tellement décentralisé, son influence est si indirecte, si partielle sur les intérêts du pays, qu'on a pu décréter que le président des États-Unis serait responsable et libre dans son action, que ses ministres, simples instruments de sa volonté, n'auraient pas même entrée au parlement.

« Mais chez nous pouvait-il en être ainsi? La République succédait à une monarchie constitutionnelle dans laquelle tout le grand parti libéral, constitutionnel, avait combattu pendant vingt ans pour le principe : que le gouvernement du pays appartient au pays, que le gouvernement constitutionnel est un gouvernement d'opinion, que les représentants du pays ont toujours le droit d'exercer un contrôle, une influence sur le pouvoir; que le pouvoir est représenté sur le banc des ministres et pas ailleurs, qu'il est défendu à cette tribune et pas ailleurs; que, par conséquent, le pouvoir est tous les jours sous le contrôle et la dépendance du parlement; ce qui nous autorise à dire que c'était là le gouvernement le plus libéral et *la meilleure des républiques*. Comment la Constitution républicaine aurait-elle pu dire, comme aux États-Unis : L'Assemblée n'a pas de contrôle sur le pouvoir exécutif. Le droit de l'opinion publique, le droit du peuple ne s'exerce que tous les quatre ans; tant pis s'il choisit mal! Non, elle ne pouvait pas le dire, vous n'auriez pas pu organiser ainsi votre république, car il n'aurait pas manqué d'esprits sérieux qui vous auraient dit : Mais, après tout, mieux vaut un contrôle de tous les jours de l'opinion publique sur le pouvoir exécutif qu'un contrôle exercé tous les quatre ans par une élection. Il fallait donc bien combiner le principe électif républicain avec la fiction monarchique, la responsabilité du président avec la responsabilité des ministres, enchaîner le président dans l'impuissance, tout en le faisant élire et en le déclarant responsable, créer enfin ce pouvoir sans précédent et sans exemple, qui fait du président un roi constitutionnel élu, temporaire, impuissant et cependant responsable.

« Eh bien, je le déclare en mon âme et conscience, ce problème n'est pas résolu, il est à résoudre, et c'est parce qu'il n'est pas résolu que la Constitution renferme un vice radical, d'où sortiront inévitablement, car les effets suivent toujours les causes, d'où sortiront des perturbations continuelles dans le jeu des pouvoirs.

« L'honorable M. Dufaure a bien voulu faire allusion à cinq mois que nous avons passés ensemble aux affaires. Pendant ce temps, a-t-il dit, il n'y a pas eu de conflits. Il n'est donc pas impossible de les prévenir par de la bonne conduite.

« Eh bien, qu'il me permette de lui dire qu'avant ces cinq mois, il s'en était écoulé cinq autres pendant lesquels j'ai expérimenté sans lui la Constitution. Sous la Constituante, nous nous sommes trouvés dans une situation qui se reproduira souvent, celle d'une Assemblée qui finissait ses pouvoirs, et d'un pouvoir exécutif qui commençait les siens, une Assemblée qui, après une année ne répondait plus précisément aux mêmes principes, aux mêmes sentiments, si vous voulez, à la même passion qui avait présidé à l'élection du Président; de manière que les deux pouvoirs représentant des sentiments si ce n'est contraires, au moins différents, se trouvaient à l'état de conflit forcé par leurs origines même.

« Eh bien, je dirai à l'honorable M. Dufaure que, sans vouloir réveiller des souvenirs malheureux, sans vouloir surtout irriter le débat, j'ai senti plus d'une fois la guerre civile prête à éclater dans ce pays; je l'ai senti lorsque, des deux pouvoirs en présence l'un de l'autre, l'un se constituait en permanence, et l'autre se préparait à défendre sa prérogative et son droit; j'ai vu les forces du pays se partager entre eux, j'ai vu le droit incertain flotter entre les deux pouvoirs placés en face l'un de l'autre.

« Et, croyez-le bien, si nous avons échappé à ce malheur, nous y avons échappé, je le dis, grâce à la modération d'un homme qui sera bien étonné de trouver son éloge dans ma bouche, grâce au président de l'Assemblée constituante, grâce, mon Dieu, je le dirai aussi, à ces hommes qui, ayant longtemps pratiqué le gouvernement constitutionnel, avaient apporté dans cette Assemblée leurs habitudes de modération, leur habitude de calculer la portée d'un acte politique; grâce à toutes ces circonstances nous avons traversé heureusement cette crise. Mais, croyez-moi, il ne serait pas prudent de jouer longtemps un pareil jeu.

« Et même dans notre ministère, vous n'avez peut-être pas pu vous rendre compte comme moi de toutes nos complications intérieures, vous aviez la bonté de vous en reposer un peu sur moi : c'est une confiance qui m'honore; elle est fondée sur un sentiment d'estime dont je suis fier, et sur une affection dont je suis heureux, et que je vous rends bien, vous le savez; dans ces jours, vous n'avez pas su toutes les difficultés qu'il y avait à associer ces deux responsabilités, celle du Président de la République et celle du ministre, à les faire marcher ensemble, à faire que l'une de ces deux responsabilités ne devînt pas la source d'un désaccord avec ce Président de la République qui croyait devoir compte à son pays, à son nom, à son honneur, du Gouvernement qui lui avait été confié par une grande nation. Vous ne vous êtes pas rendu compte des difficultés de tous les jours, lorsque ces deux responsabilités se rencontraient, lorsque nous avions à associer et la pensée du Président et la nôtre et celle de l'Assemblée, même lorsqu'elles divergeaient; et cependant c'était une Assemblée nouvelle, née avec le Président, du même sentiment, du même besoin d'ordre; elle avait la même mission, celle de reconstituer l'autorité dans ce pays, le respect des lois. Oui, la mission était la même, l'origine était la même, et pourtant je pourrais vous citer des faits, les missives de Rome, par exemple, et une foule d'autres circonstances dans lesquelles il n'était pas sans difficulté de concilier, de fondre ensemble ces trois volontés. Nous avons couvert tout cela, c'est vrai, pendant cinq mois, mon Dieu, je vous le dirai, par des accidents heureux, mais des accidents qui ne peuvent pas toujours se reproduire, par des relations personnelles de bienveillance, de confiance, d'estime, par quelque chose qui faisait que ce pouvoir exécutif, avec sa grande origine populaire, concédait souvent à l'homme ce qu'il aurait peut-être refusé au ministre.

« Cela, je le répète, tenait beaucoup à des relations personnelles, qui ne pouvaient couvrir qu'accidentellement le vice de cette situation. Aussi, combien de temps cela a-t-il duré ? Cinq mois ; cela a duré le temps de laisser se développer chez le Président l'impatience de diriger personnellement le gouvernement dont il répondait ; d'autre part, dans l'Assemblée, de dessiner sa politique.

« Et puis, ces difficultés que nous avions surmontées ou éloignées, elles ont éclaté tout à coup ; et un jour est apparu un acte qui, sous l'ancienne monarchie, l'eût fait trembler sur ses fondements. On apprit tout à coup, sans préparation, que le ministère, qui était en pleine possession de la majorité, qui répondait à l'Assemblée du pouvoir présidentiel et au pouvoir exécutif de l'Assemblée, qui s'interposait bien réellement, permettez-moi de le dire, c'est mon honneur, c'est ma gloire, qui répondait aux deux pouvoirs l'un de l'autre, et qui, par ce bonheur de situation, était parvenu à résoudre ce problème si difficile que la Constitution avait fait, on apprit qu'il avait cessé d'exister.

« Comme on l'a dit, comme l'honorable M. Dufaure l'a dit, ce n'était pas une question de personnes ? ce n'était pas un conflit intérieur ; non : c'était un changement de politique. On ne l'a pas laissé ignorer à cette Assemblée, on voulait enfin mettre la main au gouvernement dont on répondait, y mettre la main directement, personnellement ; et cela, incité même par des sentiments généreux, parce qu'on avait au fond du cœur la pensée de grandes choses pour le pays, et qu'on voulait les réaliser sans entraves, sans intermédiaires...

« L'Assemblée voit que je ne crains pas d'éclairer la question, non pas seulement par toutes les règles de la science politique, mais par les faits les plus récents, et, j'ose le dire, par les faits qui me sont même, peut-être, les plus personnels. Et où trouveriez-vous d'ailleurs la vérité ? Pourquoi la Constitution aurait-elle demandé deux, trois années d'expérience, si ce n'était pas pour que, cette expérience étant faite, on vînt vous montrer à côté des vices de la Constitution, les effets que ces vices ont produits, les dangers qui en sont résultés dans la pratique des affaires, dans le gouvernement du pays ? Peut-être eussé-je trouvé plus commode de ne pas m'occuper de ces faits, de rester dans les généralités, de ne pas descendre dans l'application de la pratique, qui a fait ressortir les vices de cette Constitution ; mais, je l'avoue, je me suis senti assez fort, et, mon Dieu ! permettez-moi de vous le dire, assez sûr de votre estime, pour être autorisé à parler de ces faits sans que personne eût la pensée de m'imputer soit de la partialité, soit du ressentiment. J'en parle donc en toute liberté ; j'en parle comme s'il s'agissait d'un autre.

« Ne croyez pas que, lorsque je vous explique le fait, je le justifie, Non ! je n'ai pas cette fausse générosité. Non ! Le 31 octobre a été une grande faute, j'ose même dire un grand malheur. Le 31 octobre a donné naissance à une situation nouvelle, pleine de dangers, et à laquelle il serait possible de rattacher successivement toutes les perturbations, tous les conflits qui sont survenus, et les situations fausses et violentes qui se sont produites par suite de ce contact direct entre les deux pouvoirs, par suite de cette disparition du ministère parlementaire, qui s'interposait entre ces deux pouvoirs.

« Le 31 octobre fut donc une faute, je le reconnais ; pourquoi ? Parce que ce gouvernement direct et personnel, dans l'état de nos mœurs, de nos institutions, alors que le gouvernement est discuté à cette tribune tous les jours, alors que les interpellations peuvent y apporter tous les actes de l'administration, ce gouvernement direct ne peut être exercé que par des hommes qui passent, qui subissent toutes les vicissitudes de la politique. Mais celui qui est en dehors, qui n'est pas sur ces bancs, qui ne peut pas venir à cette tribune se défendre, se justifier ; celui qui est obligé de durer jusqu'au terme de son mandat, celui-là ne peut pas gouverner personnellement ; celui-là, dès le moment où il a médité d'entrer dans le gouvernement personnel, au nom de sa liberté, de sa responsabilité, fait fausse route, crée des dangers et s'expose à ce qui est arrivé.

« Mais, je le demande à cette Assemblée, j'en appelle à sa conscience, à sa justice, lorsque ce grand acte s'est produit en apportant, comme je le disais, dans la situation politique une si grande innovation, lorsque son commentaire officiel a été lu à cette tribune, lorsqu'on vous a annoncé que l'ère du gouvernement personnel du Président commençait, s'est-il élevé dans cette enceinte une seule voix pour revendiquer l'esprit et la pensée de la Constitution ? Non. Ce qui, je le répète, sous la monarchie constitutionnelle, eût soulevé toutes les opinions de la France, non pas seulement dans le sein du parlement, mais en dehors du parlement, ne fut pas même l'objet d'une seule observation, d'une simple réserve, d'une simple protestation ! Non ; le silence le plus complet !

« Et comment voulez-vous que j'explique ce silence, cette acceptation résignée du gouvernement personnel, alors qu'il s'inaugurait ainsi, avec cette franchise, cette solennité ? Messieurs, je n'ai pas d'autre explication, et je crois que vous l'accepterez, que la conscience que vous aviez tous de cette violence faite par la Constitution à la nature des choses, à la justice naturelle, alors qu'elle enlevait au Président élu et responsable sa liberté d'action, et, comme le disait M. de Tocqueville, jusqu'au détail du gouvernement. C'est dans ce sentiment que je trouve l'explication de votre silence, elle ne peut être ailleurs. Ce jour-là vous avez avoué vous-mêmes la difficulté, l'extrême rigueur qu'il y aurait à pratiquer le gouvernement parlementaire sous la République et sous l'action d'un pouvoir exécutif élu et responsable ; ce jour, vous avez contracté l'engagement, au moment où la Constitution vous le permettrait, de faire porter votre attention sur ce vice de la Constitution, de faire disparaître cette contrariété, de ne pas mettre votre Constitution en guerre avec la nature des choses, avec la justice, avec le sentiment populaire.

« Vous en avez contracté l'engagement ; ce jour est arrivé : Y faillirez-vous ? Continuerez-vous cette situation si pleine de périls qui fait flotter le pouvoir exécutif d'un état de dépendance absolue qui ne répond plus à sa responsabilité, à une sorte d'état de révolte sourde ou patente ; non, vous ne continuerez pas cet état de choses, parce que non-seulement il est dangereux, mais parce qu'il est impossible ; vous ne le continuerez pas parce que l'élection populaire doit avoir ses conséquences, parce que vous ne réunissez pas tout un peuple, vous ne l'appelez pas dans les comices, vous ne lui confiez pas avec un grand appareil, au nom de la souveraineté, la nomination du chef du pouvoir exécutif, pour faire de ce pouvoir une espèce d'idole qu'on adore, mais qu'on condamne à l'inaction, qui mange une dotation, qui donne des signatures, et qui n'a pas le gouvernement, car le gouvernement n'est pas en lui, il est dans un ministère qui dépend de vous.

« Messieurs, je pourrais m'arrêter à ce vice fondamental de l'organisation des pouvoirs, de ce gouvernement *à deux* que M. de Tocqueville qualifiait de chose inouïe et qui, en effet, n'a pas d'exemple dans le monde.

« Il n'a qu'une expérimentation, celle que nous avons faite pendant ces deux années, et qui est assurément suffisante pour vous démontrer ses dangers, son impossibilité.

« Vous dirai-je qu'à ce vice principal se rattachent d'autres dispositions qui appellent également une révision. car, celles-là, elles font violence pour ainsi dire à la nature humaine.

« Par cela qu'il n'y a que deux pouvoirs vous comprenez que le pouvoir législatif, représenté par une assemblée unique, doit être inévitablement permanent ; il ne peut pas y avoir de lacune, lorsque le pouvoir exécutif qui est en face d'elle, posé devant elle, n'en a pas. La permanence de l'un emporte la permanence de l'autre. Je vous le demande, lorsqu'une assemblée est condamnée à cet état de permanence pendant trois ans, lorsqu'elle vit, du premier jusqu'au dernier jour de l'année, dans cette atmosphère des passions politiques, obsédée des mêmes préoccupations, mon Dieu ! est-il nécessaire d'être un homme politique, ce serait vraiment en quelque sorte une question du ressort de la physiologie seulement, pour prévoir les conséquences d'une pareille situation ? Dans cette situation même n'arrive-t-il pas, par cette influence successive, persistante, qui est la conséquence inévitable de la permanence, à votre insu, malgré vous, par la force des choses, que les opinions, les jugements, les appréciations ne sont plus les mêmes que si vous vous retrempiez, pendant un temps plus ou moins prolongé, dans la vie commune, dans vos rapports avec vos commettants, dans les habitudes professionnelles, dans cette masse dont vous êtes sortis? Et s'il est vrai que cette préoccupation continuelle, suite de la permanence, exerce une influence quelconque sur la disposition des esprits au bout de trois années, vous avez cheminé sous cette influence, pendant que les masses qui vivent, elles, de la vie commune, qui ne font pas de la politique leur préoccupation exclusive et continuelle, qui se retrempent dans les travaux de la vie commune, dans les communications d'homme à homme, ces masses sont restées calmes, froides, elles ont conservé une appréciation des faits, des actes et des situations différentes de la vôtre.

« Vous me pardonnerez ma franchise, messieurs. Les grandes assemblées, celles surtout qui sont placées aussi haut que vous, et qui ont rendu à leur pays de si éminents services, peuvent entendre tout de la part d'un homme qui a pour elles d'ailleurs une si profonde estime. Oui, la permanence touche à une des vérités fondamentales du gouvernement représentatif; elle altère une des conditions de ce gouvernement, condition qui ne sera contestée d'aucun côté de cette Assemblée : celle que l'Assemblée, le pouvoir représentatif, doit toujours être l'expression fidèle, exacte, de la pensée publique, du jugement national, doit toujours avoir avec les masses une corrélation, je ne dis pas aveugle, je ne dis pas esclave, mais une corrélation de sentiments et de pensées; c'est la force des Assemblées, leur légitimité. Tout ce qui peut porter atteinte à cette corrélation, tout ce qui peut faire qu'une assemblée, au bout d'un certain temps, par la force des choses, par une loi pour ainsi dire physique et morale, cesse d'être la représentation, l'expression fidèle, exacte, de ces masses qui ont vécu d'une autre vie qu'elle, altère la condition fondamentale, je ne dis pas de la République, mais du gouvernement représentatif lui-même; cela est contraire à l'essence même de ce gouvernement.

« Et puis, quel remède a-t-on imaginé à ce danger? On a imaginé, parce qu'en effet on ne pouvait pas imposer à des hommes réunis ce labeur, ce travail, sans interruption pendant trois ans, c'était impossible physiquement, on a imaginé les prorogations.

« Les prorogations sont nécessaires, je ne dis pas le contraire; mais la Constitution, pour être fidèle au principe de la permanence, s'est crue obligée de représenter l'Assemblée dans une commission qui fût en quelque sorte l'Assemblée vivante. On l'appelle commission de permanence ; on aurait pu l'appeler plus exactement commission de surveillance, car elle n'est là que pour surveiller ; mais, tout en lui confiant cette mission de surveiller, on lui dispute, on lui enlève toute attribution sérieuse, tout moyen, toute faculté, toute possibilité de surveiller sérieusement; on lui conteste un malheureux commissaire de police, et l'on voit dans ce malheureux commissaire de police une espèce d'autorité rivale qui devient la source de conflits énormes, et jamais plus grands effets ne naissent de plus petites causes!

« Pourquoi? parce qu'il y a un vice capital, un vice radical: cette commission qui continue l'Assemblée pour qu'il y ait toujours permanence, cette commission, qui cependant n'est pas l'Assemblée, qui est pourtant chargée d'une redoutable mission. J'en ai été chargé une fois, et, grand Dieu! je puis vous en parler comme je parlais tout à l'heure du pouvoir intermédiaire constitué dans un ministère parlementaire; je puis vous en parler, y ayant été acteur; je pourrais vous traduire toutes les sollicitudes du malheureux collègue auquel vous avez confié cette mission si difficile de surveiller et auquel vous n'avez donné qu'un moyen pour arrêter, celui de rappeler l'Assemblée au risque de tout bouleverser, de manière qu'il est toujours dans cette alternative ou de sonner le tocsin trop tôt, ou de le sonner trop tard... Remède impuissant, qui, loin de conjurer le danger, peut l'aggraver.

« Je vous en demande pardon; vous voyez que je suis entraîné, par la force de mon sujet, à parler avec quelque vivacité des vices, des inconséquences, des puérilités même de cette Constitution.

« Je voudrais me tenir, tout en critiquant, dans les limites du respect, car je ne puis pas oublier que, quoique nous ayons le droit de demander la révision de la Constitution, comme il est possible qu'elle soit encore la loi fondamentale du pays, même en la critiquant, je dois la respecter.

« Je dis que la permanence d'une Assemblée, c'est la violation de la nature des choses, des conditions mêmes de l'humanité.

« Je dis qu'elle altère l'essence même du gouvernement représentatif, en faisant qu'au bout d'un certain temps, par la force des choses, par des influences inévitables, l'Assemblée cesse d'être l'expression réelle, exacte des masses, qui n'ont pas été soumises à cette vie contre nature à laquelle les représentants, en raison de la permanence, sont condamnés pendant trois ans. Je dis que le remède constitutionnel, imaginé pour pallier ce vice de la permanence, bien loin d'être un palliatif, est une aggravation.

« Maintenant, vous parlerais-je de l'Assemblée comme instrument législatif d'après l'organisation que vous lui avez donnée! La Constitution a placé à côté de l'Assemblée un conseil d'État. Je fais mes confessions; s'il y a dans la Constitution des vices qui ont éclaté de manière à dépasser même les prévisions que j'avais émises à l'Assemblée constituante, je dois le dire, il y a des institutions qui ont mieux fonctionné que je ne le supposais, et je veux parler du conseil d'État : je suis heureux de lui rendre cette éclatante justice.

« Ce n'était pas sans inquiétude que je voyais ce mode d'élection dans lequel les passions pouvaient intervenir, qui pouvait placer le conseil d'État sous des préoccupations politiques trop directes, le distraire et le divertir de ce qu'il y a de sérieux dans les travaux préparatoires des lois. Eh bien, ces inquiétudes, je le déclare et je m'en fais un devoir, ne se sont pas réalisées. Le conseil d'État me paraît avoir parfaitement rempli ses fonctions et répondu à l'attente de ceux qui l'ont institué; il a rendu d'immenses services, mais il n'a pas désintéressé, pour le travail législatif, pour la maturité de ce travail, pour sa sagesse, il n'a pas désintéressé une deuxième branche du pouvoir législatif, exerçant sur l'autre chambre le contrôle législatif; il n'a pas créé dans cette Assemblée ce sentiment de réserve qui fait que, lorsqu'on prend une mesure législative, on va au-devant de cette pensée, que cette mesure sera appréciée par un autre pouvoir qui l'examinera, qui remédiera aux entraînements du moment; ce contrôle qui fait que le pouvoir législatif examine plus profondément, qu'il se défie davantage de lui-même, ce contrôle n'existe pas.

« Le conseil d'État n'était pas appelé à le créer, c'est un simple travail de préparation qui lui est confié, il ne constitue pas un contrepoids à votre autorité législative. Les trois lectures, vous le savez, ne sont pas davantage une garantie suffisante. C'est surtout dans les lois politiques, dans les lois de salut public, dans ces lois qui sont sous l'influence du sentiment politique qui domine l'Assemblée, c'est là que les entraînements sont à redouter ; eh bien, c'est précisément pour ces lois-là que l'urgence est demandée, que les trois lectures disparaissent et que la garantie est à néant; et même dans les lois qui ont trois lectures, un amendement à la dernière lecture bouleverse tout un système, vous dénature toute une loi.

« Je ne m'étends pas davantage. Comme instrument législatif, une seule chambre, sans autre contrôle qu'elle-même, est un instrument insuffisant dans beaucoup de cas ; dans quelques autres, dangereux, la science de tous les temps l'a dit et l'expérience de tous les temps l'a prouvé; je ne ferai pas des applications, je laisse à chacun de vous à les faire; je ne voudrais pas que ma parole, par des citations spéciales, pût infirmer, même indirectement, l'autorité des lois sorties de cette enceinte; mais il m'a suffi de vous signaler les dangers de cette imperfection de l'organisation du pouvoir législatif, même comme instrument servant à la confection des lois.

« Mais à un autre point de vue, messieurs, quant à la tradition de l'autorité, à la suite des affaires, à la stabilité dans le gouvernement, est-ce que l'organisation de nos pouvoirs satisfait à ces conditions de tout bon gouvernement?

« L'honorable général Cavaignac disait : « Ce que nous voulons, c'est la stabilité dans les choses, et l'instabilité dans les « hommes. »

« Je crains de ne l'avoir pas bien compris : comment pourrait-il créer la stabilité dans les choses, lorsqu'il y aurait un changement continuel dans les agents mêmes des choses par lesquelles les choses sont? Et, par exemple, sans faire de la métaphysique politique, arrivons aux applications.

« La France est une puissance continentale ; elle ne peut pas changer sa géographie, elle ne peut pas faire que de cette situation géographique ne naissent pas de certaines nécessités auxquelles il faut absolument que ses institutions pourvoient ; elle ne peut pas faire que la France n'ait pas des contacts de tous les jours avec des puissances qui, elles, ont leur tradition, leur politique, leur suite, leur persévérance.

« Eh bien, que me dites-vous d'une Constitution qui fait changer incessamment et le pouvoir exécutif et le pouvoir législatif, renouvelant dans l'espace de deux ou trois ans tous ses pouvoirs en même temps ou séparément, rompant ainsi et la tradition des affaires et les habitudes, changeant, substituant à une politique une autre politique?

« Mais, je vous le demande, une nation qui se serait placée volontairement dans une pareille condition, ne se serait-elle pas infligé à elle-même une cause profonde, permanente, d'infériorité vis-à-vis de toutes les autres puissances?

« Je défierais un seul de mes contradicteurs, si j'en ai, de me citer une seule nation qui ait fait de grandes choses dans le monde sans cette suite dans les affaires, sans cette tradition, sans cette permanence de vues ; je le défierais, dans les nations qui nous entourent, de m'en citer une qui n'ait pas cet avantage d'avoir des alliances réglées, d'avoir un grand but qu'elle poursuit avec persévérance. Eh, mon Dieu ! les États-Unis eux-mêmes, qui sont si peu mêlés aux affaires de l'Europe, qui n'ont en face d'eux que des civilisations très-inférieures, que des États dont ils n'ont aucun danger à redouter, avec lesquels il n'existe aucune lutte sérieuse, les États-Unis, dans leur bon sens, quand ils ont fondé leur Constitution, ont mis au moins leurs affaires diplomatiques en dépôt dans le sein d'un corps qui était chargé de conserver la tradition et la suite des affaires.

« Qu'est-ce que c'est qu'une nation qui contracte aujourd'hui une alliance, alliance qui, dans deux ans, dans un an, sera subordonnée aux chances, aux entraînements d'une élection qui viendra changer complétement la politique?

« Messieurs, un gouvernement dans de telles conditions, devrait renoncer inévitablement aux pensées d'avenir, aux longues vues, à tout ce qui fait les grandes nations ; il serait condamné à vivre du jour au jour, peuple poussière, si je puis m'exprimer ainsi, agité par les vents de ses passions et par les passions ou les intérêts de l'étranger. Ce n'est pas la destinée qui convient à notre pays ; ne faisons pas des lois, ne maintenons pas une Constitution qui fait violence à la destinée de notre pays, qui fait qu'il manquerait à ce qu'il a de grand dans le monde, et qu'il faillirait à ce que le monde attend de lui.

« Messieurs, vous parlerai-je de cette centralisation que vous voulez bien modifier, sans doute, et je suis de votre avis, et c'est là même un des points les plus importants de la revision constitutionnelle, et c'est là un des moyens, peut-être, d'affaiblir les dangers de l'aveuglement ou des entraînements qui peuvent influencer l'élection du pouvoir exécutif, et d'amoindrir les conséquences funestes qui pourraient résulter d'un choix aveugle. Eh ! les peuples ont leurs erreurs, ils ont leurs entraînements ; par cela que vous avez fait sortir le pouvoir exécutif du suffrage universel, vous n'en avez pas sans doute entendu faire sortir l'infaillibilité : il y a donc des précautions à prendre ; la décentralisation est une de ces précautions ; c'est une de ces conséquences inévitables de la République, et je me suis toujours émerveillé que cette décentralisation ait trouvé des opposants dans les républicains eux-mêmes.

« Mais imaginez-vous tout ce grand appareil administratif que vous maintiendrez ? Car la Constitution a déjà maintenu l'unité de votre administration, elle est une nécessité ; tout ce grand appareil administratif, tout ce grand réseau qui embrasse toute la France, qui commande vos armées, qui touche à tous les intérêts, qui les embrasse tous ; tout ce grand appareil administratif incessamment mobile, changeant, variable ; ces quatre-vingt-sept préfets, ces sous-préfets, ces généraux ayant des baux d'un an, de deux ans, de trois ans, ce serait la centralisation avec le désordre, avec la mobilité la plus grande, ce serait des forces immenses créées pour les déplacer incessamment. J'avoue que plus j'approfondis ce sujet, plus je vois les conséquences de cette mobilité, de cette instabilité dans tout, de ce défaut de tradition, de suite dans les affaires extérieures et dans les affaires intérieures, plus, je vous le dis, cette condition n'est pas seulement dangereuse, elle est impossible.

« On nous disait hier : Après tout…, et croyez-moi, messieurs, il faut serrer de près cette question ; on ne la traite pas souvent, et, quand elle est soulevée, il faut l'approfondir ; quand des objections émanent d'un esprit aussi sérieux que M. Dufaure, il faut les examiner avec le soin qu'elles méritent. Après tout, disait l'honorable M. Dufaure, cette instabilité qui appelle le peuple incessamment dans ses comices pour renouveler les éléments de son gouvernement par le suffrage universel, mais cela lui plait assez, il n'y est pas contraire. D'ailleurs il s'y habituera. Et n'avons-nous pas vu que, quand à la place des chambres, qui se renouvelaient tous les ans par cinquième, on a établi l'élection totale, il y a eu une certaine agitation, un certain mouvement dans les esprits? on s'en est préoccupé d'abord; puis on s'y est habitué.

« Messieurs, j'en demande pardon à mon honorable ami M. Dufaure, la comparaison ne peut pas supporter l'examen. Quoi! comparer la réélection d'une assemblée, la mise en mouvement de quelque cent mille électeurs, lorsque la royauté, lorsque la pairie, lorsque le gouvernement tout entier restait debout, stable, avec les élections qui appellent le peuple entier à élire quoi? non pas un des trois pouvoirs, mais tantôt le pouvoir exécutif tout entier, tantôt le pouvoir législatif tout entier, quelquefois en même temps, malheureusement en même temps, car c'est l'éventualité qui est devant nous! Et vous établissez une comparaison, et vous croyez que le pays peut s'habituer à vivre au milieu d'une crise qui renouvelle tout, qui met tout au hasard d'élections universelles qui changent tout, qui rendent tout instable, tout incertain! Mais la comparaison fait, au contraire, ressortir quels dangers vous avez introduits dans votre organisation politique. Vous dites que le peuple accepte cela. Eh! grand Dieu! il l'a accepté quand il a été placé sous la nécessité. Oui, vous le disiez avec vérité et avec éloquence, quand vous représentiez tout le peuple marchant aux élections en 1848 comme à la victoire de l'ordre contre l'anarchie, ses maires en tête, les signes de la religion devant lui, se plaçant sous l'invocation du dieu de la sagesse, et sauvant le pays par le déploiement d'une raison dont nous ne nous doutions pas! Oui, il a fait cela; il a élu l'Assemblée constituante, à laquelle M. Dufaure avait raison de rendre justice, qui a rendu d'éclatants services au pays, qui, si elle a erré dans l'ordre politique, ce qui était parfaitement concevable dans la position dans laquelle elle était, au moins dans les questions sociales a préservé les fondements de la société; je me plais à lui rendre cette éclatante justice comme vous.

« Mais ce qui s'est fait un jour pour le salut de tous, pour ne pas tomber dans l'abîme qu'une révolution avait ouvert, croyez-vous que ce soit la vie permanente d'un peuple? croyez-vous qu'il puisse l'accepter comme condition permanente? croyez-vous qu'il puisse voir sans une inquiétude profonde se renouveler si souvent, si vite, tous les pouvoirs de la société? et ne sentez-vous pas, à l'anxiété générale qui s'empare des esprits, que le peuple ne s'habitue pas, comme vous le prétendez, à voir tout mis en question?

« Il y a donc là encore une condition qui est contraire à la nature des choses; nos sociétés modernes ont besoin de sécurité, de stabilité, car elles vivent de travail, car elles ont besoin d'avenir, car elles ont besoin de savoir s'il y aura un lendemain ; car toutes les spéculations, toutes les entreprises industrielles, tout est subordonné à ce lendemain. Si vous le rendez incessamment mobile, incertain, vous tarissez dans la source même une partie de la prospérité publique, de l'existence de la société ; et cette infériorité que vous acceptez dans vos relations avec l'étranger, vous l'acceptez même dans votre travail national, dans la production, dans toutes les sources de la prospérité publique. Vous ne pouvez donc pas rester dans une telle situation. Une certaine stabilité est une condition de prospérité, de sécurité, d'existence même ; et un peuple que vous tourmenterez de trop d'incertitude et de mobilité, finira par se retourner vers vous, et par vous dire : Laissez-moi tranquille, et donnez-moi un peu d'avenir.

« J'ai traité sans l'épuiser (j'aurais bien des choses encore à dire) la question de l'organisation des pouvoirs dans notre pays, leurs conflits nécessaires, leur instabilité, l'absence des conditions indispensables, pour tout bon gouvernement, pour la confection des lois, pour la tradition des affaires, pour les négociations diplomatiques, pour la bonne administration, pour le travail ; toutes ces conditions manquent, toutes ces conditions sont faussées. Par conséquent, il y a là un vice profond, je l'ai dit en commençant. Il faut, précisément pour maintenir le gouvernement républicain, que le gouvernement républicain se place dans des conditions qui ne fassent pas violence à la nature des choses ; qu'il s'allie avec la sécurité publique, avec les conditions de travail, et surtout avec la grandeur de notre nation et avec la mission qu'elle a à remplir en Europe.

« Si ces conditions manquent, oh ! c'est alors que je comprends que mon honorable ami M. Dufaure ait des inquiétudes profondes pour la République. Les formes de gouvernement ne luttent pas contre les conditions humaines.

« Que ceux-là donc qui veulent maintenir la République, qui ont foi en elle, étudient encore avec plus d'anxiété que ceux qui lui apportent une opinion loyale, mais qui n'ont pas partagé toujours leurs convictions ; qu'ils étudient avec plus d'anxiété que nous encore les imperfections de cette organisation républicaine ; qu'ils en fassent disparaître tout ce qui la constitue en contradiction avec les conditions éternelles que Dieu a imposées à toutes les sociétés.

« Ceci me conduit naturellement à la seconde partie, que je voulais traiter devant vous, à celle qui, jusqu'à présent, je le déclare, je le reconnais, avait été le premier objet des préoccupations de l'Assemblée, à tel point que, même dans notre commission et ici peut-être, quand j'ai voulu traiter avec ces détails, réviser avec ce développement les différentes dispositions de la Constitution, il semblait que je traitais une question qui était étrangère au débat, et que j'étais dans un hors-d'œuvre.

« La question du moment, la question d'opportunité, je n'en nie pas l'importance ; mais je crois qu'elle devait être précédée par la discussion à laquelle je me suis livré, car elle doit être influencée par la conséquence à laquelle je suis arrivé.

« Oh ! s'il n'y avait dans la Constitution que de ces imperfections qui n'atteignent que quelques détails, qui ne touchent pas à l'organisme même du pouvoir, aux conditions mêmes de liberté et de sécurité d'une nation, aux conditions de sa puissance ; s'il ne s'agissait que d'améliorer quelques rouages secondaires, ah ! grand Dieu, la question d'opportunité se dresserait avec une immense importance, et on vous dirait : Pour de tels détails, pourquoi appeler le pays, pourquoi le convoquer? Arrière ! nous ne jouissons pas depuis assez longtemps de la sécurité pour que vous veniez nous troubler !

« Je comprendrais cela, messieurs; mais vous comprenez aussi que, lorsque, par l'examen consciencieux, calme et réfléchi de la Constitution, vous avez acquis la conviction que l'organisation vicieuse de cette Constitution a peut-être créé tous les dangers qui sont devant vous, qu'au moins elle en a créé une forte part, la plus forte part; car, je vous le déclare, quoiqu'il y ait eu des fautes commises, il faut le reconnaître, les hommes ont été plus sages que les institutions. Je vous honorerai toute ma vie, et vous aurez acquis le droit d'être compté au nombre des sauveurs de notre société, pour une seule chose; savez-vous laquelle? C'est que vous n'avez pas été au bout de tous vos pouvoirs; c'est que vous avez su, comme tous les forts, vous arrêter à temps, faire le sacrifice de ce qu'une Assemblée a de plus précieux, de ce qu'il y a de plus redoutable pour elle, de ces susceptibilités, dans un intérêt de paix publique. Oui, les hommes ont mieux valu que les institutions, et leurs vertus ont couvert les dangers de nos institutions.

« Mais si vous avez couru ces dangers, vous ne les avez pas fait disparaître; ils se reproduisent avec une nouvelle gravité; il devient nécessaire d'y pourvoir. C'est en présence de cette nécessité que se pose la question d'opportunité.

« Il y a des dangers d'un côté, je ne le nie pas ; il y a des dangers de l'autre, vous ne le nierez pas non plus. Ils se feraient une étrange illusion, ceux qui croiraient que, depuis la révolution de 1848, nous n'avons plus que des choses faciles à faire; que les complications qui se présentent devant nous par suite de ce grand changement qui a transformé toute la Constitution politique de ce pays, qui l'a fait ainsi entrer de plein saut et sans une préparation suffisante dans l'institution républicaine, dans les dernières conséquences de la démocratie; que ces complications sont faciles à dénouer; ceux qui se flatteraient qu'une pareille situation ne présentera longtemps aux assemblées de ce pays, aux hommes politiques de ce pays, que des problèmes faciles à résoudre, ceux-là se feraient une étrange illusion : il faut qu'ils y renoncent.

« La conquête de ce droit absolu, direct du peuple français, de se gouverner lui-même, lui a créé de grands devoirs, une grande responsabilité et de grandes difficultés à surmonter. Vous qui le représentez, vous ne devez pas vous effrayer, sans doute, de ces difficultés, mais vous devez les mesurer avec calme, sans vous faire illusion, sans faiblesse; et puis, dans votre impartialité, dans votre jugement, vous devez voir quelle est la difficulté la moins grande, quelle est la résolution qui emporte le moins de dangers, et statuer en hommes d'État. Enfin, quand vous aurez pris une résolution dans votre conscience, non pas dans un intérêt de parti, mais dans votre conscience de patriotes, eh bien, alors, vous aurez rempli votre devoir; et si la Providence vous envoie un danger nouveau, au moins vous aurez fait tout ce qui est en vous pour conjurer ceux qui étaient devant vous et que vous pouvez définir.

« Messieurs, c'est là le point que je vais examiner devant vous. »

L'orateur reprend après un repos :

« Messieurs, j'ai épuisé la mesure d'attention que vous pouviez m'accorder et mes forces dans l'exposé et le développement de ma première proposition, l'examen critique de la Constitution, éclairé par l'expérience des deux années qui se sont écoulées. Je ne puis pas cependant quitter ce sujet sans vous conjurer de bien songer que le moment que vous laisseriez échapper pour réviser la Constitution, pour fortifier l'édifice que vous avez élevé en 1848, ne se représentera que dans quatre années, et il n'est personne qui, quelque confiance qu'il ait dans l'avenir, ne soit effrayé de cette pensée que, pendant quatre années, tous les dangers que je viens de vous signaler pèseront sur le pays, et que la responsabilité tout entière en appartiendra à ceux qui, en face d'un droit que leur ouvrait la Constitution, auront refusé d'exercer ce droit, et auront ajourné à une époque aussi éloignée.

« Cette considération doit être pesée par vous au moment où vous déposerez votre vote dans l'urne.

« Oui, c'est un grand acte d'appeler un peuple à nommer une Constituante chargée de la haute mission de réviser une Constitution tout entière; la commission vous l'a dit, et peut-être ma discussion n'est que le commentaire des conclusions de votre commission; vous voyez qu'il ne s'agit pas d'une disposition de détails, il s'agit des dispositions fondamentales : l'organisation même des pouvoirs, leurs rapports, leur durée, tout est à examiner. C'est pour cela que votre commission a ouvert la voie à une révision totale.

« C'est un grand acte, je le reconnais ; je suis profondément touché des considérations que M. Dufaure présentait, non-seulement avec éloquence, mais avec l'autorité de son caractère, de sa haute vertu, lorsqu'il nous disait : Mais vous allez donc poser la question entre la Monarchie et la République ! Croyez-vous pouvoir le faire impunément ? Croyez-vous que cette grande question, que les révolutions résolvent en général, peut se poser pacifiquement dans les comices électoraux ? Mais c'est la guerre civile que vous allez provoquer ; et puis c'est la République que vous mettez en question ! La République est donc menacée ? Elle est menacée par je ne sais quelle restauration monarchique qui arbore son drapeau ; mais la République, c'est la nécessité des temps ; la République, elle ne peut être arrachée du sein de cette nation qu'après des convulsions où la société peut périr. Ne craignez-vous pas que la victoire soit douteuse ? Ne craignez-vous pas que, dans la lutte, les populations, alarmées sur leurs droits, ne se jettent dans des extrêmes ? Ne craignez-vous pas pour les conquêtes que nous avons faites en 1848 au profit de l'ordre et de la société, conquêtes par lesquelles nous avons assuré la famille, la propriété, les fondements de la société ! Voulez-vous donc remettre cela en question devant la nation tout entière assemblée ?

« Je crois n'avoir pas affaibli l'exposé des considérations très-graves qui ont été développées par M. Dufaure dans la séance d'hier et qui, certainement, ne vous ont pas échappé.

« Et puis, a-t-il ajouté, pourquoi ce grand mouvement d'opinion ? Quand les conseils généraux ont été consultés, la question de la révision de la Constitution, à raison de ses imperfections, pouvait avoir le caractère et la portée d'une question constitutionnelle ; mais elle a bientôt perdu ce caractère.

« Voyez les pétitions, voyez ce mouvement, étudiez-le ; tout cela, c'est pour l'article 45 de la Constitution, c'est pour ouvrir une voie à la réélection du Président.

« Eh bien, la réélection du Président, les auteurs de la Constitution, la partie modérée de la commission ne l'ont pas voulue ; c'est avec intention, avec préméditation que l'article 45 a été écrit dans la Constitution. En effet, nous sortions des luttes de la monarchie constitutionnelle, nous savions quelle corruption des députés avaient exercée sur leurs concitoyens pour assurer leur réélection ; nous n'avons pas voulu que le pouvoir présidentiel fût tenté d'exercer les mêmes influences et de faire servir le pouvoir qui est entre ses mains, que la constitution lui a confié, pour assurer sa réélection.

« Voilà, je crois, messieurs, l'ensemble des objections, des préoccupations que l'on oppose à l'idée de convoquer une assemblée constituante.

« Eh bien, messieurs, sans nier que, dans ces objections, il y ait une partie vraie; sans nier que des esprits t. ès-sérieux ne puissent s'en préoccuper, je trouve cependant aux observations qui ont été faites par l'honorable M. Dufaure, et dont l'Assemblée a apprécié la justesse, non pas une réponse complète, je l'ai dit, nous n'avons qu'à choisir entre les dangers, mais enfin une très-forte atténuation; et, en effet, ce que nous avons tous observé, ce qui était notre sentiment intime à tous, c'est qu'il ne faut pas juger le pays, l'état du pays, par l'animation de nos débats; c'est qu'il ne faut pas supposer que la même fièvre politique, c'est dans la nature des choses, que la même fièvre politique agite les populations. L'honorable M. Dufaure vous l'a dit avec grande raison : ce que l'on peut remarquer dans la disposition des populations, c'est une sorte de fatigue de l'agitation et du bruit, c'est un besoin très-prononcé de repos; c'est l'absence de toutes ces passions vives qui peuvent quelquefois allumer de vastes conflagrations, c'est l'absence de cette croyance, de cette foi ardente qui pousse les populations souvent à des guerres fratricides. Eh bien, cela est vrai, c'est l'état des esprits.

« Quant à moi, si cette Assemblée, debout et investie de la puissance, toujours prête à maintenir la liberté du suffrage et la paix publique, convoque librement le peuple à nommer une assemblée constituante pour remédier aux défectuosités de la constitution, je crois que, sans doute, dans quelques localités, dans quelques parties de la France, la question peut être posée par quelques candidats entre la monarchie et la République. Mais ils ne la poseront pas plus vivement, ils la poseront peut-être moins vivement qu'elle n'a été posée dans cette Assemblée, et sans qu'il en résulte une plus vive émotion.

« Remarquez bien, messieurs, que le pays n'est pas aux partis extrêmes, que le pays deman 'e le repos, qu'il le cherche dans l'amélioration de ce qui est. Les partis auront une première conclusion; ce sera celle de parti; ils en auront une seconde : l'amélioration de ce qui est. Celle-là réunira tout le monde.

« L'honorable M. Berryer disait, dans son éloquent discours : « D'abord le triomphe de mon principe, et subsidiairement l'amélioration de la République. » Je lui en demande pardon, c'est son subsidiaire qui deviendra la question principale.

« Je ne crois pas me tromper, c'est l'amélioration de ce qui existe que la nation assemblée rendra l'objet de toute sa préoccupation; c'est le drapeau qui sera arboré dans l'élection. Je ne crains donc pas la guerre civile. Nous avons fait une épreuve rassurante, remarquez-le; c'est pour la troisième ou quatrième fois que nous demandons notre salut au pays dans de plus mauvaises conditions, et le pays a toujours rencontré avec un admirable instinct, au moment où il était consulté, ce qui pouvait le sauver. Quant à moi, je n'ai pas d'inquiétude à cet égard; vous serez d'ailleurs debout, vous ne serez pas dans cette position que je redoute et que je vous décrirai tout à l'heure, prêts à disparaître précisément au moment où le pays sera tout entier convoqué dans ses comices.

« Je ne crains pas pour la République une restauration monarchique; je crains encore moins cette autre perspective un peu contradictoire, j'en demande pardon à l'honorable M. Dufaure, cette autre perspective du triomphe de je ne sais quelle opinion socialiste qui nous reprendrait les conquêtes que nous avons assurées par la constitution de 1848; je ne suis pas inquiet là-dessus; je crois que la société a réfléchi, qu'elle a été éclairée par la discussion de toutes ces théories qui, dans leur nouveauté, ont pu tromper, ont pu égarer certaines parties des populations; non je ne crains pas que l'assemblée constituante que nous appellerons soit socialiste.

« Je mets la main sur ma conscience, et, en vérité, devant mon pays, je ne me sens pas un trouble très-grand quand j'ai à prendre la responsabilité de ce vote : je ne crains ni pour la paix publique, ni pour les garanties que nous avons en faveur de la propriété, de la famille et de toutes les grandes conditions de notre société.

« Quant à la troisième préoccupation, celle, mon Dieu, que je pourrais traiter seule en éloignant les autres, car, à en juger au bruit qu'elle fait dans la presse et dans le monde politique, il semblerait que c'est là la seule objection : Le Président peut être réélu par suite de la révision de la constitution.

« En vérité, je suis humilié de la préoccupation tirée de cette éventualité-là, qui est subordonnée à ce que décidera la constituante, qui sera régularisée, dans tous les cas. En supposant qu'il fût vrai qu'en modifiant l'article 45, l'assemblée constituante donnât une chance de réélection pour le Président, eh bien, la constituante réglera les conditions de cette réélection. Le peuple prononcera dans son universalité! C'est son droit.

« Mais comment! toute une nation, toute une société qui aurait reconnu des vices radicaux, fondamentaux, viscéraux dans sa constitution, des dangers permanents, serait tenue en échec tout entière, parce qu'une révision ouvrirait une chance quelconque et légale à la réélection du Président de la République! Oh! messieurs, ne donnons pas ce spectacle au monde; soyons plus sûrs de nous-mêmes, de notre nation. Nous n'avons pas à examiner si cette chance, qu'on redoute tant, est plus ou moins sérieuse; mais si elle vous paraissait aussi certaine, savez-vous que refuser la révision de la constitution par cette seule raison, ce serait faire un grand rôle à celui que vous écarteriez ainsi...

« Messieurs, il y a deux classes d'hommes que, quant à moi, je ne comprends pas : car ils s'attachent à une idée qui, je le répète, m'humilient pour mon pays, je ne nie pas qu'elle ne soit répandue; il y a, d'une part, ceux qui demandent la grande révision de la Constitution de notre pays, dans l'intérêt d'un seul homme, et, d'autre part, ceux qui la repoussent contre un seul homme; je la demande, quant à moi, pour améliorer les institutions de mon pays, et pour cela seulement.

« Je la demande, quant à moi, pour faire sortir de ces institutions tout ce que nous pouvons avoir besoin de sécurité, de liberté et de grandeur.

« Maintenant, messieurs, je crois avoir parcouru toutes les objections : la paix publique, la crainte de compromettre les conquêtes que nous avons faites contre l'anarchie, contre les doctrines insensées de je ne sais quel socialisme qui lutte contre les lois de Dieu, remettant en question les conditions qu'il a imposées à l'homme. Dans tout cela, je ne nie pas ce qu'il peut y avoir de vrai, mais je crois qu'il ne faut rien exagérer; d'ailleurs, je crains bien que ces raisons n'existent toujours, ou au moins bien longtemps encore. Eh! mon Dieu, qu'est-ce qui vous garantit même la sagesse qui est dans cette Assemblée, sa force, sa modération? Qu'est-ce qui vous garantit le calme que vous reconnaissez vous-mêmes exister dans le pays? Si vous n'exercez pas votre droit maintenant, mais c'est un argument qui se reproduira toujours, c'est une fin de non-recevoir perpétuelle, c'est la condamnation à vivre dans une situation dont vous-mêmes vous ne pouvez pas nier les vices et les dangers !

« Maintenant, messieurs, j'arrive à la contre-partie, car enfin l'honorable M. Dufaure nous a présenté tous les dangers de la révision; mais il ne nous a pas dit dans quelle situation nous serons au lendemain du jour où il n'y aura plus d'espoir légal d'une révision; il ne nous a pas dit dans quelle situation serait le pays, serait cette Assemblée même.

« Sans doute (je ne fais pas ici une concession), le jour où l'Assemblée aura rejeté la révision, eh bien, moi, vieux parlementaire, après l'avoir avertie, je serai de son parti; j'avertis mes amis, je fais tous mes efforts pour empêcher que mon drapeau ne s'égare, mais je ne m'en sépare pas; je serai toujours de l'avis du gouvernement représentatif et du parlement.

« Mais avant de nous jeter dans une pareille situation, examinons. Je vous conjure de regarder, de voir. Mon Dieu ! voilà le le pays qui vous supplie; vous pouvez reprocher l'influence du Gouvernement, tel ou tel détail dans les pétitions, je ne sais, il faut prendre l'ensemble avec impartialité. Etes-vous donc étonnés que ce pays-ci soit préoccupé de ce dont le monde entier se préoccupe? Etes-vous obligés d'expliquer cela par des influences administratives, qui ont plutôt, je le répète, contrarié que développé le mouvement pétitionnaire ?

« Eh bien, voilà le pays qui, préoccupé comme le monde entier de cette position de 1852, qui fait à notre nation une situation qui n'a d'analogie dans aucune histoire d'aucun peuple, préoccupé de se trouver à un jour fixe sans Gouvernement, au milieu de toutes les passions surexcitées par une double élection et du pouvoir législatif et du pouvoir exécutif; le voilà qui vous demande un remède légal, et vous le lui avez refusé, par une raison sur laquelle personne ne se méprend, que vous avez eu soin de signaler vous-mêmes, c'est-à-dire par la raison que vous craignez d'ouvrir une chance régulière à la réélection du Président, dépositaire actuel du pouvoir exécutif !...

« Je ne veux rien charger. Quelquefois on crée le danger en le prévoyant, ou on l'exagère; je ne veux rien charger, je veux, au contraire, atténuer, je veux supposer que, d'ici à 1852, cette époque critique dont nous sommes séparés par de longs mois, le travail ne s'arrêtera pas, qu'il n'y aura pas de ces appréhensions qui agitent l'opinion, qui la rendent inquiète, qui rendent un pays même injuste : à partir du moment où vous aurez fermé cette voie de salut dans laquelle, à tort ou à raison, cette nation croit apercevoir le remède à ses maux et sa sécurité pour l'avenir, à partir de ce moment, tout ce qui se passera de malheureux dans ce pays, mon Dieu ! injustement sans doute, le peuple vous l'imputera.... Eh messieurs, vous n'êtes pas des enfants; vous savez ce que c'est que notre peuple si habitué à rendre son Gouvernement responsable de tout, même de ce qu'il y a de plus étranger à la volonté des hommes.

« Eh bien, vous répondrez de tout cela, de choses qui sont inévitables, qui sont la conséquence de ces appréhensions, de cette incertitude de l'avenir qui se fait déjà sentir partout. Vous verrez quels embarras cela jettera dans vos rapports avec la population elle-même, qui vous dira : « Mais si vous aviez accueilli notre vœu de révision, nous serions sauvés. » Oh! il faudra réprimer toutes ces plaintes. Vous le ferez, si toutefois vous n'êtes pas avertis que quelquefois il y a des petites guerres qui sont imprudentes, impolitiques; l'exemple de l'Assemblée constituante provoquant des procès contre les journaux,... ne serait pas de nature à nous y encourager.

« Je crois que vous ne céderez pas à cette tentation et que vous ne ferez que des choses dignes de vous; vous maintiendrez toute votre dignité et toute votre force morale, ne la dépensant pas dans des luttes contre tel ou tel journaliste, contre tel ou tel individu; non ! j'admets même que le Gouvernement, d'après l'engagement qu'il en a pris, et je l'en remercie, s'abstiendra de toute interven-

tion, de toute influence dans l'élection, évitera de fournir des pré-
textes à ces interpellations qui s'enveniment les unes par les autres et
qui finissent par amener des conflits violents qui ne peuvent ensuite
se vider que par des mesures exorbitantes; je suppose que tout
cela ne se produira pas, que vous ne serez pas entraînés par la
chaleur d'un de ces conflits jusqu'à la nécessité d'arracher des
mains qui en abuseraient ce grand instrument gouvernemental
que la centralisation crée : je suppose que vous ne serez pas condamnés, obligés, entraînés à mettre la main sur cet instrument pour
qu'il ne serve pas à une élection que vous aurez défendue, que vous
aurez déclarée un crime par avance, je suppose tout cela; vous
voilà arrivés en 1852.

« Messieurs, je n'ai plus que des dates à vous citer; votre mandat expire le 28 mai, vous devez être élus quarante-cinq jours avant
ou au moins trente jours avant la fin de votre législature. L'élection du président aura lieu le 10 mai, à peu près en même temps
que la vôtre. Vous vérifierez les pouvoirs, les 23 et 24 mai, vous
aurez encore quatre ou cinq jours d'existence.

« Eh bien, messieurs, je ne m'appesantirai pas sur cette considération; il me suffira de l'énoncer; vous y avez déjà d'avance et
tous bien mûrement réfléchi, mais soyez convaincus qu'à ce
moment, si, ce que je ne prévois pas, ce que je ne veux même pas
prévoir, car le prévoir serait peut-être l'encourager, et je ne veux
rien encourager; si, ce que l'honorable M. Berryer, dans sa péro-
raison, prévoyait, une réélection du Président en dehors de la
Constitution se réalisait, et que vous crussiez de votre devoir de
l'admettre le 24 pour disparaître le 28; pour disparaître ! car je ne
pense pas que vous prorogiez vous-mêmes vos pouvoirs, c'est-à-
dire que, pour sauver la Constitution et le droit, vous en sortiez
vous-mêmes; vous protesteriez tous universellement contre une
pareille supposition, comme injurieuse,

« Donnant l'exemple du respect des lois, vous commenceriez par
vous les appliquer; c'est évident ! Je ne vous demande que ceci : je
vous supplie de peser dans vos consciences de patriotes et d'hon-
nêtes gens, dans quelle situation morale et politique vous laisseriez
le pays et quels embarras vous légueriez à vos successeurs. Vous
vous préoccupez beaucoup de la réélection du Président : je trouve
que vous ne vous préoccupez pas d'une autre chose qui est peut-
être plus importante, c'est de la réélection de l'Assemblée, c'est de
vous assurer des successeurs dignes de vous; et lorsque vous aurez
engagé une lutte contre le sentiment du pays, lorsque le pays vous
ayant supplié d'user de la voie légale pour essayer de le sauver,
vous l'aurez laissé en face de toutes les difficultés et de tous
les dangers, est-ce que vous ne craignez pas qu'il ne s'en ressente
un peu dans les choix qu'il aura à faire? est-ce que vous ne crai-

gnez pas de créer là une éventualité funeste pour la composition même de l'Assemblée?

« Et d'ailleurs, est-ce que vous êtes d'accord dans tous les éléments de cette assemblée sur les conditions mêmes de l'élection? Est-ce que vous êtes d'accord sur les listes? Aurez-vous une liste unique? Oh! il y a un grand danger là, bien plus que dans la chance d'une réélection présidentielle, c'est la chance d'avoir une assemblée nommée sous l'impression d'une irritation populaire.

« Messieurs, quand je vous supplie de ne pas réserver vos préoccupations exclusives pour les chances de réélection ou de prorogation qu'une constituante librement nommée pourrait ouvrir au Président actuel de la République, mais de faire aussi porter vos préoccupations sur les conditions dans lesquelles cette assemblée devra être renouvelée, j'espère que vous ne m'avez pas supposé la pensée de m'adresser aux intérêts individuels, la pensée de faire à cette tribune une menace indigne de vous et de moi... Je ne vous en parlais que dans l'intérêt de notre patrie.

« Messieurs, vous le voyez, la question est bien simple.

« D'un côté, des dangers sans doute, mais nous debout, dirigeant, pouvant diriger les événements, pourvoir aux éventualités, appelant le peuple dans des voies légales déjà trois fois éprouvées, le peuple capable, lui seul, de nous réunir tous, lorsque nous sommes divisés, dans une pensée commune, comme il l'a fait déjà.

« Et puis l'autre position : Les événements nous échappant, nous, ne pouvant les diriger, jetant le pays dans tous les hasards, dans toutes les incertitudes.

« Voilà les deux situations que l'homme d'État doit peser, doit examiner, doit comparer. Voudra-t-il, dans la paix de sa conscience, abandonner le pays à ses destinées lorsqu'il peut les régler dans les voies légales, lui, présent? Non, vous ne le ferez pas.

« Mon Dieu! notre nation n'est pas réputée dans le monde pour sa prévoyance. Très-souvent, elle a été surprise par les événements; l'inconnu, l'imprévu a eu une trop grande part, une très-grande part dans ses destinées.

« Eh bien, messieurs, donnons un démenti au monde, qui a les yeux sur nous, et qui, ayant calculé les difficultés de notre situation, proclame d'avance qu'elle est inextricable, et que nous y succomberons : donnons-lui un démenti du haut de notre patriotisme et de l'expérience que nous avons conquise dans nos vieilles luttes pour la liberté. Sauvons notre pays à force de sagesse, de prévoyance, de résolution.

« Je sais, on l'a assez répété pour que je ne puisse pas me faire illusion à cet égard, que la Constitution fait un grand avantage à la minorité ; elle peut s'y retrancher comme dans un fort et y braver les efforts que la majorité peut faire pour conjurer les dangers de l'avenir.

« Eh bien, je ne fais pas cette injure à aucune partie de cette Assemblée, même à mes adversaires politiques les plus obstinés ; je ne leur fais pas l'injure de supposer qu'ils se retranchent ainsi dans ce droit de minorité, uniquement pour braver les vœux du pays et les votes de la majorité ; plus le droit qui leur est exceptionnellement attribué est exorbitant, plus, en face du pays et de l'avenir, ils se montreront réservés dans l'exercice de ce droit ; et après une première épreuve, après cette discussion qui est une mise en demeure solennelle, j'espère que la réflexion et le patriotisme porteront leurs fruits. »

A l'issue de ce discours la clôture a été prononcée et le scrutin ouvert.

Voici le résultat du scrutin :

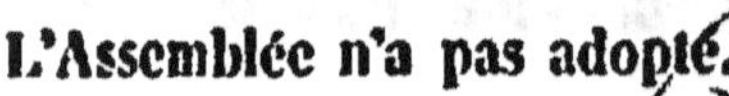

Nombre des votants. 724
Majorité constitutionnelle des trois quarts
    exigée par l'art. 111 de la Constitution. 543
Bulletins blancs pour l'adoption. .   446
Bulletins bleus.   278

L'Assemblée n'a pas adopté.

TABLE DES MATIÈRES

INTRODUCTION
PRINCIPES GÉNÉRAUX

PREMIÈRE PARTIE
DE L'INSTITUTION RÉPUBLICAINE

CHAPITRE I
DE LA RÉPUBLIQUE ARISTOCRATIQUE OU OLIGARCHIQUE.

CHAPITRE II
DE LA RÉPUBLIQUE DÉMOCRATIQUE

CHAPITRE III

DE LA RÉPUBLIQUE SOCIALE

CHAPITRE IV

DE LA RÉPUBLIQUE FÉDÉRATIVE

SECONDE PARTIE

DE L'INSTITUTION MONARCHIQUE